共享經濟

第四の消費　つながりを生み出す社会

如何讓人變幸福？

三浦　展

馬奈——譯

本書為《第4消費時代》改版書

推薦序

創造共享的新世代消費模式——後Covid-19的經濟發展必然趨勢

共享經濟協會顧問、前國發會主委／陳美伶

二〇二〇年初一隻眼睛看不見的病毒席捲全世界，帶來危機，也帶來挑戰及機會。經歷這場疫情的共通結論是，全世界將進入一個新的生活型態（社交距離、口罩文化）、新的消費型式（零接觸、遠距、零工、訂閱、共享）及新的經濟模式（平台經濟、資料經濟）。這個變化讓所有國家，用超高速率加速數位轉型外，也讓全球化是否持續及供應鏈碎片化的隱憂議題浮上抬面，唯有超前部署才能掌握機先。

值此全世界還在關注疫苗開發時程、疫情如何控制的時刻，看到三浦展先生的大作——《共享經濟如何讓人變幸福？》一書，著實讓我眼睛為之一亮，不僅好奇也充滿期待。讀完本書，我發現：

這是一本反應歷史的書：透過消費型態的變遷闡述日本一百年來的社會發展史。

這是一本研究方法的書：寫作態度嚴謹、資料蒐羅完整、旁徵博引解析精闢。

這是一本完整知識的書：從現象的呈現、問題的抽絲剝繭到價值取向的獨到見解論述，內涵豐富。

最後誠如作者自己的定位，這本書是「學問的大雜膾」，讀來辛苦，但苦盡甘來，非常暢快，獲益良多。

三浦先生認為把消費社會區分為四個階段是日本獨有的情況，而第四消費時代是由年輕人引領而生。我認為這是謙沖！因為日本就像一面鏡子，其他國家的發展，縱使沒有那麼清楚的階段切割，但其因循脈絡仍有許多相同之處，則值得大家參考與省思。

我不是歷史學家，也不是學者，但在擔任國家發展委員會主任委員近一千天的公務歷程中，我看到台灣年輕人的困境、創新創業的障礙以及高齡少子化趨勢的嚴峻，許多結構性問題處於即將崩盤的關鍵時刻，亟待勇敢面對及加以解決。我們常說危機就是轉機，但如果解讀傷口，只看到表面的皮肉傷，而視而不見深層創傷的真相，如何能扭轉危機為機先，如何給下一代帶來希望，想像榮景？日本的趨勢絕對有助益我們的思維，所以我想用未來式願景擘劃來談談閱讀本書的心得及推介本書的心情。

現在四十歲以下的年輕人，我們可以稱呼他們是網路原住民或數位原生代。空間、時間的架構及利用，在他們的思維及行為上都迥異於以往，例如碎片化的工作時間（平台經濟、零工經濟）、二十四小時分散式的時間管理、共享的空間、財產、斜槓的人生，都是數位經濟下的不可逆趨勢，加上今年Covid-19的助攻，我認為三浦先生與人共享，追求人生意義的消費，建構共享型社會的倡議，都會在短時間內實現，其中最值得深思的不在於新型態的工作、生活方式，而在於所體現對價值觀的改變與調整。

「人盡其才、地盡其利、物盡其用、貨暢其流」這十六個字雖然出自於一百年前孫中山先生上李鴻章的救國四大綱領，但對照目前已進行中的共享概念，不是一一印證了嗎？Uber、Airbnb沒有擁有一輛車、一幢房子的所有權，卻經營全世界最大的汽車與住宿資源平台，創造極大的市值；當都市停車空間不足時，平日不需使用的住宅停車空間，透過網路物聯網數據分析提供使用，解決都市交通為尋求停車空間嚴重缺乏的窘境；當社區老人需要照顧時，透過時間銀行，讓中高齡的健康族群可以利用零工經濟的概念提供協助或創造共享的服務機制；或台灣已開始啟動的「青銀共居」的共享空間居住模式，不但可以減少公共資源對長照老人照護的支出，也能創造更好的人際與相互扶持的新倫理價值。第四消費時代由數位經濟與年輕人引領的新模式，不但打破私領域隱私的障礙，透過公開「私」來創造「公」，更是「以人為本」取代以「物」做核心思考的價值取向，相信可以掃除本位主義與自掃門前雪的惡習，重塑新的倫理價值觀。

目錄

目錄

中文版序言

年輕人引領第四消費時代

我的基本觀點是，把消費社會分為四個階段是日本獨有的情況。進入第二消費社會，即大量生產、大量消費本來只有在歐美國家、日本和韓國，但近年來中國等新興國家也進入這一階段，或者說逐漸進入。這些國家可能沒有經歷第一消費社會，而是突然躍進第二消費社會。

相較之下，我認為德國與日本相似。二十世紀初期，德國不斷推動城市的近代化，商辦大樓、電影院、劇院如雨後春筍，從第一消費社會到戰後第二消費社會的發展，與日本有很多相似之處。不過，雖然我不清楚德國是否存在第三消費社會，卻可以肯定，並沒有出現類似日本的消費社會發展方式。

美國是日本的消費社會典範，比日本提早三十年左右進入第一、第二消費社會。美國早在一九〇八年就銷售福特T型汽車，進入大量生產、大量消費的時代。

我認為美國在二十世紀五〇年代很接近第三消費社會，因為在那時高中生就開著汽車到處兜風，家中充斥許多非生活必需品。

此外，二十世紀六〇年代末到七〇年代初，反越戰等反主流文化運動在美國如星火燎原，出現與第四消費社會相似的情況。簡單樸素的生活、重視生態、禪修、DIY等價值觀普及開來，這些都和現代日本大同小異。更確切地說，日本第四消費社會的源頭正存在於這個時期的美國，特別是在年輕人文化之中。

但是，每個國家都有自己本來的歷史源流，這些源流並不是一條直線，所以並非每個國家的消費社會都會經歷四個階段。即使有相似之處，也不清楚是否都以三十年為一階段。毫無疑問，把日本的消費社會分為四個階段也只是一種假設。

雖然如此，這個假設卻被大多數日本人，特別是年輕一代所接受。可以肯定的是，日本正在逐漸進入新時代。

前言

除了物質，什麼才能讓人變幸福？

到二〇一二年四月為止，我進入社會已經整整三十年了，三十年裡我一直在研究消費社會。本書將基於我的個人經驗，概觀日本消費社會，並在此基礎上，進一步論述最新的消費社會狀況，這也是本書最大目標。

我出生於一九五八年，就在這一年，東京鐵塔建成，速霸陸360、本田輕騎Super Cub、日清速食麵也是從這一年開始銷售。可以說，我正是出生於日本經濟快速成長的黎明時期。中學三年級時，石油危機到來，也是從那個時候開始，我就沒再長高了，好像我的身體成長與日本經濟發展是同步進行似的。

二十世紀八〇年代是泡沫經濟的時代，也被稱作是高度消費社會，西武流通集團被視為八〇年代消費文化的象徵，這一時期我進入該集團旗下巴而可（PARCO）工作，作為一名年輕的職員參與市場雜誌《穿越》（*ACROSS*）的編輯工作。我個人的成長歷史與戰後日本的消費社會史是分不開的，所以我認為，從我的視角和經歷來探討消費社會的歷史和未來是具有一定意義的。當然由於我曾在西武流通集團和巴而可工作，可能會先入為主，而當時的西武流通集團、巴而可都是引領新時代消費的企業，所以倒不如說，那些先入之見反而有助於將時代特徵清晰化。

出乎意料的是，論述消費這件事還是很不容易，因為很少有資料會詳細論述這樣的問題——某一商品由於何種理由被生產出來，又是什麼樣的人群在什麼樣的時代洪流中購買這個商品，而導致這種商品暢銷。

實際上，銷售商品是一個複雜的過程，除了分析各種時代背景、考察消費者的特徵、愛好，還需要分析親子關係、夫妻關係的變化、家庭收入所得的變化，以及生活追求和價值觀的改變，這些往往是進行無數的分析之後，商品才開始銷售。但是這些資料並不是誰都能看到，所以即使了解自己公司的商品，也無法了解其他公司或其他領域的商品。

消費者雖然在日常生活中會購買商品，但其消費也是隨著時代的改變而變化。有時候自己的價值觀或愛好產生變化，自己都意識不到。這種變化的背景，有年齡因素，也有社會因素。未婚或已婚、親子關係、夫妻關係、收入，每個人身上都有數不清的因素在起作用，綜合這些因素所表現出的結果，就是購買某商品或不購買某商品的消費行為。

雖然每個人都要消費，但消費只是每個人行為的一部分。所以如果要分析一個人的消費行為，就有必要了解這個人的全部情況。要了解一個人的全部，就不能不知道這個人所處的社會和城市，同時也必須把握社會和城市的歷史與變遷過程。因此，我儘量從各角度對消費和消費社會進行廣泛的研究。關於消費社會，可以說沒有哪本書是具體而微，沒有人能說自己讀了某一本書之後，就能完全了解從過去到現在消費趨勢的變化，與消費社會的變遷。

所以，諮詢在消費社會中生活的人士，就成了省事的方法，我認為自己算得上是有經驗的人。我指的經驗，不是說生產某種特定商品的經驗，而是編輯與市場相關的雜誌、對許多企業進行市場調查、多角度分析消費與社會關係的經驗，本書就是基於我三十年經驗而編寫。最後，消費社會已進入第四階段是什麼意思，本書將會詳細介紹。我進入巴而可工作之時，是消費社會第三階段的開端。特別是巴而可，以及巴而可所屬的西武流通集團，擔負了推動第三消費社會進步的作用。所以我清晰看到第三消費社會的結束。簡而言之，也就是「購物使人幸福」時代的終結。

我覺得這個「終結」是從二十世紀九〇年代末期開始出現。隨之而來的時代，人們便會詢問：除了物質，什麼才能讓人變幸福。這就是第四消費社會。一九九九年，我選擇辭職，正是為研究第四消費社會才離開公司。

第一章

發現消費新價值

讓具有工作意願和工作能力的國民，充分發揮他們的能力，就能創造不亞於西方國家的高收入社會，沒有貧困和不幸的社會，透過國民自由發揮創造力來取得雄厚的經濟實力，並由此實現國民福祉和建設國民文化生活的社會。要想使這樣的社會獲得現實，只要我們願意努力，就一定能夠夢想成真。

——下村治《日本經濟成長論》（一九六二年）

消費社會已經進入第四個階段，這正是本書的主題。

無論在什麼時代，人們都需要消費，無論是在古羅馬、文藝復興時期的義大利，還是十三世紀的中國杭州、江戶時代的日本江戶和大阪，消費市場都很活躍。這些社會也可被稱為「消費社會」。

但是，本書探討的消費社會僅限於產業革命之後的時期。近代以後，技術革新使得工業的生產力大大提高，需要大量的消費者來消費這些工業所生產的商品，本書涉及的消費社會即是這個時期以後的社會，而不是對第一產業的產品進行消費的社會。

第一消費社會（一九一二～一九四一年）

近代意義上的日本消費社會始於二十世紀初期。日本在甲午戰爭、日俄戰爭中取得勝利，由於第一次世界大戰的大量戰時需求，日本經濟呈現一片繁榮景象。但是，在嚴重的通貨膨脹影響下，不僅普通勞動者的實際工資下降，甚至還發生為了取得稻米而騷動，貧富差距逐步加大。到了一九二〇年，棉線、生絲價格暴跌，進一步引發恐慌。但是大資本力量得到強化，很多人一夜「暴富」。

圖 1-1　全國和東京都的人口

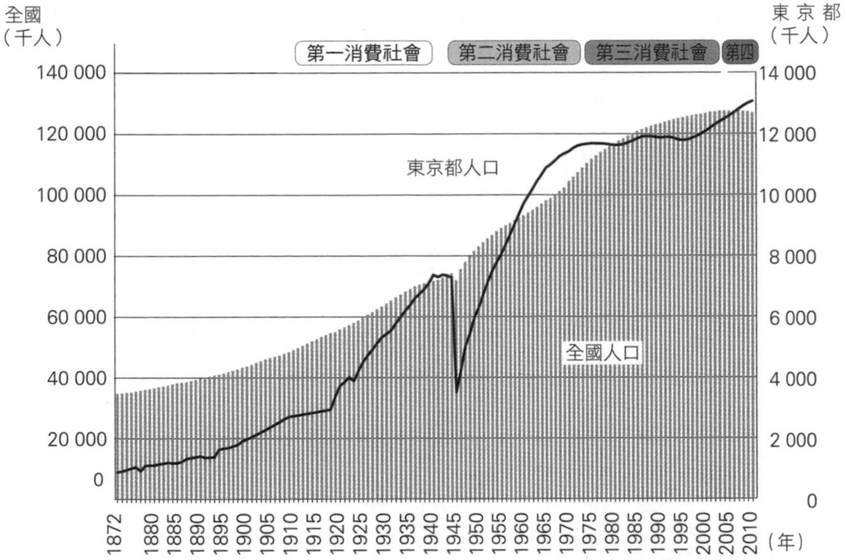

資料來源：日本統計協會「日本長期統計總覽」。

另外，由於大城市人口增加，促進了城市的消費成長，於是大眾消費社會於昭和初期誕生在大城市，這就是第一消費社會。本書將大正元年至第二次世界大戰，即一九一二到一九四一年的三十年，定義為第一消費社會。

可以說，第一消費社會僅在東京、大阪等大城市發展。一九二〇年全國人口五五九六萬人，東京人口三七〇萬人，僅占六．六%；但是十年後的一九三〇年，全國人口六四四五萬人，東京人口五四一萬人，比例增加到八．四%；到了一九四〇年，全國人口達到七一九三萬人，東京人口成長到七三六萬人，已占全國人口的一成以上（圖1-1）。

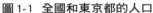

大阪府的情況也很相似，一九二〇年人口二五九萬人，一九三〇年人口成長到三五四萬人，到了一九四〇年人口已達到四七四萬人。第一消費社會正是伴隨人口不斷向城市集中而發展起來的。

在大城市的繁華街區經常可以看到穿著時尚的年輕人，也就是「摩登男孩」、「摩登女郎」的身姿。「摩登」的意思就是進步、文化，在食衣住行各方面，摩登的文化都被人們認為是好的。於是便出現西餐熱潮，「咖哩飯、炸豬排、可樂餅」被稱為大正時期的三大西餐。

二十世紀二〇年代美國被稱作廣播時代（Radio Days），而到一九二五年（大正十四年）日本也開始有收音機廣播，這也是媒體開始迎來大眾人群的時代。

大正時代也是量產時代的開端。一九一三年（大正二年）森永製菓開始銷售牛奶糖，銀座千疋屋更名為Fruit Parlour。同年，東京電器（東芝的前身）成功量產鎢絲燈泡，即馬自達牌電燈泡。伴隨著西服的普及，勝家縫紉機也於同年開始銷售家用縫紉機。

另外，一九一三年寶塚歌劇團成立，帶來娛樂文化迅速發展的時代。寶塚歌劇團於一九二四年開業。一九二〇年大阪的梅田電車站前，阪急蓋了一棟五層高的樓房，第二層設有白木屋的專櫃。這是日本第一個車站百貨商場，阪急百貨公司於一九二九年（昭和四年）正式開業。人們住在郊外，乘坐電車往返於大阪市中心，假日再乘電車到更遠的郊外遊玩，這種生活方式逐漸形成。

將市中心與郊外連接起來的方式，在東京也很快普及。一九二八年白木屋在五反田電車站前又開了一家車站百貨公司。之後不久，澀谷、新宿等車站前，也陸續出現很多百貨公司。新宿的三越始於一九二九年，伊勢丹始於一九三三年，淺草的松屋始於一九三一年，澀谷的東急東橫店則開業於一九三四年。

一九一九年可爾必思開始銷售，一九二一年森永製菓銷售奶粉，一九二二年合名會社江崎商店開始銷售古力克（奶粉）。一九二二年《週刊朝日》、《Sunday每日》創刊，《文藝春秋》和《朝日俱樂部》則於一九二三年創刊。和收音機一樣，雜誌也作為一種大眾媒體而誕生了。

一九二三年，丸之內建立丸大廈，日比谷內帝國旅館的新館落成，田園調布地區也開始販售商品。一九二二年上野公園舉辦和平紀念東京博覽會，展示有「文化住宅」之稱的紅瓦西洋風格小住宅，郊外的住宅區被稱作「文化村」。城市中心逐漸變得商辦大樓林立，郊外也開始進行住宅地開發。

資生堂的連鎖店模式，壽屋（現在的三得利）出產第一瓶國產威士忌，S＆B咖哩的前身孔雀印咖哩開始銷售，膠合劑Cemedyne出現，菊池製作銷售印有老虎商標的熱水瓶（現在的Tiger熱水瓶），這些事情都發生在一九二三年。

一九二三年九月一日，日本發生關東大地震。東京的平民區遭到嚴重破壞，但這場災難也使東京加快現代都市發展的腳步。

進入昭和時代後，日本橋三越的增建改造工程完工（一九三五年）。一九三二年地鐵三越前站已經開始營運。一九三二年，相當於今天的東京二十三區的東京市三十五區制度確立。同年開始建設鋼筋水泥公寓，以對抗強烈地震，其中同潤會公寓就是典型之一。

綜合以上所提及的，第一消費社會即是以城市為中心，占當時國民總數一成或二成的中產階級享受消費的時代。從這時開始，我們現在生活的原型，也就是西化的生活方式已經形成。

第二消費社會（一九四五～一九七四年）

經過一九二九年世界大恐慌，和戰時、戰後匱乏生活，日本完成了復興，隨之迎來的則是經濟快速成長期。一九五五年日本自由黨和民主黨完成合併，自由主義體制確立。同年，日本生產性本部以日本商界贈款和日本政府、美國補助為資金來源，以促進生產發展為目的而建立財團法人，又稱ＪＰＣ，並設立日本住宅公團，於一九五六年成立日本道路公團，自此日本開始真正成為追求以私家住宅、私家車為象徵的美式量產、大量消費的社會。早

宣告私家車時代來臨的新聞報導。報導稱「交通事故已造成超過一萬人喪生，一方面呼籲『汽車快消失吧』的國民怒氣高漲，而另一方面今年又有許多新車陸續登場」。這是因為有很多人甘願冒著發生事故的風險，也想要擁有屬於自己的私家車。（《朝日新聞》1966年10月11日）。

於一九五〇年在兵庫縣西宮球場就舉辦了「美國博覽會」，從中可看出，日本人對於美式生活方式的憧憬。

一九六〇年日本公布收入倍增政策，一九六四年承辦東京奧運會，一九六八年成為繼美國之後的GDP經濟強國，「昭和元祿時代」一詞開始散播開來。之後一九七〇年又舉辦大阪世博會，一九七二年承辦札幌冬奧會，都取得巨大成功。

因此，這裡我把從戰敗到一九七三年石油危機導致經濟快速成長期結束，也就是從一九四五到一九七四年的三十年間，定義為第二消費社會。

與第一消費社會相同，在第二消費社會時期，人口逐漸加速向城市集中

（圖1-1）。而第二消費社會並不僅僅限於東京等大城市，而是擴大到全國。以家用電器為代表的量產商品在全國的普及和推廣，是第二消費社會最大的特徵，這是不言而喻的。

第一消費社會雖然也出現量產、商品普及，但是消費品仍然是由家庭手工業生產出來的，因為量產難度較高，所以生產出來的商品價格必然會高很多。大多數勞動者階級，為少數中產及以上階級的人製造物品、提供服務，這就是第一消費社會的實際狀態。

也就是說，第一消費社會中享受消費的僅限於生活在城市的中產及以上階級，其他的大多數國民依然處於貧困狀態。換言之，第一消費社會中存在「消費差距」，解決這一問題的方式就是，為全國更多國民帶來享受消費的機會，這正是第二消費社會。

在第二消費社會中，由於近代工業化的真正發展，量產商品逐漸普及到生活各個角落。三洋電機在一九五三年開始銷售電動洗衣機，新聞記者大宅壯一將這一年稱為「電化元年」。昭和三十年代（一九五五——一九六四年）有「三大神器」之稱的洗衣機、電冰箱、電視機同時普及，在接下來的昭和四十年代裡，3C（小轎車、冷氣機、彩色電視機）開始普及，模仿美國生活方式的日本生活終於得以實現（圖1-2）。

豐田卡羅拉（Corolla）在一九六六年開始銷售。這一年汽車加速普及，也被稱作「私家車元年」。一九六九到二〇〇一年的三十三年間，卡羅拉始終保持日本國內銷量第一的成

圖 1-2　主要耐用消費品的普及率

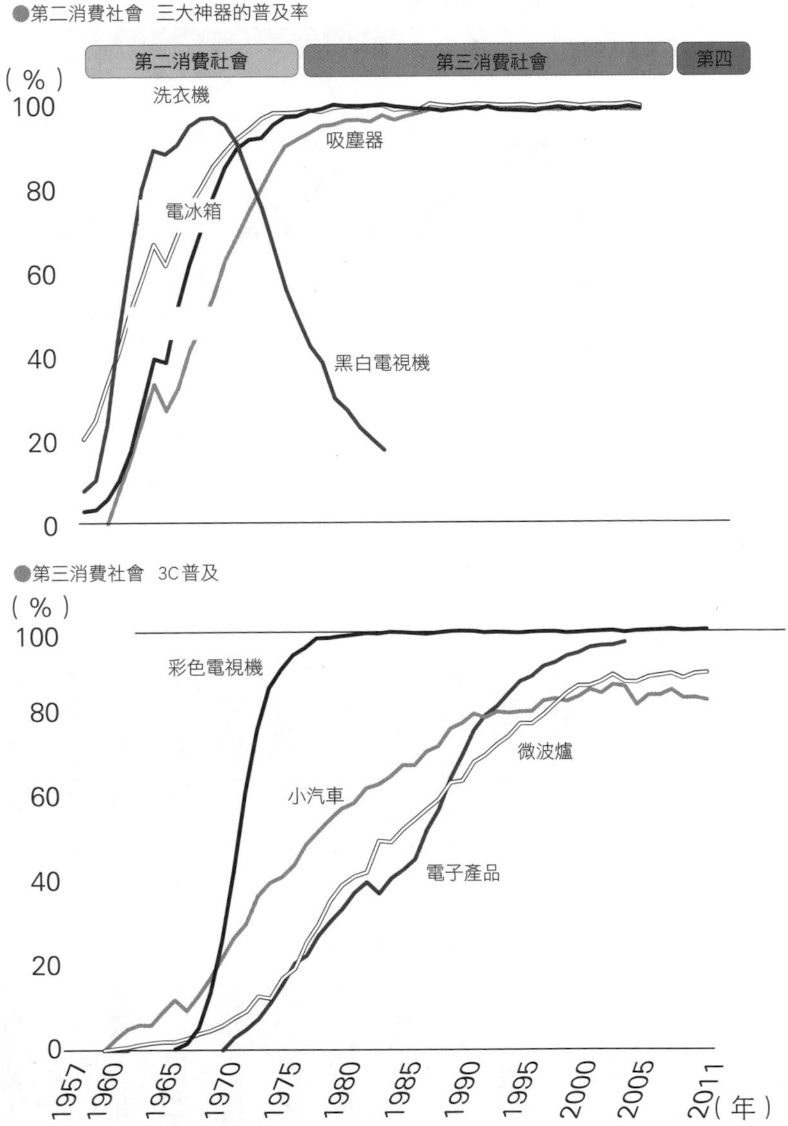

資料來源：內閣府「消費動向調查」。

圖 1-3　豐田卡羅拉和速食麵的銷售量

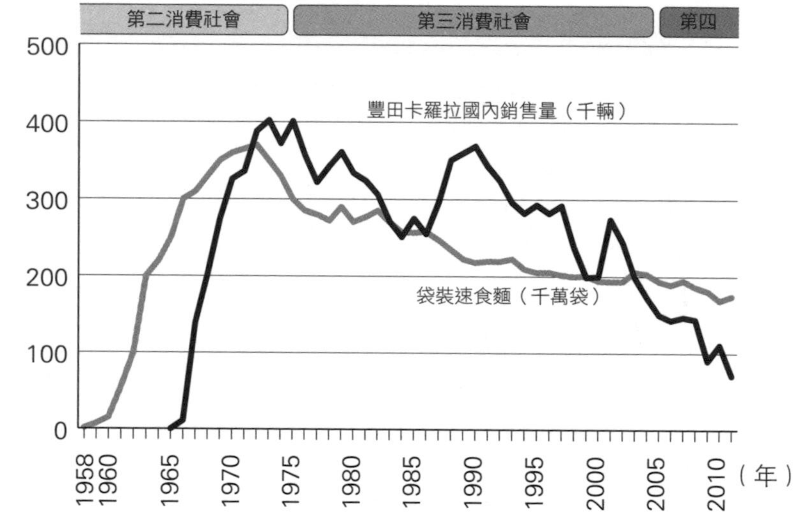

資料來源：豐田汽車株式會社、日本速食食品工業協會。

績，累計銷售超過三千五百萬輛，真稱得上是「怪物商品」。

據汽車工業會的網頁登載，一九五五年日本通產省發表「國民車構想」，希望能在一九五八年秋季開始生產搭載二至四人、最高時速每小時一百公里以上的小汽車。雖然這個構想未能實現，但是不少汽車製造商都萌生自己開發這種汽車的想法，人們將這一構想當作具體指向，認為政府有意讓國民享有屬於自己的汽車。速霸陸360（一九五八年）、三菱500、馬自達R360 Coupe（一九六〇年）等，都是以國民車構想為契機開始上市的。一九六四年馬自達323、一九六六年日產陽光、豐田卡羅拉發布，奠定了其家用車的地位。生產速霸陸360的富士重工業於二〇一二年宣布撤出小型汽車市場，不禁使人覺得恍如隔世。

如果將卡羅拉的國內年銷售總量和速食麵（袋裝）的年銷售總量製成圖來看，二者的曲線基本相同（圖1-3）。這也許就是第二消費社會大眾商品的特徵吧。

夫妻和兩個孩子所組成的小家庭是消費的主要單位，這是第二消費社會的人口動態特徵。一九五五年小家庭的數量為七百五十萬，到了一九七五年則倍增至一千五百萬。出生於鄉鎮地方大家庭的年輕人，很多到東京等大城市結婚生子，所以小家庭數量不斷成長（參見本書第二章）。

第二消費社會雖不如第一消費社會的表現那樣明顯，但仍然是大城市先行發展起來的消費社會，這一點是確定無疑的。汽車首先在大城市普及，然後才擴大到各地方，住在鋼筋水泥的房子過著西化生活，也是於昭和三十年代在大城市開始，而鄉鎮地方則稍晚一些。即使存在這樣的地區差異，從鄉鎮地方的人們憧憬大城市生活的角度來看，第二消費社會也可以稱得上是消費擴大到全國範圍。

順便說一下，一九四五年汽車持有數量僅為十四．四萬輛，一九六〇年增加到三四〇萬輛，一九七五年達到二九一四萬輛。而此後十五年的一九九〇年更是達到六〇五〇萬輛，為

圖 1-4　汽車持有輛和新車登記輛數

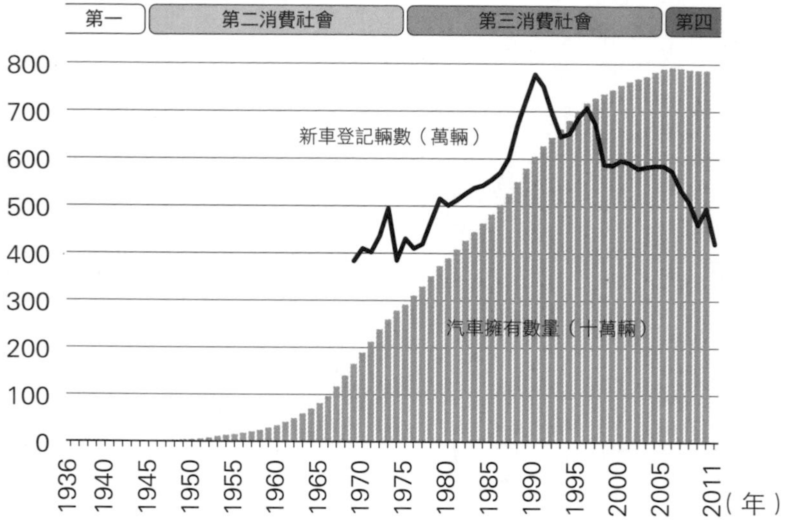

資料來源：國土交通省「汽車擁有數量」、日本汽車銷售協會聯合會、全國小型汽車協會聯合會。

一九七五年兩倍以上（圖1-4）。這是由於鄉鎮地方的汽車持有數量有增加。

由於這個時代為人們所熟知，所以我想說到這裡就可以了。

第三消費社會（一九七五～二〇〇四年）

石油危機之後一般被稱作「低成長期」。從一九五六到一九七三年的十八年間，年平均經濟成長率九・一%，一九七四年呈負成長，從一九七四到一九九〇年的十七年間，年平均成長率降為四・二%。就連泡沫經濟時期的成長率尚能維持在六%左右（圖1-5）。一九九三年土地價格下跌，經濟成長率再次出現負成長。之後一段時期雖有恢復，然而一九九七、一九九八年北海道拓殖銀行、山一證券、日本長期信用銀行仍不可避免破產了。一九九八年由於消費稅上調等影響，經濟再次呈負成長。大概這個時期就是第三消費社會「結束的開始」。

有關這一時期的特徵將在後面詳細說明，這個時期消費單位開始由家庭轉向個人，也可以說是「由家計到個計」。為適應一個人吃飯而產生的「個食」食品，也從這個時代開始出現在百貨公司的食品賣場。

另外像隨身聽這種個人化的商品也變得很有人氣，「輕薄短小」被譽為暢銷的祕訣。一九八二年我到巴而可上班時，《日經商業》於一九八二年二月八日推出一期特刊，題為「產業結構：輕、薄、短、小化的衝擊」。這也是我人生當中記住的第一個市場用語。

《日經流通新聞》於每年十二月發布人氣商品排行榜，據該媒體報導，一九八一年，電腦、小型汽車、可攜式收音機、MiniCompo收音機等輕薄短小商品均在榜上，從中可以看出人們的消費意向，而與輕薄短小相對的重厚、大型商品，則給人土氣、過時的感覺，輕薄短小的商品更加時尚漂亮，也更能體現流行品味。

「輕薄短小」商品的背後是離婚率上升、依靠父母生活的寄生人群增多，以及單身人群增多。這些將在下一章詳細說明。這種逐漸變得個人化的社會，就是第三消費社會。

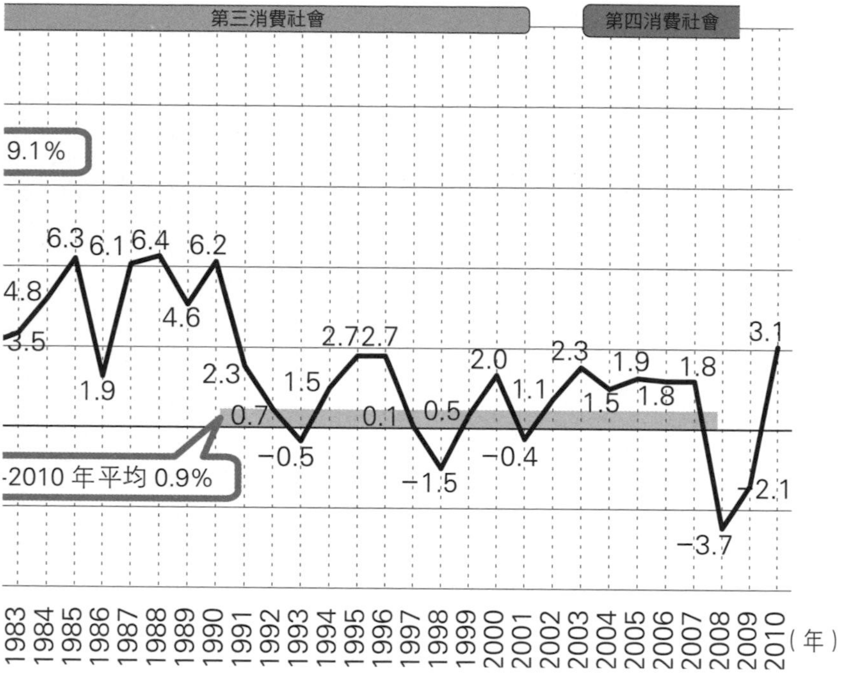

資料來源：社會實情資料圖鑑。

第四消費社會（二〇〇五～二〇三四年）

第三消費社會是何時結束？第四消費社會又是何時開始？這個問題並不像戰敗或石油危機那樣一目了然。前面提到一九九七年金融危機，的確是一個巨大的契機。日本幾個大企業相繼破產，有人把這種情況視作戰敗，這種意見成為當時的流行論調。從這個意義上來說，我們可以把一九九七年當作一個轉換時期。

另外，一九九八年起自

圖 1-5　經濟成長率的變化

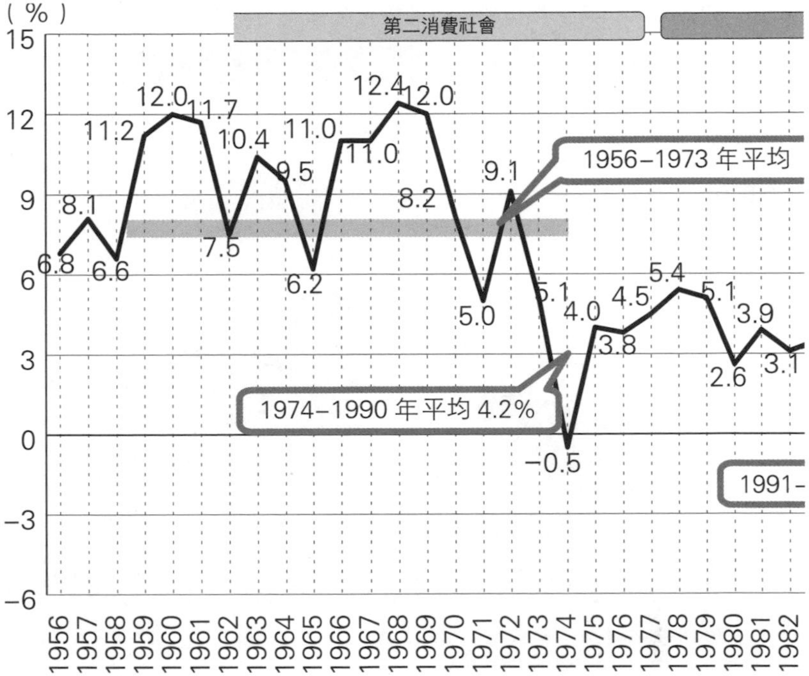

注釋：以年度為基礎，93SNA 連鎖方式推算，平均為各年度數值的算術平均值，1980 年以前資料引用「平成 12 年版國民經濟計算年報」（63SNA 為基礎），1981 到 1994 年資料參見年報（平成 21 年可靠資料），之後資料來自 2011 年 7 至 9 月二次快報（2011 年 12 月 9 日公布）。

殺人數開始增多，到今天為止每年有超過三萬人自殺，這一現象也是我們把這個時期作為轉換期的理由之一。社會學家山田昌弘指出，自殺、惡意犯罪、拒絕上學的人數都是從一九九八年左右開始增加，所以社會存在著「一九九八年問題」（《寄生社會的走向》二〇〇四年）。第三章將介紹的各種意識調查顯示，一九九八年以後，人們的意識也出現很多變化。

圖 1-6　日本總人口與生產年齡人口的變化和預測

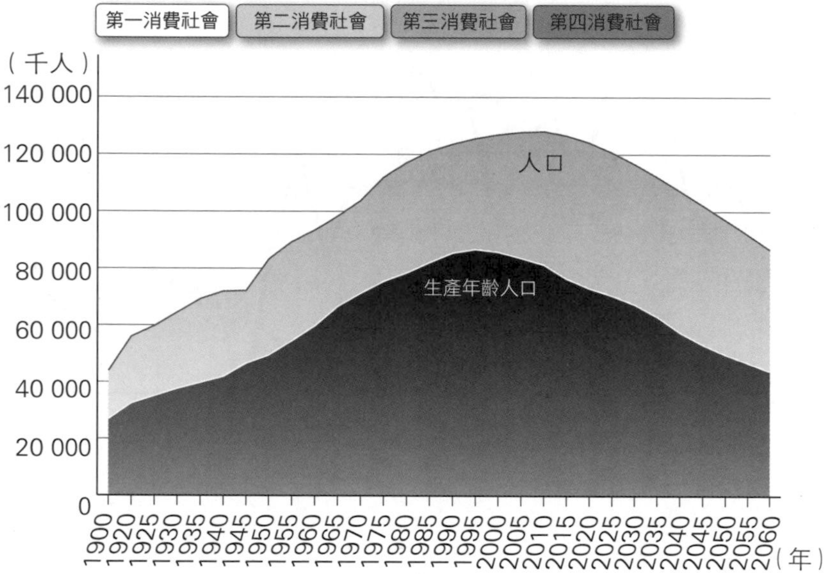

資料來源：總務省「國情調查」，國立社會保障與人口問題研究所「推算未來人口」（平成24年1月推算）。

十五至六十四歲的「生產年齡人口」在一九九五年呈現最大值，之後開始減少，因此可以把這個時期看作為轉換期（圖1-6）。同樣，由於總人口從二〇〇七年開始逐漸減少，所以也可以把這一時期看作轉換期。生產年齡人口減少，也就是工作賺錢的人減少了，同時也意味著日本的經濟能力、購買能力開始降低。當然人口的減少使得消費總額隨之降低，不可避免的帶來消費社會的蛻變。

另外還有一個變化標誌著向第四消費社會的轉移，也就是非正式雇用者的增加。詳細內容將在第三章介紹。二〇〇一至二〇〇六年，小泉內閣實施新自由主義路線政策，雖然以大企業為主的經濟得到恢復，但卻是「無雇用的經濟復甦」，結果出現更多非正式雇用者。這意味著孤立的人群開始增多，他們不屬於社會這個共同體。個人化是第三消費社會的特徵，它不僅是作為消費的單位而存在，同時也使社會孤立化的危險不斷擴大。雇用的流動化，進一步促進了重視聯繫的第四消費社會的誕生。

一九九五年發生阪神淡路大地震，不少人把這一時期當作轉換期。從消費社會的觀點來看，這次地震的確與東日本大地震一樣，讓人們感受到消費社會變化無常的同時，也讓人們體會到家人、近鄰社會、志工、非營利組織（NPO）等人與人之間的聯繫是何等重要。因此，從這個意義上來講，這次地震成為向第四消費社會轉變的重大轉機。

綜合以上所提及的，第四消費社會的開端基本上可以確定在一九九五至二〇〇七年之間，由於本書的目的並不是進行嚴密的時代劃分，所以請允許我在一個方便的時間點進行區別，我將一九七五至二〇〇四年的三十年定義為第三消費社會，二〇〇五至二〇三四年的三十年定義為第四消費社會。那麼，第四消費社會是不是一個人口減少、經濟能力下降、沒有希望的黑暗社會呢？答案是否定的。正是因為各種問題不斷擴大，所以才會產生新的變化。

在第二、三章，我將就第二消費社會到第三消費社會的轉換、第三消費社會到第四消費社會的轉換問題，進行更詳細介紹。第一消費社會到第二消費社會的轉換，基本上是數量的改

圖 1-7　第一消費社會到第四消費社會相互重疊而產生的當今社會

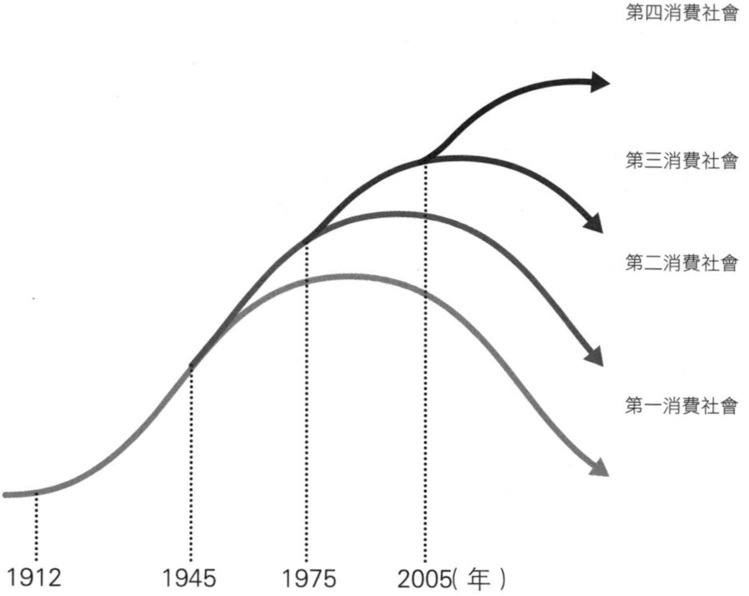

變，與本書主題無關，所以不再過多解釋。本書將從歷史的角度查證：從第二消費社會到第三消費社會的變化究竟是什麼？之後再進一步闡明，為何會繼續向第四消費社會轉變。

需要說明的是，時代雖然從第一消費社會變遷至第四消費社會，但並不是說，到了第四消費社會時期，第三消費社會的特徵就完全消失。即使是到了第四消費社會，第三消費，還有第一、第二消費社會的特徵也在一定程度上存在。也就是說，從第一到第四消費社會的每個時期的特徵，在第四消費社會中是多層重疊存在（圖1-7）。

圖 1-8　消費社會的四個階段以及消費特徵

時代劃分	第一消費社會 1912-1941	第二消費社會 1945-1974	第三消費社會 1975-2004	第四消費社會 2005-2034
社會背景	從日俄戰爭勝利至中日戰爭 以東京、大阪等大城市為中心的中產級誕生	從戰敗、復興、經濟高度成長期至石油危機 大量生產、大量消費 全國一億人口中產階級化	從石油危機到低成長、泡沫經濟、金融破產、小泉改革 差距拉大	雷曼危機、兩次大地震、經濟長期不景氣、雇傭不穩定等導致收人減少 人口減少導致消費市場縮小
人口	人口增加	人口增加	人口微增	人口減少
出生率	5	5→2	2→1.3-1.4	1.3-1.4
老年人比率	5%	5%→6%	6%→20%	20%→30%
國民價值觀	national 消費屬於私有主義，整體來講重視國家	family 消費屬於私有主義，重視家庭、社會	individual 私有主義、重視個人 個性化	social 趨於共享、重視社會
消費取向	西洋化 大城市傾向	大量消費 大就是好 大城市傾向 美式傾向	多樣化 差異化 品牌傾向 大城市傾向 歐式傾向 從量變到質變	無品牌傾向 樸素傾向 休閒傾向 日本傾向 本土傾向
消費主題	文化時尚	每家一輛私家車 私人住宅 三大神器 3C	每家數輛 每人一輛 每人數輛	聯繫 幾人一輛 汽車分享 住宅分享
消費承擔者	中產階級家庭 時尚男女	小家庭 家庭主婦	單身者 啃老單身	所有年齡層裡單一化的個人

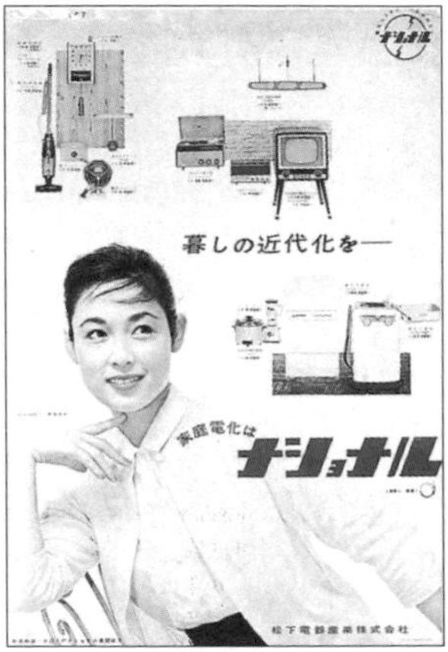

1954年廣告

豐田博物館「私家車時代來臨」（三浦藏）

《家庭畫報》
1962年9月
（三浦藏）

《Sunday每日》
1966年11月20日
（三浦藏）

1964年廣告

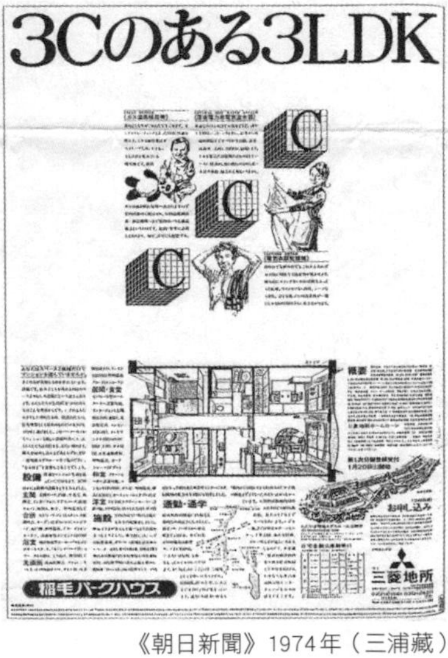

《朝日新聞》1974年（三浦藏）

標榜三大神器帶來生活近代化的松下電器（Panasonic），請知名女演員若尾文子擔任廣告代言的Miss National。若尾在她主演的電影《鎮花祭》中也出演Miss National角色，從中可以看到當時松下電器付出很大努力。

從三維浦（Sunwave）公司的廚房水池廣告，也能看到對於美式生活的嚮往和憧憬。帶3C的3LDK是三菱郊外公寓的廣告。當時的公寓都很高級，3C產品是配件之一，私家車也曾是中產階級嚮往的商品。

第二章

告別購物使人幸福的時代

迄今為止，產業社會認為沒有價值，對產業發展毫無用處的需求，現在這種需求卻甚囂塵上。如果說產能過剩是產業社會富裕的標誌，那麼今後感性社會豐沛的「情感表現」，以及衍生的「創作物」就是富饒的證明。最終，「第一次富裕」落下帷幕，人們追求的「表現社會」—— 即「第二次富裕」粉墨登場。

——藤岡和賀夫《再見，大眾》（一九八四年）

1 第二消費社會與第三消費社會的區別

從第二消費社會到第三消費社會，有以下五點變化：

五個變化

（1）從家族到個人（從一家一台到一人一台）
（2）從物質到服務
（3）由量到質（從量產產品到高檔消費、名牌商品）
（4）從理性、方便，到感性、個性化
（5）從家庭主婦到職場女性

明治以來，日本國民就心懷近代化、富國強兵的「鴻鵠之志」，雖然二戰後國家主義的身分認同被否定了，經濟大國、經濟快速成長、中流化的「豪言壯語」閃亮登場。於是，

針對對手豐田Corolla，日產Sunny稱「隔壁的汽車看起來太小了」，Corolla則回應「不僅是變大了，豪華的1200」。這形象反映第二消費社會的價值觀。（左：日產Sunny，1970年3月；右：豐田Corolla，1970年8月。三浦藏）

二戰前「村落與軍事」共同體被改造為「企業」的生產共同體，並且其從業人員形成「消費共同體」的家族，這兩個共同體相輔相成，成為社會發展的推動力。日本國民踏上這兩個「車輪」，奮力前行，在兩個共同體中找到歸屬感，並由此獲得自己的身分認同。換言之，工作與消費成為二戰後日本人的身分認同。

此外，經濟快速成長這一宏偉目標也和消費密切相關，「三種神器」、「自己的家」、「自家車」、「白領」等新興生活潮流層出不窮，逼得人們不得不消費。正如「消費即美德」、「越大越好」等標語所象徵的，儘量多的消費也影響國民、公司職員，甚至家庭成員的身分認同。（請參考拙作《「家庭」與「幸福」的戰後史》一九九九年。）

圖 2-1　電影院進場人數

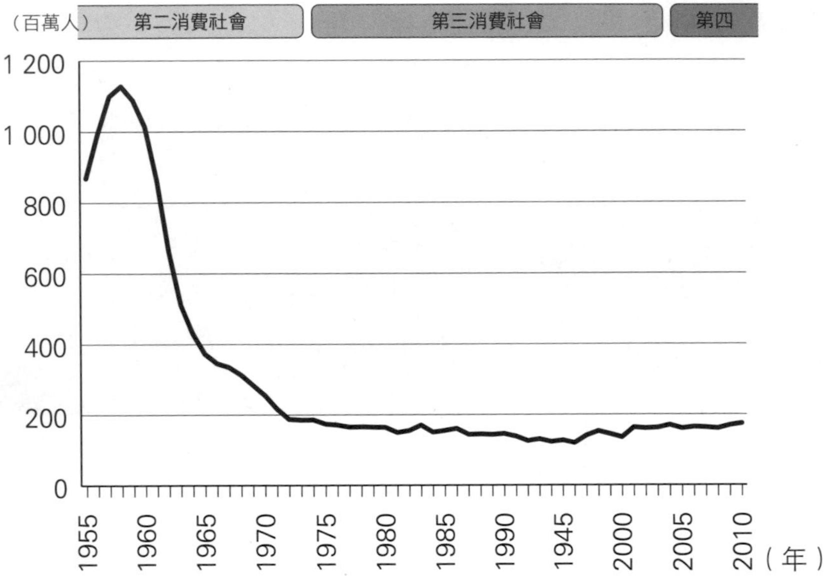

資料來源：日本電影製作者聯盟。

越大越好

第二消費社會以大量生產大量消費為最高原則。生產指的是少種類大量生產。當時逐漸普及的商品以生活必需品為主，因此消費者並不刻意追求商品的個性以及設計，只是單純購物，別人家有什麼自己家也有就足夠了。

更新東西的時候，一般都會挑更大的買。最初買的車是速霸陸360，之後是豐田700、卡羅拉、可樂娜（Corona）、皇冠（Crown），最後更換成賓士。最初的電視是十四吋，之後換成二十吋、三十吋。

這是第二消費社會的典型消費模式。當然在經濟快速發展的時代，基本工資提高了二〇%，並由於定期加薪而進一步上漲，因此逐漸更換大件的東西也是理所當然。大家一起到電影院看電影的機會急劇減少，都宅在自己家裡看電視。這正是私有原理的擴大（圖2-1）。

所謂「越大越好」的價值觀到了第四消費社會仍然根深柢固。特別是嬰兒潮世代，他們成長於第二消費社會，所以對這種價值觀刻骨銘心，認為買更大的東西並且私有，是一件幸福的事。

如前所述，第二消費社會的最大特徵就是以家庭為中心的消費。第二消費社會是核心家庭逐漸增多的時代（圖2-2），由於年輕的家庭隨著孩子的成長而要換新的東西，那麼就必然會買車買房，買的東西越來越大。透過消費，經濟得以發展，日本人口中數量最多的嬰兒潮就是在這種環境下成長，他們不斷地購物，不斷地消費（關於這一點請參考吉川洋《快速成長》一九九七年，或拙作《今後十年嬰兒潮二代一千四百萬人成為核心市場》二〇〇二年）。

均質消費者

由於銷售的對象是人口眾多的嬰兒潮世代，產品越來越標準化。此外，嬰兒潮世代與現

圖 2-2　不同家庭類型數量之變化與預測

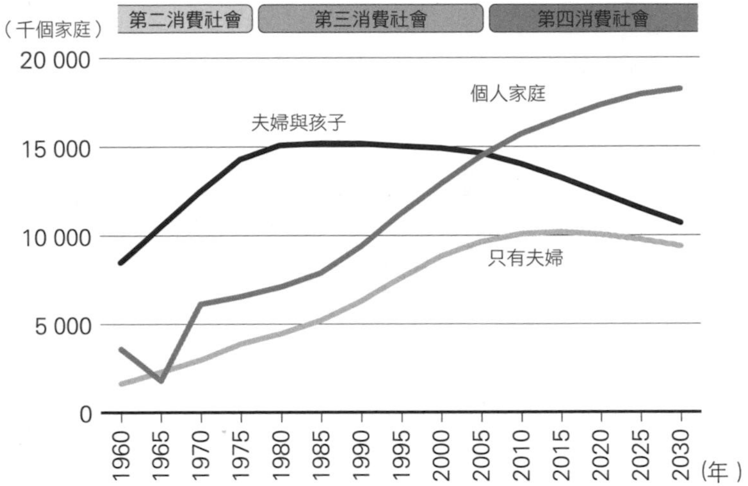

資料來源：總務省「國情調查」、國立社會保障與人口問題研究所「推算未來人口」。

在不同，大多數女性在二十五歲前結婚生子，男性也大多在三十歲前有了兩個孩子。這一代人口基數大、年齡相仿、行為方式類同，所以在企業看來，再也沒有如此高效的消費者了。他們這一龐大群體的海量消費，的確使日本企業得到長足的發展，但另一方面，我認為日本企業的市場行銷能力卻未見提高。因為這不過是簡單賣東西罷了，不需要縝密的市場行銷策劃。

如果本書的讀者中也有嬰兒潮世代，他們或許會說：「這是因人而異，我們不是整齊劃一的消費者。」但是，大家都會眾口同聲地說：「我

多摩新城區的入住者，把相同外形的私家車排成一列，好似用傳送帶搬運一樣，這正是第二消費社會的風景。（照片：朝日新聞社 1971年攝影）。

們並不一致，是有個性的。」所以歸根究柢，還是讓我們覺得千篇一律、毫無個性。

玩笑就開到這裡。本書的讀者中，生於嬰兒潮時代、擁有良好市場行銷能力的精英階層應該不在少數，這些人的確厭惡千篇一律，強調個性，可是大多數的普通老百姓卻並非如此。把個性掛在嘴邊卻不知如何是好，這正是嬰兒潮世代的多數派。事實上，在一九八〇年前後，為了迎合嬰兒潮世代的喜好與需求，當時的「住宅公團」就在多摩新城市建設可以自由選擇房間布置的新型住宅（New Town），而不是傳統老套的舊式住宅。但是，這些住宅並沒有得到嬰兒潮世代的青睞，他們覺得還是平常的住宅更好。

嬰兒潮世代中大多數都是凡夫俗子，所以不僅是家電、汽車等工業產品，獨棟建築、公寓大廈也都是工業化、標準化，全日本以同樣的規格大興土木，建造社區、公寓和新城市。

在第二消費社會的初期，即一九五一年，住宅動工戶數是二十一萬戶左右，到了石油危機前夕的一九七二年，到了一八六萬戶的高峰。此後戶數雖然有減少，但在泡沫經濟時代再次增加，一九八七年又出現一七三萬戶的「第二春」。不過近年只有八十二萬戶，減少一半以上（圖2-3）。

圖2-3　住宅動工戶數

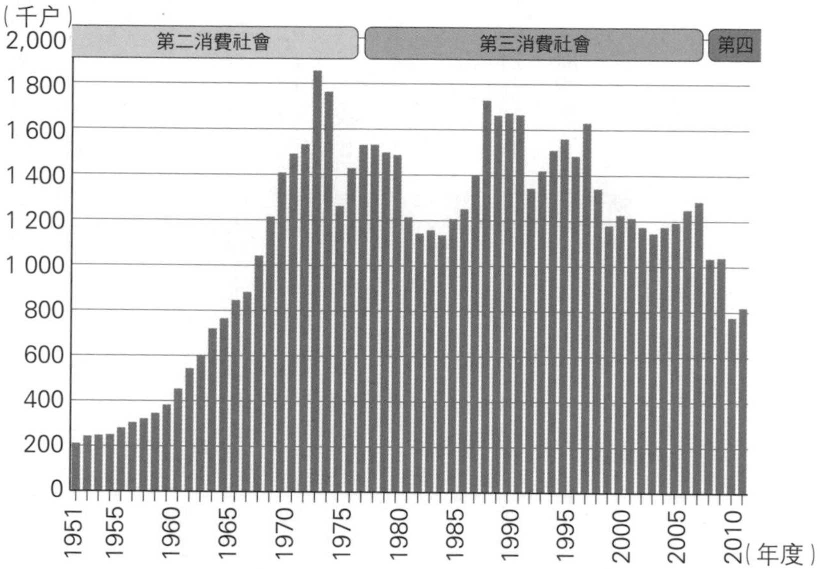

資料來源：國土交通省「建築動工統計」。

第二消費社會的矛盾和嬰兒潮世代的「個性」

如前所述，家中的東西多多益善，可以說是處於第二、第三消費社會的消費者的目標、喜悅與幸福。但是在一九七三年石油危機的影響下，第二消費社會戛然而止，隨後進入第三消費社會。

到了第三消費社會，對於在第二消費社會是理所當然的整齊劃一的消費活動，不協調感與日俱增，越來越多人開始考慮是否應該進行更具有個性的消費。上文提到，嬰兒潮世代的先進人士已經產生這樣的想法，現在不僅是他們，年輕人也開始意識到毫無個性的消費索然無味。

二十世紀七〇年代前期，描寫嬰兒潮世代的男性及其戀人的日產天際線車系廣告「肯和瑪莉」，呈現那個時代新婚夫婦生活的丸井廣告「如果愛，請深愛」一度成為人們的話題，而三得利的廣告「週五喝啤酒」則描繪一個雖然有家庭，但同時擁有一定私密空間的夫妻二人世界。這如同一九六七年的唱片大賽新人獎作品《二人世界》所傳達的那樣，人們追求遠離社會和公司的個人私生活。「城市中自殺的年輕人越來越多……但問題是，現在下雨，卻沒有傘。我必須去和你相逢」，一九七三年的熱門歌曲、井上陽水的《沒有傘》也反映當時的潮流。

與此同時，消費也隨之變化。使家族共同體與社會共同體一體化、推動社會前進的消費，日益向個人化方向發展。家務事逐漸外包，餐食也越來越依賴外賣。買衣服也一樣，買新衣服更便宜划算，自己在家做衣服、縫縫補補的人越來越少。

此外，為了彌補因為石油危機而停止不前的丈夫的收入，妻子也做起臨時工。對於企業來說這是有利的，由於沒有寬裕的資金雇用正式員工或者給他們加薪，雇用家庭主婦正好可以解決這一問題。

家庭主婦做臨時工的結果，就是越來越依賴速食食品、熟食以及外賣，導致家庭成員單獨用餐。可是她們所從事的工作，也正是這樣的食品加工業和外賣產業。在家做飯沒有工資，但把做飯當作工作卻有薪水，這種在某種意義上不可思議的現象，發軔於第三消費社會。

此外，主婦透過打工補貼家用的同時，也掙到了自己消費所需的錢。在這種意義上，以家庭為單位的消費開始逐步向個人化的方向發展。個人化指的是每個人的個性消費需求增強，現在我們常常提及的「個性消費」到了第二消費社會都尚未出現，從第三消費社會才嶄露頭角。

第三消費社會的最初時期即一九七五年，日本經濟新聞社以《消費者已經變了》為題出版一本書，內容有以下一段：「根據一九七一年餘暇開發中心所做的專案調查報告《關於餘暇時代國民生活結構的調查研究》，在豐富物質、儉樸生活、忠於自己等三十個選項裡，讓人們選擇希望以後能過的生活，『健康並且物質精神都豐富的生活』排在第一位，其次是『自由發揮』，也就是說重視個性並將其展現出來，不被流行趨勢、大眾媒體擺布，打造符合自己喜好的生活方式。『豐富之中蘊含個性』，經過深思熟慮，這種人們嚮往的生活方式被勾勒出來。生活之中追求個性，這樣的生活方式被看作是新鮮事物。」在第二消費社會創造的豐富物質基礎上，新的強調個性的時代——第三消費社會拉開序幕。

從政治到消費：新人類世代的興起

二十世紀七〇年代前期的個人主義，到七〇年代後期至八〇年代明顯增強，且與世代交替相重合。嬰兒潮世代之後的新人類世代，與積極參與政治活動的嬰兒潮世代相較，是極討厭政治（岩間夏樹《戰後年輕人文化的光芒》一九九五年）。即使是比新人類世代稍微年長的，和我一樣生於五〇年代後期的人，已經多少有這種傾向。七〇年代後期，身為東京大學畢業生卻支持自民黨的人越來越多，在東大成立山口百惠粉絲俱樂部，也開始成為談論的話題。

當然，並不能說新人類世代自發的討厭政治。一九六九年安田講堂沒落，學生運動日薄西山，七〇年代發生淀號劫機事件，此後學生之間的內鬥、私刑事件頻傳，一九七二年發生淺間山莊事件。毫無疑問，由於私刑事件，社會對於學生運動的同情逐漸淡漠。一九七四年激進派製造三菱重工爆炸事件，彼時由於出錢支援美國打越戰而被大眾媒體批判的三菱重工，也在這起爆炸事件中被當成受害者。激進派因當事人之間的內鬥而犧牲普通市民，所以輿論對於他們的批判是決定性的，人們逐漸喪失對左翼的同情（以這一時期為界，大眾媒體上推動核電發展的報導日益增多），可以說這樣的政治氛圍造就了當時還是孩子的新人類世代，厭惡政治的性格。此後，年輕人關心的事情從政治轉向消費。換言之，忌憚年輕人過於政治化，體制內一方故意使年輕人的注意力從政治轉向消費，這樣的觀點也並非一句話就說中事情的重點。

在年輕人對政治和社會的關心程度降低的同時，所謂的「知識分子的沒落」在第三消費社會持續發酵。戰後的知識分子經常對資本主義或社會主義、保守或革新這樣的冷戰結構發表言論，這也是他們存在的理由，而那時的年輕人熱衷於向這些知識分子學習並且挑戰。如果年輕人對政治、社會等的關心度降低，就不需要這樣的知識分子了。此外，二十世紀八〇年代社會主義陣營從內部開始瓦解，一九八九年柏林圍牆倒塌，標誌著冷戰的終結。

因此，第三消費社會中知識分子扮演的角色被稱作新學究主義，對消費資本主義持肯定態度，至少不是全面否定。新人類世代的年輕人支援新學究主義，淺田彰的《結構與力》（一九八三年）作為思想理論類書籍竟賣出十五萬冊，暢銷一時，淺田彰一夜成名。

新人類世代出生於第二消費社會的後期。新人類世代這個詞是《穿越》雜誌（一九八三年六月出刊）創造的，並將一九六八年出生的人作為這一代的典型，因為當年在洛杉磯奧運會之前，一九六八年前後出生的很多人在中學生時代就屢創日本紀錄，譬如在將棋（日本象棋）領域，林葉直子於十四歲成為女子棋王，巴而可集團選中她做廣告代言人。

此後，新人類這個詞因《朝日日報》連載「新人類的旗手」而得到普及，在此過程中，從一九五七到一九六八年出生的一代形象逐漸固定。如前所述，一九五七年設立住宅公團和道路公團後，日本經濟便快速發展，一九六八年GDP僅次於美國，位居世界第二。

但是我認為，從對這世代的市場行銷研究結果看，現階段把新人類世代定義為從一九六三到一九六九年出生的世代最為妥當。

首先，經濟快速成長時期是從一九五五到一九七三年。最中間的一九六三到一九六九年出生的一代，應該是接受經濟快速成長期的價值觀影響最大，也正是從東京奧運會前年到大阪世博會前年，即戰後日本所謂的黃金時代。

新人類世代大多出生於東京，因為他們的父輩生於二十世紀三〇年代左右，戰後到東京工作、結婚、生子。所以日本整體的生育高峰雖然是嬰兒潮世代出生的一九四七到一九四九年，東京的出生人數卻在一九六四到一九七四年間出現高峰，除去丙午年的一九六六年，東京的出生人數每年達到二十萬人以上。（圖2-4）

其次，東京的出生人數從一九四一到一九四三年雖然每年都超過二十萬人，但一九四一到一九四三年生的女性大概在一九六四年左右生子，所以新人類世代多從父輩開始就生於東京。

第三，新人類世代全體中生於東京的比例從一九六二到一九七二年達到高峰，綜合考慮這些情況，可以發現新人類世代是生於六〇年代，特別是從一九六三到一九六九年的一代。

圖2-4　全國出生人數和東京出生人數

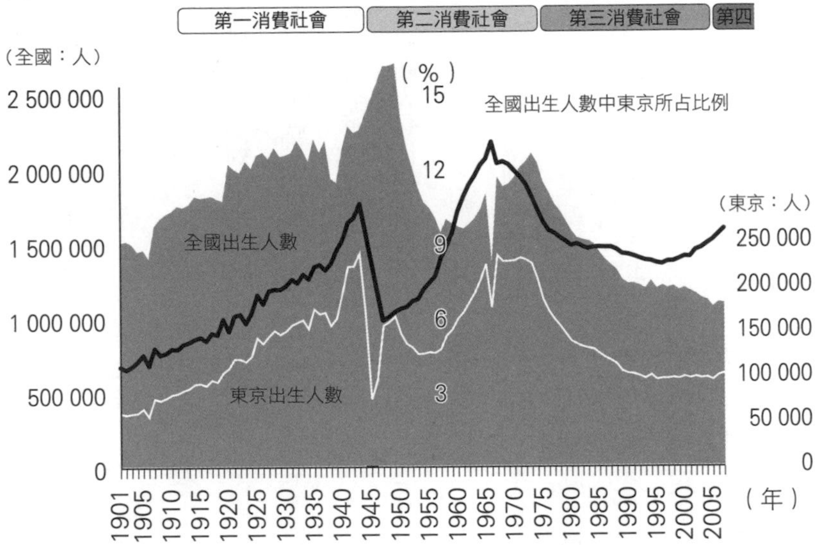

資料來源：「人口動態統計」，三浦展製作。

從就業方面看，生於這個時期的人們，若是大學畢業，應於一九八六到一九九二年進入公司，如果是大專畢業，應於一九八四到一九九〇年進入公司，這正是從泡沫經濟前到經濟蕭條之前的一段時期，因此就業形勢非常好。在此意義上，可以說生於這個時期的世代是最「泡沫」的，最具有新人類世代的特徵。

天生的消費者

新人類世代大多出生於經濟快速成長最中間的時期，東京出生東京成長，必然具有強烈的消費欲望。從孩提時代開始他們就被父母帶著逛銀座，上了高中就開始在澀谷一帶遊玩。從一九六三到一九六九年生的人，於一九七九到一九八七年上高中，所以我進入巴而可集團的時候正是他們的全盛期，他們支撐著第三消費社會。

生於第二消費社會的嬰兒潮世代，於一九六七到一九六九年成年，那時日本的GDP世界第二。而引領第三消費社會的新人類世代，於一九八三到一九八九年成年，正是經濟從泡沫的前夕到巔峰的時代。嬰兒潮世代與新人類世代雖然具有完全不同的特徵，但也有共同點，那就是物質主義傾向很強。如果說物質主義有點言過其實，不妨說一買東西就感到幸福。這種傾向在第四消費社會逐漸減弱。

新人類世代的童年時期，日本已經成為經濟大國，他們開始懂事時，家中的電器已是一應俱全。他們中很少有人像嬰兒潮世代，依然記得家裡第一次買電視的情景。一家一台電視理所當然，特別是走在消費最前端的東京更是如此。

但是，如果都實現一家一台，那麼市場就飽和了，家電廠商就頭疼了。於是他們採取一人一台、一屋一台的行銷策略。即茶室以外的臥室、小孩的房間都需要電視，電話配上子機，汽車分為父親打高爾夫用的和母親購物用的，音響分為會客室裡放古典音樂的立體音響、兒子聽搖滾的迷你電唱機和女兒聽廣播的收錄音機，空調也得一間房一台。家電廠商透過這種方式，增加成一家兩台、一家三台，由此來刺激消費者的欲望。象徵「從家庭到個人」變化的商品就是索尼的隨身聽（Walkman），它於一九七九年開始銷售，一九八一年進一步小型化，設計簡潔的第二代隨身聽ＷＭ２則引人注目。到一九九八年底，僅卡帶型的隨身聽就有一・八六億台銷量。帶著隨身聽漫步街頭的正是當時從高中進入大學的新人類世代。

2 消費的過度化、個人化

單身寄生者

二十世紀八〇年代，未婚傾向增強，過了二十五歲還不結婚的男女增多，仍然與父母住在一起的單身寄生者越來越多（圖2-5）。這是因為高中畢業後因上大學或就業，從鄉鎮地方到東京的人減少了，從父母家去大學或公司的人增加了。這就使得更多年輕人不用付房租及其他生活費，自己賺的錢自己花，一人吃飽全家飽。這就導致一人一台的需求大幅增加。

根據總務省統計局計算，一九八〇年二十到三十四歲未婚男性中，與父母一起居住的比例，即單身寄生者的比例為三二．九％，女性二六．一％，一九九〇年男性增至四四．六％，女性增至三八．八％（圖2-6）。

此後單身寄生者的比例雖持續增加，但很明顯八〇年代的漲幅最大。這是因為八〇年代二十至三十四歲的人包含六〇年代出生者，父母家本來就在東京的人激增。從絕對值看，從一九八〇到一九九七年二十至三十四歲的單身寄生者，男性從四五八萬人增至六三八萬

圖 2-5　不同年齡層未婚率的變化

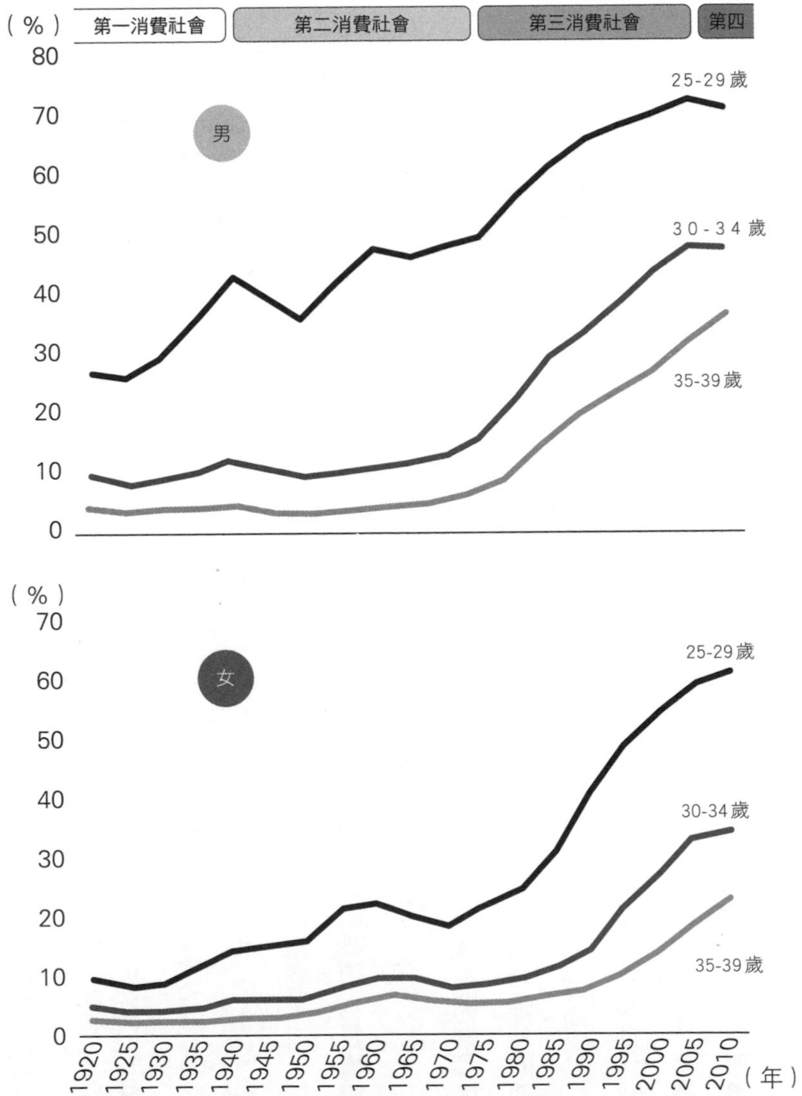

注釋：除去配偶關係不詳人口所占結構比例。2010年根據抽樣統計。
資料來源：國情調查（2005年之前「日本長期統計系列」）。

圖2-6　未婚者中單身寄生者的比例

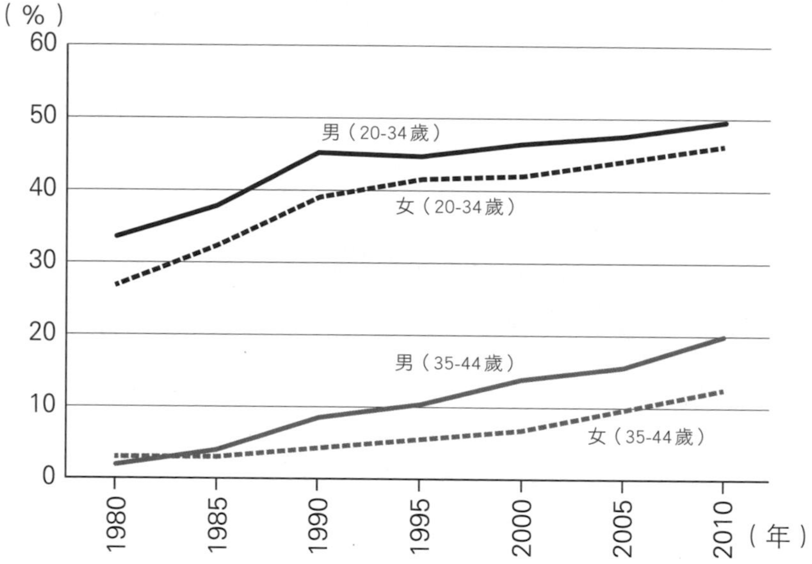

資料來源：總務省統計研修所。

人，女性從三五九萬人增至五六三萬人（圖2-7）。

女性雜誌方面，一九七七年訴求二十五歲年輕女性的《*MORE*》、一九八〇年《世界公民》和《工作》分別創刊，這一階段，女性過了二十五歲仍不結婚，即使頻繁跳槽也要繼續工作的傾向逐漸擴大。

毋庸置疑，沒有住宿開銷等生活支出的單身寄生群體具有強烈的消費欲望，他們的消費主要在時尚。

如前所述，我在新人類世代時期進入高中、大學，於一九八二年進入巴而可集團工作，所寫第一篇報導就是關於澀谷巴而可賣場的銷售額，當

圖 2-7　與父母同住的男女未婚者數量變化

20-34 歲

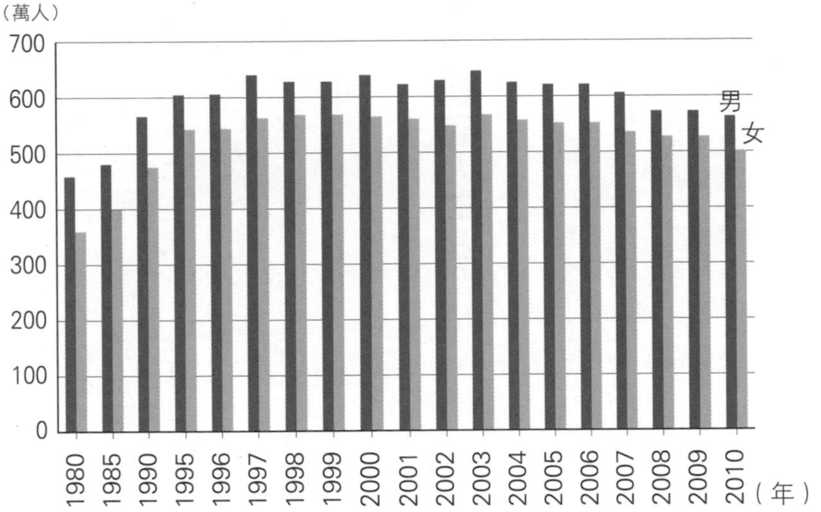

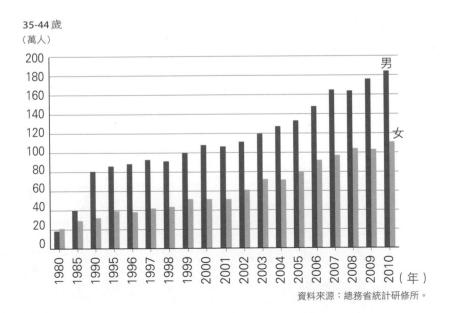

35-44 歲

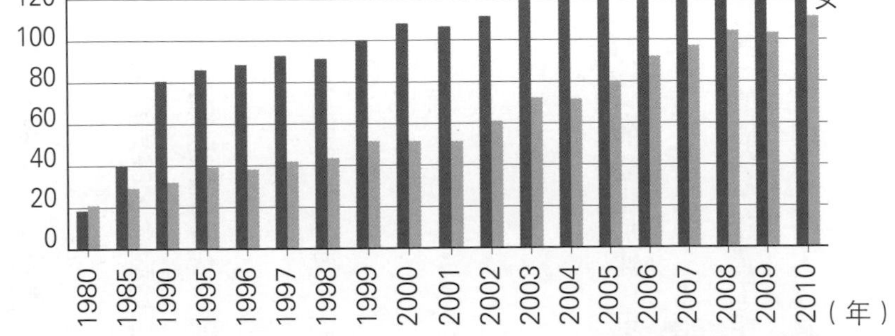

資料來源：總務省統計研修所。

時川久保玲、三宅一生等DC名牌商品（Designer's & Character's）的銷售額大增，與前年相較增加三成左右。

到了一九八三年，這種趨勢加速，在丸井商場等地DC名牌商品開始販售，各個公司的銷售額快速上升，有的企業甚至超過前年的三倍。這是驚人的數字，泡沫經濟時代之前DC名牌就已經泡沫似的發展了。

但是近幾年，這個巴而可商場已經被空置，脫離巴而可集團，據說要重建，真是應了盛極必衰的道理。

從家電到個人電器

由於二十歲一代的未婚人數以及獨生子女增多，「從家電到個人電器」的變化加速。現在一個人擁有幾支手錶是很正常的，但三十年前並非如此。我一九八二年進入職場後，馬上接手的另一個報導就是手錶的調查，那時精工打出「為什麼不換手錶」的廣告，建議工作用、約會用，和運動用的手錶要分開，可以擁有幾支錶。雖然如此，當時還只是一人一支手錶。

現在的年輕人可能無法體會，六〇年代前期一個年輕人的房間裡是沒有家電的，就連一人住公寓也並非多數，搬進工廠或商店並在那裡工作才是理所當然，或者是住在提供伙食的公寓、公司宿舍，一間屋子住兩人或更多。大概從六〇年代後期開始，一人住一間房的年輕人開始增多，雖然是獨自一人居住，但擁有電視等家電產品還是在七〇年代以後。

根據經濟企劃廳（內閣府）的統計，從單身者（未滿三十歲）的主要耐用消費品的持有數量（每千戶家庭）來看，一九六九年每千戶只有八十六戶擁有電冰箱（圖2-8），到了一九七九年增加到六三〇戶，二〇〇四年為九〇二戶。吸塵器、洗衣機也顯示同樣的成長速度。單身者擁有所有家電是從七〇年代後期開始，這也正是第三消費社會登場，從家庭向個人消費轉變的時期，單身者的耐用消費品逐漸增加。

另外，近年來與電鍋相較的微波爐持有數量較多，因為越來越多人不再用電鍋做飯，而是從便利商店買回冷凍飯菜，用微波爐加熱。

從「消費」到「創費」

與個人化相對應的是，在第三消費社會多樣化、時尚化備受重視。人們想要符合自己個

圖2-8 單身者（未滿三十歲）主要耐用消費品的持有數量（每千戶）

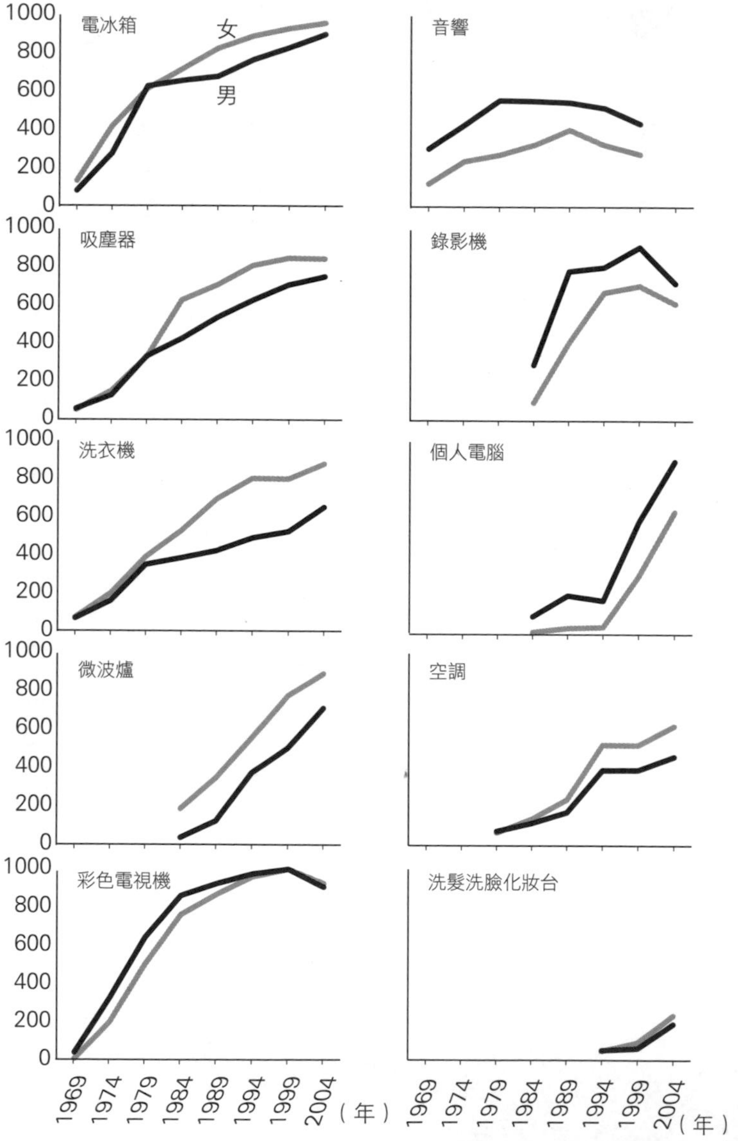

資料來源：經濟企劃廳（內閣府）。

性的東西，而個性因人而異，所以商品的設計、功能也變得多樣化。如果以年輕女性為銷售對象，還需要具備時尚性，同時又不能拘泥以往女性之美的俗套。一九七五年巴而可的廣告「欲拒還迎」、「模特兒不只靠一張臉」，一九八〇年西武百貨的廣告「自己新發現」宣告自我時代、個性時代的開始。

巴而可集團的雜誌《穿越》在一九八三年提出「創費者」概念，它不是一般性質的概念，雖然是巴而可集團自擬的，但是《穿越》是電通、博報堂等廣告代理商大量訂閱的雜誌，所以這種觀點在相當程度上傳播開來。

與「第四山手」一樣，想出創費者一詞的是當時巴而可的專務增田通二。某日，增田對《穿越》的員工說（關於「第四山手」請參看拙作《今後郊外的去向》二〇一一年）：「消費是什麼？消和費。但是消費者買東西並不僅僅為了消和費吧。他們在巴而可買時尚、買設計，完全不同於在超市買蘿蔔，所以不是單純的消費，而是一種創造。為了創造自己的生活方式而消費，這就不是消費，而是創費。」

雖然記不住原話，但大概意思就是如此。人們創造的是自己的生活方式、生存方式，而幫他們實現的是巴而可，增田表達的應該是這種想法。

在社會學中學到的，大眾社會的消費者如同散沙，沒有力量，是一種按照企業意圖而行動的存在。的確，在電視上看家庭主婦節目，其中有宣傳清潔劑或食品廣告，晚上去超市，發現那些商品已上架，「哎呀，這就是剛才廣告的商品呀，買一個吧。」這正是行銷學計算意義上的「合理」消費者行動。如果消費者不這樣「合理」行動，廣告也就失去意義。這樣說話雖然無禮，卻有道理，消費者按照企業的意圖，被動接受企業提供的資訊。

很多學過社會學的人進入廣告、代理行業，從事市場行銷工作。但是社會學是批判煽動民眾權力的學問，而廣告和市場行銷都是給消費者「興奮」的工作，所以學過社會學的人多少會感到很慚愧吧。

但是在巴而可眼中，消費者不是被動的弱小存在，而是主動、強大，具有創造性的存在。時尚不是生活必需品，不需要就不急著買，所以買時尚產品的消費者可以仔細玩味推敲。蘿蔔、清潔劑、速食麵之類的東西跟其他人買一樣的就好了，但是時尚不同，必須買最適合自己、自己認為最好看的東西，並且要考慮流行趨勢。

個人試圖不被公司、家庭等集團束縛，表現這一潮流的廣告在1975年以後越來越多（東京廣告博物館收藏）。

像這樣綜合考慮各種因素，人們就會來巴而可的商場買衣服，並不是草率就買與巴而可差不多的衣服。並非巴而可創造流行而消費者緊隨其後，而是消費者自身相互作用催生了流行。巴而可必須迅速捕捉到它，從而採取相應對策。

也許有人會質疑，消費者真的有那麼厲害嗎？至少現在在時尚領域，漫步街頭的「讀者」模式頗具人氣。不是時尚業界引導流行，而是路上的行人相互觀察，「那件衣服不錯啊」、「哎呀，那種穿法很帥啊」，流行由此產生。消費者不是囫圇吞棗地接受企業發出的資訊，而是自己傳遞資訊，他們正是創費者。澀谷的巴而可剛開業時，打出廣告「澀谷公園，差異產生美」，這就意味著行走於街頭的消費者自身才是主角。

這種想法具備第三消費社會的特徵，同時也孕育第四消費社會的萌芽。在購買符合個人生活方式的物品這個層面上，屬於第三消費社會；在消費者成為主角這個意義上，屬於第四消費社會。

第三消費社會的消費，如果不是簡單的消與費，而是創造性的消費，那麼就需要另有他人來欣賞這些創造出來的東西。買蘿蔔的話不需要他人的看法或評價，但是購買時尚、穿著時尚不僅要滿足自己的需求，還希望獲得他人的贊同、讚賞和羨慕。為了達到這種目的，人們選擇時尚。

根據《穿越》一九八三年四月出刊的文章〈二元化價值標準與「創費」市場結構〉，商品首先得是「生存所需的必要商品」（最低限度是食衣住），其次是「參與社會生活所需的必要商品」（收音機、電視機、汽車），第三是「差異化、表現自我的商品」（流行、名牌、皮草），第四是「自我啟蒙及充實內心的商品」（興趣、讀書、藝術），創費則是購買第四類商品，而很多時候，這種將商品分為四個階段的方法，與本書所描述的第一至第四消費社會異曲同工。

在此意義上，創費與第四消費社會的「共費」大同小異，或許可以說，都體現「作為確立個人與他人之間共同工作的消費」這一方面，下一章將繼續探討。

說點題外話，最初我開始從事市場行銷雜誌的編輯工作時，我覺得「差異化」這個詞相當不協調。一般情況下，特別是對於學習過社會學、社會政策的人來說，「差異」是不好的東西，但是在市場行銷領域可以毫不誇張地說，每天都要把「差異化」這個詞掛在嘴邊，儘管最初有些抵觸。

當然社會性差異與行銷學的差異不可同日而語，但又不是截然對立。與別人不同，並炫耀這種不同，因為不同而產生優越感，差異化正是指這樣的價值觀。

圖 2-9　百貨公司、超市、便利商店、郵購的營業額

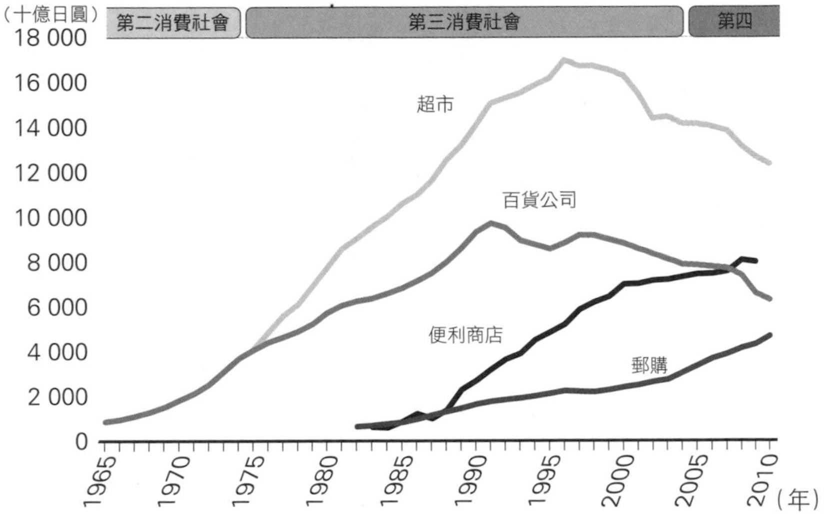

資料來源：日本百貨公司協會、日本連鎖店協會、日本經銷權協會、日本郵購協會。

從超市到便利商店

從營業方式來看，消費的個人化增加便利商店的銷售額。在第二消費社會，家庭是消費的主要單位，所以超市的營業額增加（圖2-9）。一九七二年大榮的營業額竟超過三越，轟動一時。如前所述，百貨公司是第一消費社會的營業方式，它的營業額在泡沫經濟時代達到尖峰，此後二十多年一直不斷減少。雖然因為第三消費社會中，人們崇尚名牌，百貨公司有所喘息，但在第四消費社會很難有立錐之地。

一般認為，第一家便利商店是一九七四年開設的7-ELEVEN豐洲店，現在全國已有約五萬家店鋪，銷售額超過八萬億日圓，遠遠超過百貨公司。作為第二消費社會的營業方式，超市也受到便利商店的衝擊，銷售額不斷下降。

近年來伴隨網路發展、女性就業，日常活動時間發生變化，受此影響，郵購的銷售額逐步增加。

從物質到服務：餐飲業的發展

消費的個人化還必須使消費結構從物質轉變為服務。譬如已經個人化的消費者，在吃飯的時候不是自己去買菜做飯，而是選擇外食，這就不是物質的消費，而是服務消費。

因此，家庭餐廳、速食店等餐飲業都得到發展。一九七〇年肯德基和加州風洋食館（Skylark）登陸日本，一九七一年麥當勞在銀座的三越開第一家店。

外賣產業的市場規模從一九七五年的八．五八萬億日圓擴大到一九八五年的一九．二七七萬億日圓，加州風洋食館和麥當勞的開店數量與同期公布的杯麵銷售量，也顯示和餐飲業相同的曲線（圖2-10）。

圖2-10　餐飲業與杯麵

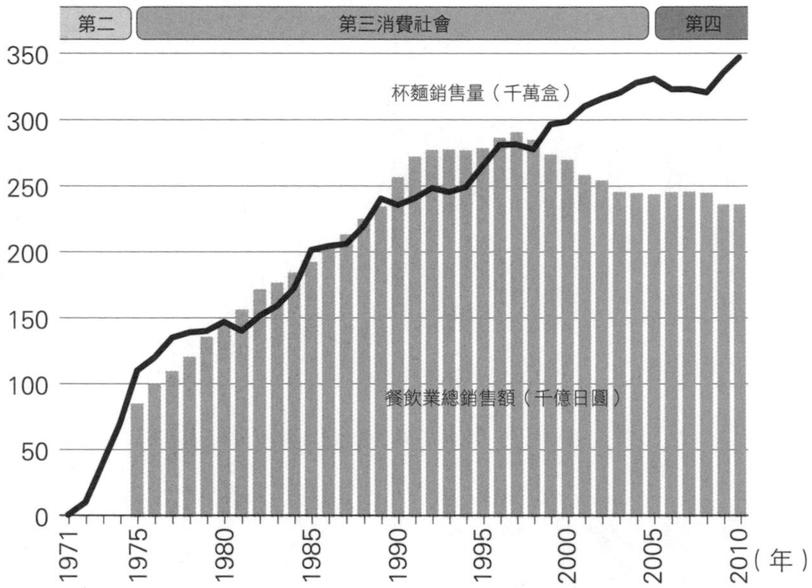

資料來源：飲食安心安全基金會、日本速食食品工業協會。

支持家庭餐館的是嬰兒潮世代的新家庭，在這個意義上家庭餐館名副其實，具備第二消費社會營業方式的特徵。

此外，麥當勞在日本最初銷售目標是在銀座的步行者「天國遊玩」的年輕人，之後以單身青年為主要目標，在美國則是郊區的家庭。日本到了八〇年代，成長在七〇年代的年輕人已經結婚生子，在郊區帶著小孩吃麥當勞。這樣看來，麥當勞也和家庭餐館一樣具備第二消費社會營業方式的特徵。

但是從八〇年代開始，麥當勞逐漸成為獨自生活的年輕人吃飯的地方。我在一九七七年上大學，在日本鐵路中央線沿線的小金井市開始一個人生活，那時公寓附近剛開一家加州風洋食館，對於經常吃炒飯和餃子的窮學生來說，吃夾煎蛋的漢堡是一件奢侈的事情。

大三我搬到國立市，公寓附近也有家加州風洋食館，之後又搬到國分寺市，公寓旁邊也有加州風洋食館。我記得很清楚，當時我經常大半夜到國分寺的加州風洋食館吃飯。白天是母親帶著孩子，週末是全家出動，而晚上則是獨居的年輕人，這種生活方式就是在當時形成的吧。

對於現在光顧家庭餐館的年輕人來說，並不一定非得和家人一起去，朋友一起喝茶、喝點小酒，自然有很多消費方式。童年時期由父母帶著去家庭餐館，到了高中時候就可以自己去喝茶，也可以約會，成年後就去喝酒。家庭餐館可以說貫穿我們這一代的一生，這顯示家庭餐館從第二消費社會的營業方式，向第三消費社會營業方式轉變。

但是，餐飲業的銷售額從泡沫經濟崩潰之後的一九九二年起就成長緩慢，一九九七年達到二九．七萬億日圓的高峰後逐漸減少。這時正趕上第四消費社會方興未艾，餐飲業的市場開始縮小。究其原因，第一，因經濟不景氣，外食的消費者減少，在家自己煮飯的機會增多；第二，被稱為「中食」的外賣食品流行起來，既不是在外用餐，也不是在家煮飯，

圖2-11　外食率與食物外部化率的變化

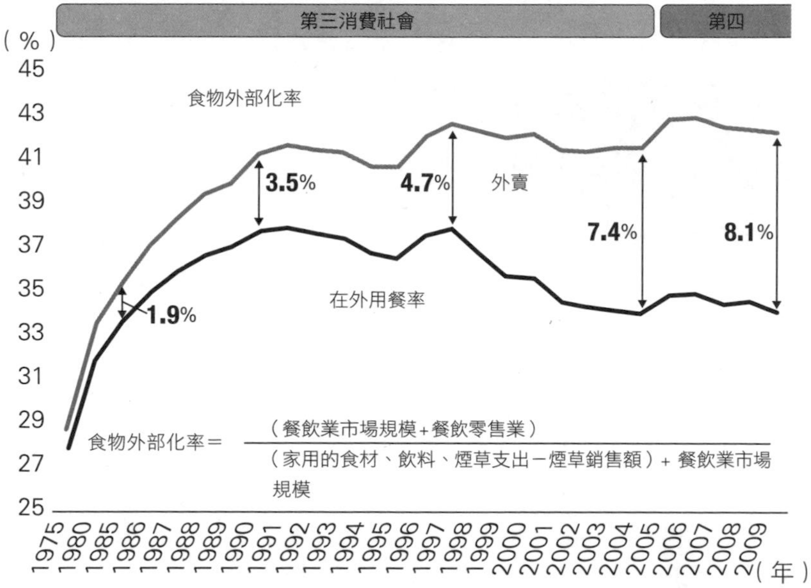

資料來源：飲食安心安全基金會。

而是把已經做好的外賣食品帶回家或公司吃，或者在街上邊走邊吃，或者坐在地上吃。因為是在大街上吃飯，所以我把「中食」又稱為「街食」。

外賣在飲食費用中所占的比例，從一九九七年的四．七%上升到二〇〇九年的八．一%（圖2-11）。外賣不包括杯麵，所以自己煮飯的機會越來越少了。近年來，杯麵的銷售額也持續增加。

以上兩個原因都是消費者追求相對便宜且簡易飲食的結果，另一方面，也可以看作是尋求與家人朋友聯絡感情的結果。在這個意義上，外賣也可以說是具有第四消費社會特徵的現象。

或者我們可以認為，餐飲業雖是服務業，實際上也只不過是把冷凍食品從中央廚房運出來，放進微波爐裡加熱，加上各種調味料之後再提供給顧客，所以並不是真正的服務業。

說實話，七〇年代的家庭餐館服務員遠比現在有禮貌，由此看來與服務業並無二致。但是泡沫經濟崩潰後，由於低價競爭等因素，員工服務減少，顧客到吧檯自取飲料、限時暢飲的形式普及開來，餐館不再提供原有的服務。

由此可見，如果我們即將講到的第四消費社會是追求高品質服務時代的話，家庭餐館並不與第四消費社會完全對應，或許又回到具有第二消費社會特點，大量生產的營業方式。

家庭

どんな店なの

ファミリーレストラン

家族づれ向きに 値段も手ごろ

夏は"避暑気分" ストにはこむ

"趣味"に成長か お手並み拝見

週末や休日、家族づれでにぎわうファミリーレストラン ＝東京都小金井市で

家庭餐館非常流行，與前年相比增加三成，這是一篇描寫家庭餐館是什麼樣的地方報導。照片是我當時住的小金井市的店鋪（《朝日新聞》1977年4月28日）。

追求名牌

從第二消費社會向第三消費社會發展的另

圖2-12　進口車新註冊量的變化

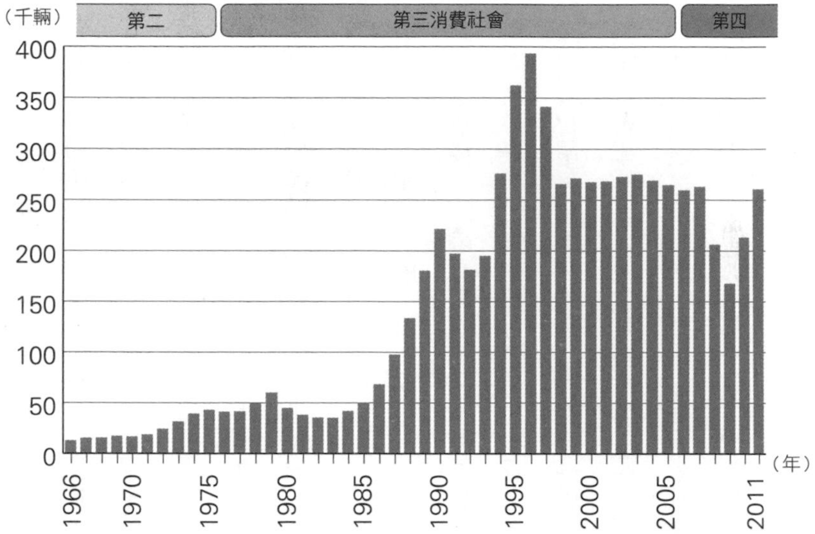

1966年3月到12月合計。
資料來源：日本汽車進口工會。

一變化就是「由量到質」，這是二十世紀八〇年代前期在市場行銷業界的「陳腔濫調」。

當時，嬰兒潮世代基本上全都進入育兒時期，而進入單身貴族市場的則是前面提到的新人類世代。他們的消費特徵就是追求名牌，是一個連女大學生都擁有國外高級名牌的社會。進口高級汽車的銷售額也開始上升（圖2-12）。「由量到質」的訴求與追求名牌的意願相結合，推而廣之。

田中康夫的小說《不由自主的水晶》描繪第三消費社會追求名牌的情況，該小說於一九八〇年獲得文藝獎，當時正是新人類世代進入高中、大學時期。該小說描寫追求名牌的年輕人被稱作「水晶一族」，受到當時大人們的揶揄。

我和田中康夫是一橋大學的校友，比他低一個年級。在當時擁有很多考試型人才的一橋大學，田中的存在可以說是異類。他從學生時代到上大學都是一身名牌服飾（當時的我完全不懂什麼名牌），他的夜生活也非常豐富，經常光顧六本木附近的迪斯可舞廳。

現在想起來，來自東京、橫濱的學生，特別是女學生比一般學生更愛打扮，也愛穿名牌服裝，但是他們與田中相較，是小巫見大巫。在慶應大學、青山學院大學、立教大學之類的高校，像田中一樣的學生比比皆是。

當我進入巴而可上班，不出意料，周圍的員工無一例外都是田中康夫所描述的水晶一族。我是老氣橫秋的國立大學學生，雖然到巴而可就業，還是想被分配到出版部門，在那裡創作美術類書籍，對於什麼時尚、名牌完全沒興趣，所以當時的我對有那麼多水晶一族而感到驚訝。當時還有員工穿著極為流行的「船庫」牌訓練服。

學過社會學的人，至少是在當時，認為追逐潮流是愚蠢的大眾行為，所以當看到自己所處的社會中全是這樣的人，在相當程度上感受到強烈的文化衝擊。公園的小徑上，常常可以看見與雜誌《ＪＪ》的模特兒一樣打扮的女大學生。我覺得這就是大眾社會吧。

試想一下，在位於像國立市那樣風景優美、綠蔭環繞的郊區大學，糊裡糊塗地皓首窮經，是無法了解社會的。譬如社會學會分析當前最新現象，對於學習這一類學問的人來說，國立市那樣的環境並不合適。更何況我大學時讀的是馬克思・韋伯（Max Weber）的宗教社會學原著，過著遠離塵世的生活，沒有接觸過現實的大眾社會。

但是進入巴而可後，我沒有從事美術書籍的出版工作，而是成了市場行銷雜誌的編輯，不得不開始分析消費的最新流行趨勢。如果說消費是現代的宗教，那麼我就可以運用宗教社會學的知識。可以說二十世紀八〇年代的澀谷，是被稱為「消費教」的宗教所支配的街道。

產品型錄文化的興起

與追求名牌熱情高漲同步發展的消費文化，在當時常被揶揄為「產品型錄文化」。《不由自主的水晶》的主人公像更衣玩偶一樣穿著光鮮、頻繁換裝、大談戀愛，由於類似產品型錄小說而飽受評論家批判。

這種產品型錄文化究竟從何而來？當然產品型錄古已有之，但首次把它刊登在雜誌上還是在二十世紀七〇年代。一九六八年在美國出版的《全球概覽》（*Whole Earth Catalog*）一書是個契機，它的作者是斯圖亞特・布蘭德（Stewart Brand），在反主流文化的進程中，它作為產品型錄傳遞一個訊息，即在生活中需要的物品自己動手做。產品型錄介紹「有用的道具」、「有利於培養獨立精神的教育」、「物美價廉」、「尚不知情」、「郵購很簡單」等選擇物品的標準。由於大量生產大量消費的不斷擴大，五〇年代後的美國社會，人們喪失了主體性，消費者只是單純享受物質，而該書的編輯出發點則是為了批判這一現象。

此後《全球概覽》數次發行修訂版，七〇年代後在日本也聲名鵲起，模仿它的書也很快問世。一九七五年JICC出版社（寶島社）把一九七五年十一月出刊的《寶島》雜誌做成專刊《全城產品型錄》，又於一九七六年四月出版《增刊寶島》的創刊號《全城產品型錄》。

另外一個是《美國製造產品型錄》（*Made in USA Catalog*），於一九七五年六月作為《讀賣週刊》的增刊發行，它在紐約、科羅拉多、加州等地就地取材，打出「從刀到旅行車：年輕人喜歡的美國產品」口號。現在雖然不再如此了，但當時美國確實是年輕人流行文化的發源地。

這本書實際上是先由雜誌屋（當時的平凡出版社）知名編輯、之後成為《普普艾》（*POPEYE*）總編輯的木滑良久發現，他向當時的老闆提議能否在雜誌屋出版，但因「產品型錄是免費發放」而遭到拒絕，於是他拿到讀賣新聞社出版，也就是《全球概覽》的日本

家庭

「全地球カタログ」物語

「本物との対話」めざす

宣伝から意識革命の媒体へ

Made in USA catalog 1975

Whole Earth Epilog

くらしの相談

浸水に加え、地盤沈下

代替地を要求して交渉中

心の教育ほしい中学生時代

団地

バルコニー

エコノミスト

桃花流水

東京・横浜・神戸

おしゃれブティック

お買徳セール

●26日(火)まで −8階

一度に40ものおしゃれなお店を見て回ろうとお思いなら、今週のタカシマヤです！

神戸のブティックもやってきました!!

民芸品のブティックも特別参加！

古伊万里名品展

日本人の知らなかった日本の戦後

ひな人形特別セール

東京

横浜

神戸

日本橋 髙島屋

569

解說美國《全球概覽》及其對日本影響的新聞報導（《朝日新聞》1975年8月21日，三浦收藏）。

版。此後雜誌屋的《布魯圖》編輯松山猛也參與該書的編輯。當然一九七六年創刊的《普普艾》也是產品型錄雜誌文化的代表。

作為女性雜誌《無》的增刊，一九七四年《季節與無》創刊，遺憾的是我沒有看過創刊號，我收集的是一九七六年第十一期的《大特輯：富裕生活產品型錄》、《當今女性四大生活產品型錄》、《時尚產品型錄》，所有的報導都以「產品型錄」冠名，或許可以說這一時期的雜誌是日本產品型錄雜誌的鼻祖。其他還有一九七五年出版的《AN AN增刊・產品型錄集》、《產經週刊特別增刊DO CATALOG》。

「產品型錄」這種媒體本來是從反主流文化的《全球概覽》衍生出來，在日本卻成為促進消費的媒體迅速發展。此後，《普普艾》、《布魯圖》等先行者產品型錄雜誌，朝向年輕人的物欲雜誌和名牌雜誌方向發展，這正體現「從政治到消費」的時代變化。

需要補充一點，DIY思想（Do It Yourself，自己動手做）透過各種DIY小店以及東急手工（Hands）等商店普及開來。東急手工的現場製作比一般的DIY商店更具有產品型錄的特徵，可以說它是《全球概覽》的思想與產品型錄消費文化的融合。

速食麵高級化，高檔車裡約會

滿足品牌化、高檔化帶來的差異化需求，並不是只有在時尚業界。就連速食麵這樣的第二消費社會的大量生產品，都在一九八一年推出明星食品「中華三味」，作為高級產品來銷售。現在速食麵中仍然還有高級品。

日本雀巢在銷售高級即溶咖啡新產品「雀巢咖啡禮品」的商業廣告中，加入比利時王室繼承人魯道夫的圖像，由於涉及貴族到底喝不喝即溶咖啡的問題，一時成為話題。由於引入連速食食品都要「高級化」的差異化策略，導致中等商品市場呈現飽和。家電採取的是把「一家一台」變為「一家數台」、「一人一台」或「一人數台」策略，而食物的消費量是有限的，所以必須將其高級化以抬高商品單價。

在汽車方面，不僅是每一代人的持有數量增加，而且還不斷高級化，豐田的速樂娜（Solara）、日產的西爾維婭（Silvia）等概念車就是其代表。

據日本汽車工業會網頁的資訊，「首次設立概念車範疇的是福特野馬……一九六四年問世的第一代野馬擁有輕便的外部設計，性能良好，價格適中，配備被稱為『未來系統』的多種選項設定功能，深得人心，被譽為是美國市場自T型福特以來，福特公司的巨大成

雜誌《無》創刊號，在第四版刊登最新銷售的豐田Celica廣告，上面寫著「戀愛要選Celica，就像要約會一樣。」女駕駛員應該不是《無》的讀者，所以普遍認為是希望有一個擁有Celica的男朋友。內裝與外飾的種類在當時顯得非常豐富，「你可以按照自己的喜好訂購Celica」是一大賣點。

功……野馬的成功對全世界的製造商都產生重大影響，在日本從七〇到九〇年代各種型號的概念車相繼登場……日本最先實現福特的概念車是七〇年代問世的豐田塞利卡（Celica）」，引進和野馬一樣的未來系統。同一時期，五十鈴117（一九六八到一九八一年）、馬自達CosmoSport（一九六七到一九七二年）、日產天際線、三菱GTO（一九七〇到一九七六年）也都開始上市銷售。

一九七三年石油危機後，開始實施排放管制，但對於概念車的需求沒有下降，日產西爾維婭（一九七五到一九七九年、一九七九到一九八三年）、本田Prelude（一九七八到一九八二年、一九八二到一九八七年）相繼問世，甚至在八〇年代年輕人中刮起高級汽車風潮，豐田率先成為高級汽車的領頭羊，但是高級汽車的鼎盛時期是雙門硬頂的第一代速樂娜。

高級汽車對於年輕人來說是一種憧憬，它又被稱作「約會車」，在開發階段預想的是為了約會而開車奔馳在沿海公路的情景，而不是用在婚禮上。更令人驚奇的是，本田第二代Prelude的副駕駛座位可以透過操作而放倒。當時巴而可的總經理增田通二也買了一輛速樂娜，洋溢著濃厚的時代氣息。

與此相關，有一個現象非常有趣，十六至二十四歲的年輕人駕駛汽車導致死亡的事故，主要原因是超速行駛，這種情況在一九九〇年大約有一六〇〇件，一九九九年則是六二八件，二〇〇九年減少到一二〇件。以前的年輕人經常開著跑車、概念車在街上奔馳，但現在的年輕人傾向開著日產Cube悠哉地行駛。

3 消費者的心理變化

洗練的消費

「消費教」在第二與第三消費社會中的教義是不同的。第二消費社會的教義是「越大越好」、「追趕超越」，在根本上強調數量的擴大。

但是第三消費社會的教義是精煉考究的生活方式，體現在高級汽車的美感上面，而且連速食食品都要高級化，這意味著生活品質的提高。越來越多的消費者從追求物質的豐富到渴望精神的滿足，這可以說是當時的時代背景。

日本內閣府進行「關於國民生活的社會調查」，調查今後的生活方式，是「仍然把重點放在物質，使生活更加富裕」，還是「物質在一定程度上已經很豐富了，所以今後會把重心放在心理的滿足感和悠閒的生活」？在第二消費社會末期，即七〇年代前期，更多的人偏重於物質，但是到了第三消費社會初期，即七〇年代後期，越來越多人傾向於心理的滿足。在第四消費社會伊始的一九九八年之後，大體上有六成的國民選擇精神上的富裕。（但是受二

圖2-13　今後是精神的豐富還是物質的富裕

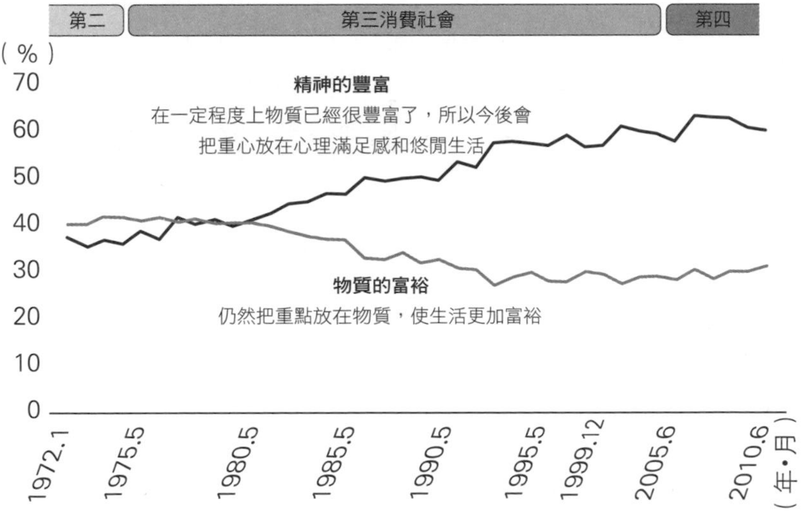

資料來源：內閣府「關於國民生活的社會調查」。

〇〇八年雷曼兄弟破產衝擊，儘管增幅不大，對物質的追求還是向上攀升。由於國民收入差距的擴大，追求物質富裕的人再度增多。）（圖2-13）。

崇尚健康

從「由物到心」的變化可以看出，「由量到質」的轉換絕不僅是透過追求名牌體現，應該還有其他表現方式，其典型就是崇尚健康。

不是單純為了飽腹而吃飯，不是為了長胖長高、攝入大量卡路里而吃飯，而是為了「健康」，即增強體質而吃飯，這種潮流從七〇年代中期開始興起。慢跑也是那時出現的熱潮。此後四十多年「健康熱」一直持續下來。但是到了第三消費社會後期，健康熱產生一些變化，人們越來越追求精神層面的健康，也就是所謂的「療癒」。健康（health）與療癒（healing）語出同源，但「療癒」特別用於指精神壓力的消除、內心的自我控制，是二十世紀九〇年代風靡美國，其後登陸日本的熱潮。「療癒」的潮流也是提高健康品質的意識表徵。

第四消費社會中的健康應該是全人的（holistic）。「holistic」與健康、療癒語出同源，表示「整體」的意思。不健康，是指原本完整的一個整體欠缺某些東西，如果恢復「整體」，也就回歸健康。人們普遍認為瑜伽是恢復整體的良方。

「整體」是什麼？既不單是身體，也不只是身心。如果無法重新認識生活和生存方式的整體性，就得不到健康。在這個意義上，第四消費社會人們的觀念已經超越身體健康、身心療癒，追求的是對於人生的整體規劃。

從物到事：有樂町西武

消費的個人化加速了從物質到服務、從百貨公司到便利商店的進程，加上以新人類世代為主的時尚化發展，零售業開始相繼模仿像巴而可一樣的時尚大廈，譬如大型護理企業Nichii開設VIVRE，東急建造一〇九商場（ONE O NINE），一九七八年澀谷有了東急手工，一九八七年有了時尚店LOFT，以被稱為「專業大店」的營業方式聚集人氣。有一種論調認為，集中某一類商品的「十貨店」比百貨公司要好。為了讓家中已經充斥各種物品的消費者再次掏錢，商家開始不斷摸索。

在此過程中，百貨公司的營業形式發生變化，不再是單純賣東西，而是賣服務、賣資訊、賣「事」，二〇一〇年倒閉的有樂町西武百貨就是如此。

有樂町西武於一九八四年開業，打出「生活資訊館」的口號，一樓開設館內電視台；在飲食賣場，有法國勒諾特爾（Lenôtre）提供送餐服務；在衣褲賣場提供褲子、裙子的裁剪服務；成立時尚顧問，接受顧客關於時尚的諮詢；也成立拉爾夫．勞倫（Polo Lauren）的粉絲「Polo衫俱樂部」；在傢俱賣場可以使用電腦模擬色彩搭配和陳設；還接受自費出版的諮詢。

於是，有樂町西武成為具有不僅賣東西，而且賣服務、賣資訊、賣「事」的新型百貨公司。但是從結果看，這種嘗試並非一帆風順，特別是進入泡沫經濟時代，它卻開了倒車，變成賣高級名牌商品的百貨公司。

這種「從物到事」的嘗試雖然是先開的花朵，但可以說是符合季節集團和堤清二風格的挑戰。實際上，在此之後有樂町西武所嘗試的各種服務，不僅限於百貨公司，在很多方面也都得到實踐。現在看來是理所當然的服務，但在三十年前還是相當具有挑戰性的事業。

但是有樂町西武的「事」僅限於賣「服務」這樣的商品，在此意義上，它無法實現第四消費社會中加強人與人之間聯繫的功能。

「從猛烈到美」與「重新發現日本」

「猛烈」一詞出自一九六九年丸善石油的廣告詞，原意是描述戰後日本經濟的輝煌發展。第二與第三消費社會接踵而至，但它們之間的轉換並非由於石油危機而突然發生。一九七〇年富士施樂的廣告「從猛烈到美」、日本國營鐵路的廣告「重新發現日本」的口號閃亮登場，雖然當時是第三消費社會，但可以說這些廣告詞暗示第四消費社會的到來。

當時在電通的藤岡和賀夫同時策劃「從猛烈到美」與「重新發現日本」兩個宣傳口號，他於一九八八年寫道：「今年即昭和六十三年，是『新價值』誕生的年份。在很長一段時間內，我都憑藉經濟這把利器一路走來，任何事情都以經濟價值來判斷，否則無法理解、無法滿足，這種感覺當時持續很久，但說實話，最近出現一些不同徵兆……因為美的東西本身就是美的，所以犧牲一些經濟價值和經濟效益也無妨，這種淳樸的感受在每個人的心中、在社會上生根發芽……於是，人們產生『從猛烈到美』的意識。十七年前流行的詞彙在今天仍有重要意義，而這種變化花費十七年時間。只有經濟的繁榮無法實現人人富裕，現實生活的實際感受激發人們的覺醒。」（《藤岡和賀夫全集II：從猛烈到美》一九八八年）

倘若現在的日本人，特別是年輕人讀了藤岡的文章，可能恍惚間會感覺到好像坐著時光機穿越到另一個時代，因為「美的東西本身就是美的」和「只有經濟的繁榮無法實現人人富裕」，在他們看來是理所當然。一九七一年迎來第二次嬰兒潮，這一代人在二〇一一年已進入不惑之年，他們出生在「從猛烈到美」最引人注目的年代，在它逐漸變得稀鬆平常的過程中長大成人。

那麼「重新發現日本」又如何呢？關於這一點拙作《愛國消費》（二〇一〇年）也有提及，準確的廣告詞是「重新發現日本、美麗的日本與我」，它是一九七〇至一九七七年，七年間「廣告史上長城不倒」（藤岡自己的說法）的宣傳口號。藤岡寫道：「不顧一切拚命發展文明的醜陋一面，我們只要想起公害問題就夠了……但是，與其把公害看作文明的問題，人們更應該把它當作『心』的問題來對待。」

「不顧一切拚命發展無疑就是『心』的問題……銀座的柳葉枯萎，隅田川的魚大批死亡之時，人們作何感想？我們被物質欲望鬼迷心竅，謳歌經濟發展，所以估計不會有一絲感傷吧。」

「以前的旅遊動輒就像賣畫、明信片似的販賣目的地，這樣的旅遊就淪落為跟看電視畫面一樣水準。旅遊的喜悅在於自己創造的喜悅，在於發現日本，並在其過程中重新認識自己。我們的宣傳口號『新發現日本』就是這個意思。鄉間布滿塵土的無名小路，很可能擁有悠久的歷史，抑或是見證無數的故事與傳奇，還有可能聞到鄉野的氣息，聽到收穫的歌謠。這些地方需要你自己去發現、體驗，這才是旅行，才是重新發現日本。」（《藤岡和賀夫全集Ⅰ：重新發現日本》一九八八年）

作為對第二消費社會導致物質主義的反省，「心」的問題第一次在廣告史上被大張旗鼓地宣揚。此後藤岡成為自由製作人，遊遍日本的近山地帶。對他來說，「從猛烈到美」和「重新發現日本」並不單是為了工作而製作廣告，而是他自己的人生觀。

無法描繪幸福的世界

稍微聊點私人話題，一提到「從猛烈到美」，我就想起那個時代人們津津樂道的一些電視廣告、流行語。

當時透過對「猛烈」的反省，想要更加悠閒地生活的「舒適主義」一詞頗為流行。此外，對於交通事故的增多，人們打出「日本狹小，如此急行向何方」的交通標語。

我還想起《蠑螺太太》日本長穀川町子創作的家庭漫畫。一九四六年開始在《福日晚報》連載，之後又刊登於《朝日新聞》。（漫畫）中的一則冷笑話：波平與朋友在客廳聊天，波平說：「日本人需要過得更自在悠閒。」朋友回答：「就是就是，我們進行『舒適運動』吧。」於是兩人一起站起來，「那麼趕快行動！」說著就跑出去。像這樣，社會追求速度，人心也浮躁，這是軍國主義，或者說是明治維新以來那些陰魂不散的日本人心態。

還有一個值得回憶的是美孚石油的歌曲「輕鬆地走吧，年輕的我們，欲速則不達」以及給人留下深刻印象，描繪追求自由的年輕人電視廣告。這個廣告的藝術指導是杉山登志，作為廣告界的鬼才，他從六〇年代創作資生堂、可爾必思（Calpis，是日本於一九一九年創制的乳酸菌飲料、商標名）、豐田等許多商業廣告。

我從小學到中學一直關注他的作品，卻始終不知道杉山登志這個名字。但是在一九七三年年末的一天，報紙上刊登他死亡的消息，並附有他的照片。原來是自殺，「我不富裕，無法理解富人的世界；我不快樂，無法描繪快樂的世界；我沒有夢想，無法出賣夢想。即使撒謊也會敗露。」他在遺書中如是寫道。石油危機後，鬼才創作家之死明確宣告一個時代的終結。

「のんびり行こうよ」破産

一人の男が、自ら命をたった。二週間ほど前のことだ。広告の世界、とりわけテレビCF（コマーシャル・フィルム）の世界で「鬼才」といわれた人だった。

杉山登志さん

テレビ広告映画のディレクター自殺

「夢がないのに夢売れぬ」と遺書

杉山登志という。三十七歳だった。今月十三日の夕方、東京・赤坂のマンションの自室で、遺体となって見つかった。

机の上に、原稿用紙が一枚、さりげなく置いてあった。

リッチでないのに
リッチな世界などわかりません
ハッピーでないのに
ハッピーな世界などえがけません
「夢」がないのに
「夢」をうることなどは……とても
嘘をついてもばれるものです

日大芸術学部の学生時代から、この世界にはいり、日本天然色映画会社のディレクターとして、十三、四年もCFを作り続けてきた。発想のうえで、技法のうえで、いつも、ずば抜けていた、といわれる。

資生堂・女性用化粧品のテレビCFは、ほとんど彼の手になる。たとえば今秋のアイ・メイクのシリーズ。図書館で、軽井沢で、中学生の男の子が、ふと、中年の女性と目があい、淡い恋心をいだく……。ほかに「のんびり行こうよ、世の中は」のガソリン。「いいじゃないか」の車。

妻や子はいない。最近、繰り返し聞いていたレコードがあるという。「長くつらい旅だったでしょうね」という意味の言葉ではじまる、女性歌手ヘレン・レディの「長くつらい登り道」である。

創作資生堂等很多有名廣告的鬼才杉山登志自殺的新聞報導（《朝日新聞》1973年12月26日）。

我沒有在他的商業廣告裡感受到富裕、快樂和夢想，只是覺得很有靈感和美感，經常充滿幽默。國中三年級的我過於年輕，無法理解創作者的煩惱。上了大學後，有一天我在公寓附近的書店發現一本叫《商業廣告走進電視的日子》，它正是杉山登志的文集。「啊，是杉山登志的書！」我歡欣雀躍，馬上買了一本。這本書由巴而可出版社發行，編者之一就是不久前去世的石岡瑛子，她是資生堂時代杉山的後輩，是撐起巴而可廣告全盛期的知名導演，之後成為世界級導演。

最終我帶著憧憬進入曾出版過杉山登志的書，及石岡瑛子製作過廣告的巴而可公司工作，成為一名市場行銷雜誌的編輯，講述消費的夢想和時尚的樂趣。

經濟成長的矛盾與太陽塔

就像杉山之死所象徵的，對經濟成長的反省在七〇年代前期開始在全世界蔓延。義大利的奧利維蒂機械工業公司董事長艾德里亞諾．奧利維蒂（Adriano Olivetti）與英國的科學家、政策顧問亞歷山大．金（Alexander King）創立的民間智庫「羅馬俱樂部」，於一九七二年發表《成長的界限》，警惕世人：「如果人口成長、環境汙染的現象繼續下去，一百年內全球就會達到發展的臨界點。」

在日本，經濟的快速發展也產生負面影響，公害、環境破壞、交通事故日益加重，已成為嚴峻的社會問題。日本各地的河水散發惡臭，多處海域因水上飛機而汙染，死於交通事故的人數激增（圖2-14）。因此，一九六七年實行公害對策基本法，一九七〇年內閣設立公害對策本部，一九七一年環境廳成立。此外，生態運動如火如荼，為環保而騎自行車的運動引人注目。

另外，一九七三年英國的科學家舒馬赫（E.F. Schumacher）出版《小是美好的》，引起廣泛討論。舒馬赫是英國國營煤炭公司的經濟顧問，他在該書中預言即將到來的能源危機，

圖2-14　交通事故死者人數

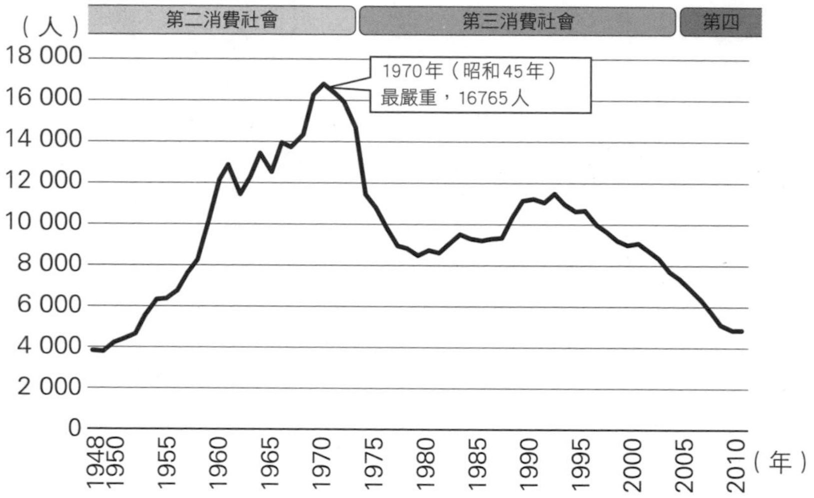

資料來源：員警廳交通局「關於平成22年交通事故死者人數」。

而第一次石油危機驗證他的觀點。他還在書中質疑以大量消費為幸福指標的現代經濟學，以及科學萬能主義，提倡自由主義經濟下的完全雇用。

一九七〇年開幕的大阪世博會的主題是「人類的進步與和諧」，與會嘉賓反省了由進步所帶來的各種矛盾。岡本太郎在丹下健三設計的近代風格祭祀廣場的天井中開了一個洞，設計了從繩文土器中獲得啟示的太陽塔，在塔中有一棵從原始細胞到人類的生命之樹，試圖與近代文明相對化。

雖然有點長，我還是要引用一段岡本的話：

在太陽塔裡，我宣稱要創造出「偉

太陽塔包含對現代文明的批判。（照片：朝日新聞社）。

大的東西」。日本人勤勉且純粹，但還是缺少永無止境的財富。以一九七〇年為界，新的日本人形象出現了。無論經濟如何成長，如何一帆風順，只憑這些或許有些無趣。我們需要的是豐富多樣的人格魅力……

人類以這樣的姿態遍布宇宙，天真無邪地閃耀著光輝。作為這種姿態的象徵，太陽塔攤開雙手，淳樸地屹立著。透過一份赤子之心，人類與太陽和宇宙合為一體，從平時急躁的身體中超脫出來……在那裡，「祭祀」的喜悅、生之喜悅孕育而生。

但是，當今時代已無法進行真正的祭祀。祭祀的幻影、七零八落的冒牌祭祀在我們的日常生活中氾濫成災，分散了我們的精力……

但是，有一些東西很空洞。當今社會，作為人類的共同體，人與人之間共通的節奏正在消失。人們只掃自家門前雪，失去了個人豐滿的整體形象，也就是說，自己不再是完整的自己。近代社會越來越組織化，體制的網路也越來越完善，於是人們就變成其中的一部分，失去了整體形象、個人的感動和威嚴。

強大的生產力提高了人們的生活水準，但它是否真正充實人們的生活？這意味著人類精神的進步，還存在相當大的疑問……太陽塔是從生命源頭長出，朝向未來生命力的象徵……一般來說，日本人的兩種價值標準是西方近代主義，和與其相反的傳統主義，但我們把兩者都拋諸腦後……

來參觀的人都驚呆了，「這是什麼啊」，但好像不知不覺中開心地笑了。這種投射喚醒塵封於日本人內心深處的生命力，在一九七〇年之後的日本人形象中，雖然只是一點開端，但平心靜氣地打開心扉、自由而狂放不羈的精神出現了……我對世博會下的賭注取得巨大成功。（摘自川崎市岡本太郎美術館《岡本太郎：來自EXPO'70，太陽塔的消息》二〇〇〇年。初版《日本世博 建築・造型》一九七一年）

這份宣言體現了受尼采影響的岡本風格，如同代言近代人心中的吶喊，宣告第三消費社會的開端，同時預言第四消費社會的開始。

生存本身的價值與進化的價值

說到第二消費社會、經濟快速成長時期，我們當時覺得那是一個前途光明、充滿希望的時代，但實際上並非如此。在內閣府的「關於國民生活的社會調查」中，「對現在的生活感到不滿」的比例，在一九五九到一九六三年為三〇％到三四％，但是在一九七一到一九七三年上升到三八％到四一％，在經濟快速成長的過程中，國民的不滿情緒反而上漲（圖2-15）。導致不滿情緒成長的理由有很多，譬如公害、交通事故的增多；比現在還嚴重的如同地獄般的通勤問題，住家和公司之間距離非常遠；城市過於稠密；日復一日的機械式勞動導致人與人之間的疏遠。

圖2-15　對當前生活的滿意度

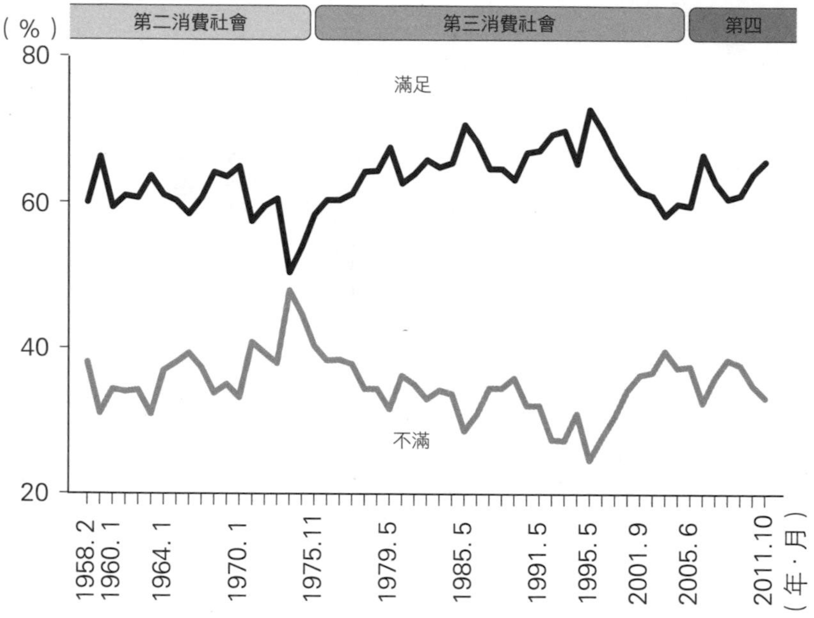

資料來源：內閣府「關於國民生活的社會調查」。

這種不滿情緒在一九七四到一九七五年達到尖峰，直到一九九五年才逐漸減少，之後又出現增加的肇因。近幾年，不滿程度最高的是二〇〇三年的三九・六%，與二十世紀七〇年代初期大致相同。但是，現在經濟長期不景氣與大阪世博會的時代相較，國民的不滿情緒竟然差不多一樣高，不了解當時情況的年輕人應該會大為驚訝。

內閣府的「關於國民生活的社會調查」還詢問對日本經濟發展的評價，一九七一年「好的方面居多」占二七%，一九七四年減少到一八％，「壞的方面居多」則從一四％上升到二四％。

此外，「對於你自己生活」的經濟情況評價中，「非常好」從一五％下降到七％，「不好」從八％上升到一一％，「好壞差不多」占四六％，沒有變化。

NHK也做了類似的社會調查，對於是否希望這種經濟成長今後持續下去，回答「不希望」的人從一九七〇年的四五％增加到一九七二年的五三％。在此事實基礎上，NHK廣播社會調查所分析，以一九七〇到一九七二年為界，「經濟快速成長的弊病日益激化，目前為止一直被歌頌的經濟成長失去了國民的支持。」（《圖解戰後輿論史》一九七五年）

那麼，第二消費社會與經濟快速成長期（至少是末期），並非充滿希望和光明的時代，倒不如說它意味著「終結」。

SF作家、未來學者小松左京，早在一九六七年就在其著作《未來的思想》中做了如下論述：「發軔於兩個世紀之前的人類『科學技術文明』此後迅速發展，但其發展變化的幅度以及速度，使人類陷入深深的不安。在這快節奏的過程中為了生存下去，或者說為了掌控進程，對未來的『預測』或『展望』是發達社會不可或缺的。」另外，「一步步走到今天的人類今後將會走向何方？」這個問題「首先可以向科學尋求答案」，但最終還要回到「我們的生命在進化過程中產生什麼價值？還是生命只要存在就有價值」的討論。「『生存本身的價值』與『進化的價值』之間產生平衡的循環作用，或許能夠從中引出更和諧的進化。」

小松探討的正是進步與和諧的問題。第二消費社會是人類最初大量生產大量消費的社會，也是有很多問題值得反省的社會，並且可以說這些問題經過第三消費社會，即使在當前的第四消費社會仍然是擺在我們面前的重大課題。

4　大眾的分裂與差距社會的預兆

從大眾到小眾

創作「從猛烈到美」、「重新發現日本」的藤岡和賀夫於一九八四年再次宣告時代的轉變，他寫了一本書《再見，大眾》，並提出「小眾」一詞。在書的開頭他這樣寫道：「現在『大眾』逐漸變成一個懷舊的名詞。不管製造什麼都賣不出去，什麼樣的商品都不暢銷，即使暢銷也只是一時的，無法長久。這種情況持續好幾年，那些『大眾』到底去哪裡了？」

另外，雖然不知道統計資料是哪裡來的，但據說超短裙「從一九六五年起的幾年間，賣出超過一億件」，這樣的時代不會再出現了。於是藤岡對以往「以消費者的物理屬性來劃分」的市場行銷策略提出疑問，也就是說，按照「性別、年齡、學歷、職業、收入」來分類的「大眾」並不一定具有「共同的價值觀和需求」，新時代呼喚新的「感性市場行銷」。

換言之，「如果說戰後的富裕形象是『所有』的富裕，那麼『所有』就達到飽和狀態。人們不再依靠『所有』，而不得不透過『存在』來追求適合自己，或者說符合自己風格的富裕。」進入「存在」的時代後，「對於千篇一律的表情與生活感到無比厭倦」。「如果大家都類屬同一種屬性，反而希望改變一下表情，改變一下生活方式。以前是看到鄰居買什麼自己也買什麼，大家買什麼自己就跟著買什麼，現在正好相反。大家都買，自己反而不買，流行什麼自己就討厭什麼。」於是，「東西的價值降低了，人們開始思考，如何享受消費生活，如何度過閒暇的時光，還有如何培養興趣、提高修養、從事體育運動，人們開始更關注生存的意義和人生的價值」。「但如果和大家都一樣，自己又不甘心、不滿足，所以不管怎樣都要找出適合自己並體現自己風格的東西，這對大家來說都是至關重要的。因此我認為，『存在』的時代關鍵字就是『適合自我。』」（《再見，大眾》）

「適合自我」的時代已經來臨。巴而可的廣告「欲拒還迎」是表達「適合自我」理想的鼻祖，在其問世近十年之後，一部分人宣導「適合自我」的理想逐漸普及，不知不覺中已成為消費者普遍傾向。（此外，一九八二年四月出刊的《穿越》以「從Do時代到Be時代」為題編寫特刊。）

走向感性與適合自我的時代

藤岡認為，要發揮「適合自我」，最終還是要與「感性」的作用結合起來，「自己透過這種感覺、這種興趣、這種生活方式來實現自我，表現出與其他人不同，我認為這種欲求可以稱作『感性需求』。」於是「適合自我」與「感性」成為消費社會的中心概念。

但是藤岡並不是說，到了「適合自我」與「感性」的時代，大眾就分裂為小眾，欲求就減退，東西就賣不出去。「感性欲求的提高，指的是對目前擁有的不滿足，對和大家都一樣的不滿意，所以從想要新東西而言，還是可以創造無止境的需求。」前面講過第三消費社會崇尚名牌、由量到質的轉換、「從猛烈到美」的轉換，都說明消費者購物時不僅考慮東西的功能、性能，而且還會根據其象徵的價值和自身的心情來選擇。

與此同時，挑選東西的時候不僅靠理性和邏輯，還要憑心情和感覺。譬如家電，人們不再單純追求減輕家務的便利性，而更傾向買符合上流社會氛圍，或是公主風，或是職業女性風格。當然這種象徵性價值在第二消費社會也存在，但在第三消費社會進一步強化，可以說象徵性價值變得更重要了。因此，連家電都從七〇年代初開始銷售外表色彩繽紛，卻完全不考慮功能的產品，到了八〇年代，以企鵝、太空梭為外形的罐裝啤酒作為「有趣的商品」暢銷一時。

一個經典的例子就是西武百貨的廣告「美味生活」，它展現消費從邏輯向感性轉變的時代。毋庸置疑，第三消費社會的生活水準提高了，人們的基本生活都變得寬裕了，這正是屬於第三消費社會的感性。

《金魂卷》

但是，消費行動由於收入增加和感性需求而多樣化，消費方式就成了顯示斷層差距。最初揭示這一原理的，既不是社會學家也不是經濟學家，而是插畫家渡邊和博的《金魂卷》（一九八四年）。該書將三十一種職業的人物分為「富」和「貧」，用插畫進行解說，是階層論史中具有歷史意義的書籍。作者在前言寫道：「『富』的優點是家有餘錢感覺幸福，所以他們總是淺淺地微笑，故而他們看起來面貌和善，為他人所喜愛，與其他眾多同屬於『富』的人同心協力，進一步鞏固『富』的地位；另一方面，『貧』的缺點就在於他們太想成為『富』了。他們想要高級即溶咖啡、美黑沙龍、原宿竹下街家庭手工業生產的川久保玲，但又因此擊碎『貧』的憧憬。」「『富』的商品到哪裡都能見到，於是『貧』想方設法苦苦追求，卻越來越滑向通往『貧』的道路。」此外，「非常棘手的是一旦踏上『富』或者『貧』的道路，一切就很難改變了。」

《金魂卷》把階層差距及其固化的現實狀況，擺在那些認為日本已經普遍中產階級化的國民面前，把「富」和「貧」在所有事物、興趣等方面的截然相反，曝於光天化日之下。

法國社會學理論家皮埃爾・布爾迪厄（Pierre Boudieu）的《差異》是社會學的經典書籍，指出階層不同導致消費和興趣不同，原著於一九七九年發行。一九九〇年《差異》的譯本在日本發行，我讀了之後認為書中所寫完全正確。不僅是《金魂卷》，從一九八五年左右開始，大眾媒體也興起「千金小姐熱」，以千金小姐為對象的雜誌紛紛創刊（《CLASSY》於一九八四年創刊），這些現象的出現都質疑全民中產階級化的說法。階級不同，興趣就不同，這本來就是理所當然的事情。

但是，力求嚴謹的日本階層研究學者在相當長時間之後，才開始承認因階層不同而產生消費和興趣的不同，論文我只找到片岡榮美一九九六年後寫的文章。一九九八年之後，第四消費社會嶄露頭角，與此同時，正式雇用與非正式雇用之間的差距開始明顯擴大，最終人們漸漸發現階層不同的確會導致消費和興趣的不同。

「分眾」的誕生

《金魂卷》出版後的第二年，關於消費階層化的書籍相繼出版。其中之一是博報堂生活綜合研究所的《「分眾」的誕生》，另外，還有日本長期信用銀行調查部小澤雅子的《新「階層消費」時代》。

階層研究是社會學的一個領域，根據一九五五年以來每十年進行一次的「社會階層與社會流動的全國調查」（SSM調查），我們可以確認從一九五五到一九七五年，階層意識不斷地中產階級化。但是到了一九八五年，中產階級化停滯不前，階層差距擴大的跡象反而日益明顯。正好在一九八五年，廣告代理商和銀行的調查部門出版分析消費階層化的書，這不僅實際意義明顯，而且顯示非學院派的民間企業的強大調查力和預測力。

《「分眾」的誕生》開頭作如下闡述：「最近，本來頗為流行的稀奇古怪的商品減少了。如果為了迎合所有人的口味而製造東西，結果只能是失敗。消費者關心的東西要麼是高價，要麼是非常便宜。雖說有九成都是中產階級，但最近其內部朝著兩極化發展。」

在這種情況下，博報堂提出「分眾」的概念，其原意為「分裂的大眾」。分眾化發展的背景則是感性的多樣化與個人資產的差距。「現在，人們開始根據自己的感性、好惡來生活。在大眾時代，人們希望過普通人的生活，過跟他人一樣的生活，而今天人們再次把目光轉向與眾不同、獨具風格的生活方式。」「和其他人一樣的話，大眾就會不滿意。」

這種認識與藤岡和賀夫不謀而合。但是博報堂認為這不僅是由「感性、好惡」的多樣化造成，而是與資產的差距密切相關，這一點是其創新之處。

一份消費者問卷調查問道：「您認為家裡是貧窮嗎？」「您認為現在的生活狀況是寬裕嗎？」回答「不貧窮，寬裕」的「新富人」占總體的三四％；而回答「雖不貧窮，但也不寬裕」的「新窮人」則占五二％，是多數派，由此可見，「新窮人」才是分眾的領導者。

換言之，在第二消費社會普通老百姓一樣有錢，但世殊事異，在第三消費社會，民眾開始分化為有錢且寬裕的人，和有錢但不寬裕的人。在這個意義上來說，有錢但不寬裕的「新窮人」撼動「中產階級＝大眾」的崩潰。「新窮人在並不寬裕的生活中，基於新的生活意識，不斷創造新的生活方式。」因為不寬裕，所以不買低價且靈敏度低的商品，而是買低價但靈敏度高的商品，去掉高級商品中多餘的功能，只有靈敏度高的商品才是新窮人的選擇。

下文要講的無印良品等商品於一九八〇年開始銷售，它們正是低價且靈敏度高的商品代表。《穿越》在一九八四年二月刊登有關無印良品的報導，無印良品剔除名牌商品的多餘之處，透過最基礎的材料取勝，而如何使用這些材料就完全交給消費者的感性。（在本書末尾的談話中，辻井喬氏也承認這一點。）

此外，《穿越》於一九八三年十月以「中產階級瓦解」為題做了一期特輯，就是根據內閣府的「關於國民生活的社會調查」，對於生活水準的問題回答「處於中間水準」的人，自一九七九年以後不斷減少。雖然數量不多，但階層差距的擴大的確開始了。

階層消費

《「分眾」的誕生》指出大眾的分裂是由於經濟差距造成的，實際上其根據是日本長期信用銀行《調查月報》於一九八四年七月刊登的《「階層消費時代」拉開序幕：「中產階級幻想」的崩潰與大眾消費時代的終結》，此後小澤雅子將這些總結為《新「階層消費」時代》（一九八五年）。

按照小澤的說法，經濟快速成長結束後，由於產業、企業規模、性別、工種的不同，工資差距逐漸擴大。具體來說，一九六五年工資最高的產業和最低的產業差距是一．六五倍，但是一九八〇年是一．四一倍，一九八二年卻擴大到一．五二倍。根據企業規模不同，一九六五年以後差距一直擴大，但是一九七五年以後差距擴大的速度更快。由性別導致的工資差距到一九七五年為止是縮小的，但在一九七六年以後又開始擴大。白領階層和藍領階層的工資差距也是同樣情況。

此外，資產的差距也擴大了。到一九六八年前後為止，農民、工人與受薪族的純資產額相同，但是到了一九七九年農民的純資產額就變成工人與受薪族的兩倍。在首都圈這種傾向更加明顯，一九六八年農民是工人與受薪族的一．八倍，一九七九年是四倍。

當然，同樣是工人與受薪階層的人之間也存在差距，有人是在地價便宜的時候買了房子，有人是在地價上漲後買了房子，還有人從父母那裡繼承了房產。在一九七七年之前買房的人，與一九七八年之後買房的人之間就有很大差距。其他不再贅述。小澤指出，由於工資與資產的差距擴大，個人的消費額也產生差距。

差距論因泡沫經濟而煙消雲散

但是，這種新窮人論和差距論因一九八六年開始的日圓升值、地價飆漲導致的泡沫經濟而煙消雲散。但實際上，在泡沫經濟時代，從父母那裡繼承房子的人與只能買得起距離公司兩小時路程房子的人，之間差距還是一直擴大，但是市場行銷業界、廣告業界，以及大眾傳媒都只關注形勢一片大好的消費現象。當然，NHK多次討論地價飆漲的問題，但在整體社會輿論中只是少數。在泡沫經濟崩潰後，人們依然期待經濟能夠很快復甦，因此新窮人論仍舊沒有市場。在社會學、經濟學領域，橘木俊詔的《日本經濟差距》（一九九八年）、佐藤俊樹的《不平等社會的日本》（二〇〇〇年）、山田昌弘的《希望差距社會》（二〇〇四年）相繼出版，但還是沒有形成普遍論調。

由於小泉政權時代的經濟復甦不依賴雇員的增加，非正式雇用者的問題日益明顯，此時，新窮人論枯木逢春。當時，拙作《下流社會》（二〇〇五年）成為暢銷書，距離《「分眾」的誕生》和《新「階層消費」時代》出版已有二十年。

一九九九年，渡邊和博在《週刊SPA》再度書寫《金魂卷》（五月五日、十二日號《新金魂卷一九九九》），雖然沒有引起人們的關注，但有一點非常有意思：在一九八四年《金魂卷》的描繪，有錢人穿著華麗，窮人穿得樸素；而一九九九年的描繪則是有錢人穿得簡單而平常，窮人穿得漂亮而正式。經過泡沫經濟時代，「貧」階層的女中學生都擁有路易威登（LV）包包，女高中生則是用香奈兒化妝品打扮得花枝招展，因此大張旗鼓地穿戴名牌商品已經不再是「富」的存在證明。屬於「富」的女性反而更加樸素安靜、不張揚，仿彿穿著幾十年都不會改變設計的基本款服裝。即使是穿上優衣庫的喀什米爾毛衫，透過其穿著搭配也能看出她是屬於「富」階層的人，因為它體現出「富」階層女性的自我主張。因此，越是上層社會越會穿優衣庫、無印良品，此時與第三消費社會相矛盾的現象出現了。

5　不知道想要什麼的時代

從需要到想要

二十世紀八〇年代前期，「從需要到想要」這一說法在市場行銷業界頻繁出現。英語裡的「需要」是指隱性需求，而「想要」指的是顯性需求，八〇年代「從需要到想要」是指從必要到想要的轉化。換言之，也就是人們的消費物件從生活必需品變為非必需、讓人感到開心的商品，也可以說是「從必需品變為必欲品」。

然而，消費者能夠明確知道什麼是必需品，卻不知道什麼是必欲品。像米、麵包、食用油、清潔劑這些生活必需品，人們能明確知道什麼時候該買了。還有，在開始新生活時，人們也知道要準備洗衣機、電冰箱，可是卻說不出除了生活必需品之外，還想要什麼。這時的消費者，不知道自己接下來想要買什麼東西。

一九八八年，系井重里為西武百貨公司設計的廣告詞「想得到想要的東西」，淋漓盡致地描繪那個時代人們的心理。

當時西武百貨公司的董事長、一九八七年負責LOFT開業第一線指揮工作的水野誠一，在他的著作《LOFT隨記：「探尋想要」的時代》（一九九〇年）中寫道：「最近經常聽到一種說法叫『顧客成熟化』，然而清楚明白『顧客成熟化』意義的人卻是少之又少。」「當人們的『食衣住』得到滿足，剛剛準備喘口氣時卻又發生石油危機，從某種意義上來說，石油危機成為『擁有時代』終結的導火線。」另外書中還提到：「這裡說的並不是『馬斯洛人類需求五層次理論』，人類擁有的一旦得到滿足就會走向下一個階段，這其實是一種逃避，逃避執著於擁有所帶來的空虛感。」我覺得「逃避空虛感」這個說法很好，鼓動顧客進行消費的百貨公司店長竟然說擁有是件空虛的事，這真是符合西武的風格。

另外，為了避免誤解我要特別說明一下，第二消費社會到第三消費社會的變化確是從需要到想要、從必需品到必欲品的變化，但並不意味著所有商品都從必需品變成必欲品。

例如，汽車是第二消費社會的代表，而在第二消費社會中汽車不是必需品而是必欲品。現在想要購買汽車的年輕人不斷減少，汽車也已經不再是必欲品，反而變成和水電一樣日常生活所必需的東西，與個人好惡無關，只是為了方便人們的使用。汽車已經從必欲品變成必需品。

立體音響也是一樣。在第二消費社會時期，立體音響曾是一種必欲品，父親買了音響以後，用它聽唱片的次數其實不多，好像更愛聽唱片的反而是兒子這一代。對於父親來說，擁有音響才是他們的目的，而不是使用。我認為音響是「have」時代最好的象徵。

然而到了今天，音響早已成了二流商品，如果要聽音樂的話，手機、智慧型手機才是主流，這些商品也成為現在生活中的必需品。

所以，按照字面意思來理解「從需要到想要」、「從必需品到必欲品」等說法是不正確的。由於消費者的需求具有多樣性，一些消費者知道自己想要的是什麼，他們更重視商品的顏色、外觀帶來的感性，而這一點正是從第二消費社會到第三消費社會的變化之處。

Be時代的大型專賣店

水野與藤岡都在著作中指出，從「have」時代到「Be」時代的變化。水野認為在「have」和「Be」之間還存在著「Do」。所謂的「Do」既可以指網球、滑雪等體育運動，還包括出國旅遊、參加文化中心活動，也就是在「食衣住」的基礎上追求「遊玩」、「知識」的行為。

水野還指出，隨著這些活動進一步發展，遊玩和知識逐漸成為滿足人們「健康、美、交流、安全」需求的「工具」，例如人們會為了身體更健康而游泳、為了變得更美而去健身中心、為了加深和親人朋友的關係而去打高爾夫。與他人擁有相同東西（have）的時代逐漸變成自己隨心所欲（Be）的時代。

但是消費者並不知道自己想變成什麼樣子。自己的目的不清晰，所以也就不知道自己買什麼好。「想得到想要的東西」，也就意味著人們想知道「自己究竟想變成什麼樣子」。反過來講，消費者希望透過找到自己想要的東西而發現自我，並不是單純找到東西。企業對於顧客需求的動搖和徬徨必須要有所應對，特別是零售業。這就是八〇年代的狀況。

提到八〇年代或者泡沫經濟時期，人們首先想到的應該就是，經常出現在電視中的迪斯可舞廳裡穿著迷你裙揮舞扇子的舞女，就連NHK也不例外，甚至讓人不得不懷疑NHK電視台裡有很多人喜歡這些舞池少女。但是僅用這個影像來代表八〇年代確實相當勉強，這只不過是電視影像帶來不好影響的一個例子。

舞池少女的影像會讓人覺得八〇年代僅僅經濟形勢一片大好，卻是十分單純而無聊的時代。但從前面提過的消費者心理這個角度來看，這個時代是一個複雜時代的開端（有名的朱莉安娜東京舞廳成立於一九九一年，這個時期還算不上是泡沫經濟的尖峰時期）。在這樣複雜的時代裡，商店販售的那些誰都會買的東西和必需品越來越難賣出去，因為消費者都在折扣店買這些東西。

百貨公司與購物中心等先進的經營方式相同，就是販售少數顧客感興趣的特定種類商品，所以百貨公司必須縮小商品類別，再增加各類別商品項目的數量，於是LOFT這類「大型專賣店」就應運而生。

東急手工與普通人的創造性

說到大型專賣店不得不提的還有東急手工，東急手工一號店於一九七六年誕生於神奈川縣藤澤市，這一時期正是第三消費社會的開端。但是藤澤店只能算澀谷店的實驗店，後又經過一九七七年的二子玉川店，而一九七八年的澀谷店才算是真正的東急手工。

澀谷東急手工得到廣大年輕人的支持，店如其名，其經營理念就是「手工的復權」。在概念形成方面，被譽為零售業開發天才的濱野安宏發揮重要作用。從企業策略構想、店鋪基本構想、商品基本構想，到店鋪命名、商標設計，都是由濱野商品研究所負責。

濱野主張自己動手享受室外休閒活動，透過DIY的方式親手創造生活，從而提出「創意生活店」（creative life store）理念。從結果來看，東急手工超越了單純的DIY店、家飾店，它的商品種類更豐富，而且能激發人們親手創造生活的熱情，另外賣場的設計也有助於刺激人們的想像力。東京市場研究會出版的《「手工現象」：從東急手工模式解讀「物＝事」的社會》（一九八六年）一書深入分析東急手工商店。

「激發人的創造力不能靠強迫」，「因為強迫會造成創造力的萎縮」。「要想激發創造力，必須把物品當作『素材』，當一個物品放在面前時，人們自然會思考應該怎麼使用它，於是創造力就開始發揮作用。普通的五金行或超市裡隨處可見的釘子，放到東急手工就變得與眾不同，人們看到它就會自然而然地想像，能用這些釘子做些什麼。」除了釘子以外，店裡還有「實驗用的燒杯、金屬大圓桶、放盆栽的架子、施工現場的電燈，所有的商品都可以變成『素材』」。

實驗用的燒杯並不用於實驗，而是用來保存食品；放盆栽的架子可以當作室內擺設，放一些日用雜貨；工地的電燈可以當作房間的照明裝置。東急手工的特別之處就在於，讓人們自己開發出商品不同的用途，從而給人們帶來快樂。從這個意義上來講，東急手工「販售的不是天然素材和完全的成品」，「所有的商品都是『半天然』和『半成品』」，「無論商品還是成品都帶有一個『半』字，剩下的一半則成為人們發揮想像的空間」。

半成品思想的日式特徵：無印良品

「半成品」思想還能讓人聯想到無印良品。無印良品誕生於一九八〇年，與澀谷東急手工是同一時期。這個時期人們需要的不再是普通的量產，也不只是被動地購買名牌商品，而是開始把商品當作素材，由消費者親自進行加工創造，思考新的用途。

無論是東急手工還是無印良品，都走過第三消費社會的三十年時間，且在第四消費社會裡依然占有舉足輕重的地位。而這正是因為它們真正滿足消費者「創費」的需求。

另外，我覺得「半成品」思想是十分日本化的思考方式。日本人能夠把庭院鋪石看成一座小山，把小卵石鋪成的路比作大海，還能從小小的茶室中窺見宇宙，從茶碗的缺口中發現美。這種嘗試其他用途的態度與「半成品」的思想是相通的。另外，百姓還常能從日常使用的器皿道具中發現美，美學家柳宗悅提倡「用之美」，他的「民藝」思想與「半成品」思想也是相聯繫的。所以，「半成品」思想的日本性格也成為第四消費社會的重要思想，並且繼續延伸發展，這部分在下一章會詳細介紹。

雜貨的時代

ＬＯＦＴ、東急手工、無印良品的成功都告訴我們，第三消費社會已成為「雜貨的時代」。消費者在自身感性的基礎上追求自我，單一的量產已逐漸淡出人們的生活，因為不會有人希望透過洗衣機、電冰箱來展現自我。

雖然汽車和住宅也能展現人們的自我，但是這些東西不僅價格昂貴，而且一輩子只會買一次或幾次，用它們展現自我的機會畢竟是有限的。另外，這些商品的開發需要很長時間，從製造商方面來說，也很難滿足消費者自我展現的欲望。所以，比起家電、汽車、住宅這些大型商品，還是日用雜貨這種輕薄小巧的商品更能讓人輕鬆隨意展示自我。

進入二十世紀七〇年代家庭裝飾開始掀起熱潮，主婦不再滿足於統一的建築風格，她們用自己喜歡的窗簾裝飾窗戶，就是這種需求慢慢支撐起當時的流行趨勢。

另外，當兒子或女兒覺得媽媽的家庭裝飾設計過於陳舊過時，他們就會加入自己的個性元素，譬如到東急手工（當時十分流行）買一個鴨子形狀的照明燈具放到自己房間，這是輕而易舉就能做到的，而這也正是雜貨消費的樂趣所在。

服裝也能幫助人們展現自我。以二十世紀初的香奈兒為開端，二十世紀六〇年代出現迷你超短裙、牛仔褲，還有三宅一生、川久保玲等設計師品牌，服裝成為人們表現自我的最重要工具。所以，第三消費社會人們的自我表現欲高漲，其中服裝發揮了十分重要的作用。

但也有人認為，這也導致服裝在展現自我方面承擔過多的作用。一些人過分追求自我表現，過分突出自我的風格，從而使得娛樂的作用逐漸淡化。

越來越多的消費者開始覺得自己不應局限於某一種風格，要成為更加多樣化的存在，同時還感覺到透過已有的風格樣式來展現自己，是一種矛盾的想法。於是，在特定的樣式上有意識地加入其他樣式元素，就變得很有必要，因為這樣可以給人一種不和諧的印象。從這個方面來說，日用雜貨再合適不過了。

在大量生產的商品中加入一些自己特有的風格，或是在固有樣式中加入些許不和諧元素，消費者的感性成為消費日用雜貨的主體。就像前面提過的小鴨子形狀燈具一樣，越來越多的設計開始變得與固有功能毫無關係。受當時領導消費社會論的法國社會學家尚・布希亞（Jean Baudrillard）的影響，這些雜貨被稱作小裝置（不值錢的東西），甚至一度成為高度消費社會的象徵。

從這些例子我們可以看出，透過物品展現自己的個性實際上是很難的一件事，追求自我很有可能像掉進無底洞一樣無止境。

6 高度消費社會的飽和

差異化消費的噩夢

從進入九〇年代開始，人們對於「真正的自我」追求越來越強烈，消費行為早已超越消費本身，「尋找自我」的熱潮開始不斷擴大。換言之，人們開始不斷思考自己究竟想成為什麼樣的人，但是卻無法得出結果。什麼樣的自己才是真正的自己，自己究竟想變成什麼樣，越來越多人找不到這些問題的答案了。

這也正是所謂的近代自我的問題。在近代以前的社會，早就決定每個人是什麼樣，自己不會對其產生懷疑，而且也不能懷疑。人們所處的社會局限於很小的區域，因此每個人相對固定且安穩（或者說個人的概念根本不存在）。人們只需在固定的小宇宙中扮演好固定的角色就可以了，而且人們也只能這樣做。

到了近代，人們可以自由選擇自己成為什麼樣的人，自己決定生活方式，跟隨自己的信念，透過自己的力量生活下去。然而隨著社會變得越來越豐富，消費也隨之多樣化、個人化，人們的信念也因此變得相對化，而且人們越來越在意別人的眼光。

這樣一來，尋找自我的消費者過於自由，從而陷入非常不安的狀態，最先指出這個問題的是山崎正和，關於此人的背景會在後面詳細介紹，另外還有一位是上野千鶴子。

上野的著作《尋找「自我」的遊戲》（一九八七年）收錄八〇年代初期到中期的論文和隨筆，那個時期她還在平安女學院短期大學擔任副教授，對於現在的她來講，那是一段灰暗的時期，但是書中的內容就算今天讀起來也能帶給我們許多新啟示，這本書可以說是上野的代表作。上野是日本十分具有代表性的女性主義研究者，同時也是一位優秀的消費社會研究者。她在與我的談話中還說道，自己曾經差點就到市場調查公司工作。（上野、三浦《從消費社會到差距社會》二〇〇七年）

上野在這本書中收錄一篇研究文章名為〈商品：差異化的噩夢〉，文章認為，像第二消費社會這樣「單一商品大受歡迎的時代，人們認為東西賣得好是因為它『方便』」，「使人覺得方便的東西應該誰都想要吧」。然而這種「想要」是需要條件的，為了讓人們覺得「想要」，商家採取許多策略，其中之一就是城市化，隨著越來越多人過城市化的生活，「誰都想要」的東西也就多起來了。另外一點是「強制大眾化」，「到經濟快速成長期為止，商品都是『大眾化』地位的象徵」，「已經達到目標的國民無法再找到下一個目標」，即使想「以他人為目標」，其他人實際上也和自己差不多，所以消費者眼中的自己越來越不清晰了。

這樣一來，變得更加重要的是「彰顯不同」的差異化，而不再是「大眾化」。「與其他人稍微不同」是無休無止的，「只要存在差異化，人們的欲望就不會消失」。藤岡同樣指出：「感性要求的提升意味著『以前存在的東西都不完美』，人們認為『不能和其他人一樣』，所以需求變得無止境。」

然而「大眾化」並沒有結束，「差異化」與「大眾化」是同時並行的。「人們一方面希望與其他人不同，同時又知道差異是有限的，於是心裡還是希望自己與別人相同」。「人們夾在相同與不同之間，就好像置身於對照的兩面鏡子之間，無限的映射出自己的樣子。就算選擇其中一個當作自己的樣子，卻再沒有人能夠認識你，沒有人知道你是誰，甚至迷失自我。」上野借用社會學家井上俊的話，把這種狀態稱作「噩夢的選擇」。八〇年代，消費變成了噩夢。

我沒有像上野把消費稱作噩夢，但是我從一九八二年開始負責編輯市場研究月刊雜誌，每月收集大小幾十個市場動向編輯成資訊，這就是我的工作。到了泡沫經濟時期，那時很流行吃金箔壽司，消費社會一片倦怠，呈現頹廢的態勢。所以《穿越》雜誌於一九八九年十二月至一九九〇年一月的合訂本，規劃名為「八〇年代墓誌銘」的特輯，卷首這樣寫道：「八〇年代消費社會已經發展到一個很高水準，而我們卻站在這個時代的中間，呆呆地目送它到最後。各種事情和現象匆忙出現，並迅速被資訊化、差異化。這是一個被人們的食欲所消費掉的時代。人們口中咀嚼著大量的資訊並迅速吞到胃裡，吞進去的還來不及消化，新的資訊馬上又擠進來。這樣的八〇年代在未來歷史中究竟會成為怎樣的存在，我們現在還不得而知。」

成為消費社會病理的自我探尋

泡沫經濟時代，消費社會呈現世紀末的頹廢景象，甚至還出現一種病理現象。「噩夢」一般的差異化消費帶給人們不安，於是人們透過消費更進一步自我探尋。

一些企業發現消費者的自我探尋傾向，從九〇年代以後，自我探尋的主題開始出現在各類廣告中，然而大量生產與自我探尋本來就是互相矛盾的兩件事。由於多種類、少量生產的技術得到發展，所以從某種程度上來講，每個消費者的喜好和愛好是可以得到滿足。

在廣告和雜誌中經常可以看到「真正的自我」等字眼。除了衣服、化妝品以外，就連汽車、家電、公寓、旅行、信用卡、大學，也開始把「真正的自我」作為最大的價值來吸引顧客。人們不禁會問：表現自我的信用卡？那是什麼？但這樣的廣告隨處可見。

一些企業只能對消費者追求的自我提出意見，而不是針對於企業本身的獨特性進行發展，所以不得不說這是企業的失敗。可是消費者追求的並不是企業宣導的美麗、男子氣概、女性氣質、商人特質，而是消費者自己的獨特性，所以企業所做的只不過是幫助消費者展現他們的特別之處而已。這樣一來，消費者對於自我的追求與企業提出的追求自我就形成一種共犯關係，「追求自我的神話」進一步氾濫。

除了消費以外，即使是工作、結婚，人們也要追求自我，人們覺得人生必須有個性地度過。九〇年代以後，年輕的自由工作者、無業人員的增加，成了當時的社會問題，其原因之一就是因為年輕人想透過工作來實現自我。換言之，如果這個工作不能實現自己的價值，就算能賺再多錢也沒用。另外，晚婚現象越來越普遍的一個原因，也是因為年輕人想要擁有屬於自己的獨特婚姻，想要遇到一個自己認為最適合的結婚對象。但是找到這樣的人並不容易，因此人們的婚姻變得越來越晚。

究竟是什麼讓他們成了自我主義者呢？罪魁禍首不是別的，正是消費社會。他們有自己專用的房間、音響、電視機、電話、適合自己的服裝，正是這些個人專用的私人物品，為他們日後變成自我主義者提供養分。反過來講，如果把他們的私人物品全部剝奪，當他們發現自己的存在是多麼渺小，一定會感到畏縮，甚至陷入不安。如果沒有這些東西，能夠證明他們自我的根據將不復存在。因為他們是先選擇東西，再由這些東西形成自我，而不是首先擁有自我的獨特性，再由自我選擇想要的東西。以前在鄉鎮地方生活時，支撐每個人自我的是他們的任務和作用，而這個時代變成了東西。

很多調查都顯示，越來越多人會因為忘了帶手機而感到不安。手機已經不再是單純的個人物品，裡面記錄著朋友的電話號碼、通話記錄，已經成為自我的一個分身，因此忘了帶手機的人很容易陷入恐慌。能讓人如此不安的東西除了手機，還有女性常用的化妝包，因為化妝包也是女性在塑造自我（化妝）時不可缺少的東西。

永恆傾向與自我改造傾向

不安的消費者擁有的第二個傾向是「永恆傾向」，具體來講，包括追求國外的高級奢侈品。消費者追求國外奢侈品是因為他們覺得應該向品牌靠近，而不是因為這些品牌更加接近消費者的自我。與自我的「含糊性」不同，高級奢侈品是一種絕對的存在，所以不安的消費者很容易被高級品牌的永恆性吸引。後面將提到的日本熱潮，以及最近神社大受歡迎的原因也是同樣道理，擁有千年歷史的東西深深吸引現代日本人。

復古熱、懷舊熱也與「永恆傾向」相似，懷舊的物件多種多樣，有格力高（GLICO）、迪斯可、《平凡出擊》雜誌、披頭四樂團。人們往往認為大眾文化本來是流動的文化，就算一時賣得好，但總有一天會消失，被下一個文化取代。但是一些大眾文化卻隨時間慢慢積澱最終成為一種資源，復古懷舊的熱潮就印證這一點。就是說，在這個時代就算沒有新東西產生，舊東西已經足夠滿足人們的需求。我把這種現象稱作「大眾文化的儲存化」（拙作《富裕社會的未來》一九九二年）。一個人如果只有一百萬日圓資產，那麼他必須不斷的工作、繼續存錢，但是如果有十億日圓，那麼只靠利息就能生活了，所以沒必要再努力工作。文化也有類似的特質，要想持續就必須不停地創造新的流行和人氣商品，但是如果有了「儲存」，那麼靠它來運轉就可以了。從企業的角度來看，比起那些新商品，消費者認知度和好感度較高的舊品牌更好，能夠更加放心的投入市場，銷售額也比較有保證，因此使用舊的東西就已經夠了。

不安消費者的第三個特徵是「自我改造傾向」。當消費者意識到無論是高級品牌還是其他東西，消費已經無法實現自我獨特性時，他們認為只能改變自己，這種改變分成內在改變和外在改變。具有代表性的內在改變是「學習傾向」，包括各種形式的自我啟發、取得資格證書、學習技藝。外在的自我改造包括染棕色頭髮、戴耳環、紋身、整形，肉體改造包括健身運動、肌肉力量訓練、瑜伽、營養補充，這就是藤岡和水野指出的「Be時代」的最終狀態。

「多重自我」帶來熱銷

追求真正自我的消費者，與能夠滿足消費者「多樣的自我」企業形成一種共犯關係，消費者收到企業提供的關於自我資訊以後，回饋到自己身上，所以消費者經常會對自我的懷疑，從而更想尋找真正的自己，於是這種尋找自我的頻率就會不斷擴大。

但是這種共犯式的重複出現頻率，不會在人們找到唯一的自我時終結，最終消費者的態度將會變成接受多個自我，而且不管怎樣，人們都無法獲得全面的自我獨特性。如果過度追求自我，就會使自己完全依附於宗教或國家這種絕對性的存在。若不想變成這樣，那麼最終人們實現的只能是一部分自我。當人們知道不存在完整的自我之後，可以讓一部分的自我和另一部分的自我相重疊，就算這兩個部分互相矛盾，也只能把這兩個面具當作真正的自我。至少這些面具是真實的，於是現代獨特的自我意識「多重自我」就誕生了。

對於企業來說，以自我為賣點已經很難再簡單的吸引消費者，就像共犯關係一樣，雙方會經常懷疑對方或被對方背叛。同樣，企業也越來越難抓住擁有「多重自我」的消費者。

九〇年代進入第三消費社會後期，「多重自我」的消費者不斷增加，產生許多令人無法理解的現象，其中，音樂CD是很典型的代表。一部分CD可以熱賣幾百萬張，而另外一些卻只能賣出幾百張，而且保持幾萬張銷量的大眾CD也逐漸消失，如果不引入「多重自我」的概念，這個現象是很難理解的。假設有一百萬個消費者，而且他們每個人都擁有一個自我，如果他們當中二五％的興趣是相同的，則可以期待二十五萬張CD的銷量。

假如他們每個人都分裂成四個自我，一百萬人的「自我」就變成四百萬個，四百萬的二五％就是一百萬張，也就是一百萬人每個人都會買一張相同的CD，這就是熱銷的祕密。

現代消費者（特別是年輕人）擁有多重自我，其中之一必然是「與大家相同的自我」，也就是「和別人步調一致的自我」。同時他們也擁有「與別人不同的自我」，也就是「差異化的自我」。如果以「與大家相同的自我」為賣點來吸引顧客，就會產生熱賣的情況，而「差異化的自我」只能吸引很少部分的顧客。所以也就很難再出現「完整自我」時代的熱賣場景。

這些情況也以生活水準上升、CD價格相對下降為背景。如果CD的價格占年輕人可支配收入的比例過高，那麼他們只能買自己最喜歡的CD。如果CD價格很便宜，除了買一張自己最喜歡的，還能再買一張大家都喜歡的，這樣熱銷就會變得相對容易，而且九〇年代也是嬰兒潮世代子女的數量迅速成長時代。

欲求的整合＝無法自我整合

我曾經在報紙上讀過某個生活研究智庫的研究員寫的評論，感到大為驚訝。該研究員在調查高中生的飲食生活時，高中老師認為「越來越多孩子感覺吃飯不是一件快樂的事，反而覺得很麻煩」，這種情況引起人們關注（《東京新聞》二〇〇三年一月十三日）。但是當我跟食品製造行業的朋友談及此事，他說「感覺吃飯很麻煩」早在幾年前就已經成為食品業的常識了，我再次震驚。

為什麼人們越來越不關心吃飯呢？節食的資訊滿天飛，想要減肥的人不斷增多，這固然是原因之一，但會不會是因為食物太過於豐富繁多，反而使人們的食欲減退呢？

欲求的根源在於不足，人們都想得到不足的東西，有多餘的東西倒是不怎麼想要。要是現在不吃，下次就不知道什麼時候才能吃到的話，即使是不太好吃的東西也會欣然地吃下去。

但是現代生活中不管是在便利商店、餐館、速食店，還是在商場的地下室，甚至在車站的月台上，隨時隨地都有吃的東西。一想到不管什麼時候都能得到，人們吃東西的欲望也就下降了，這是理所當然的。食物多種多樣、取之不盡地擺在你面前，可以自由地選擇，但正因如此，吃東西反而成了一件麻煩事。這種情況就像我們在資訊社會中無法處理洪水般氾濫的資訊，只能一目十行走馬看花地瀏覽。這些無聊的資訊也不是我們想要的，它們被製造出來，沒日沒夜地給我們巨大壓力。

在這樣的資訊環境下，我們對於資訊的渴求被消磨殆盡。飲食亦是如此。冷靜思考一下，我們常常受到大量的食欲刺激，於是我們很難維持正常的食欲，難以達到正常的飲食。我曾經採訪一些年輕人，他們覺得無法預測自己究竟什麼時候想吃什麼東西，所以無法提前囤積食品。即使去超市買便宜的東西，結果也是吃不完，因為在吃完之前又有其他想要的東西。於是什麼也不買，想吃什麼的話，哪怕是半夜兩點都跑去便利商店。這就是說，現在的年輕人（並不只是年輕人）不是因為感到腹中饑餓而自動地吃飯，而是受到漫天飛的食品資訊刺激，才做出反應去吃東西。

但是這樣下去的話，食欲的滿足就與幸福感割裂開來，食欲反而成了再怎麼吃也無法滿足的東西，成了或許隨時向自己襲來的不愉快、令人害怕的東西，人們很有可能產生這樣的意識。這不正是年輕人覺得吃飯很麻煩的原因嗎？並且年輕人對於自己什麼時候想吃什麼也不甚了解，覺得這是很棘手的事情。

這與前面我們講過「想得到想要的東西」的感覺很相似，但多少有點差異。在「想得到想要的東西」時代，人們不會懷疑持有這種想法的自己。自己想要什麼就是自己喜歡什麼，一旦發現想要的東西，就覺得自己是幸福的。但是現在的年輕人（不僅是年輕人）卻對有可能突然襲來的欲求感到束手無策，他們不再覺得自己是幸福、是喜歡這些東西，不知道為什麼會產生這樣的欲求。

自己想要什麼、想做什麼、想成為什麼，自己去整合這些欲求的感覺就是了解自我，或者說自我存在的感覺。就像因為喜歡音樂所以做和音樂相關的工作一樣，如果欲求得以整合，就可以規劃自己的人生。可以說，這就是確立自我認同的感覺。另一方面，無法了解自我指的是無法依靠自己來整合自己的欲求。在整合的時候，自己的欲求大多沒有來龍去脈，只是突然出現。這些到底是不是自己的欲求尚不明確，了解自我就變得更加困難。

為時已晚的是，自己已經不再是整合之後的「自己（自我認同）」。在內部唯一能夠確認自己並不存在，反而感覺外部有好幾個自己都不了解自己的存在。這正是「多重自我」，它使我們無法了解自己。

從差異化到優衣庫

第三消費社會存在的另一個問題是，消費的感性化引起消費活動中個人之間差距的擴大。

在第二消費社會中，消費的時候追求物品的數量和便利性，消費的差距基本上與收入成正比。並且，第二消費社會正處於經濟快速成長期，每個人的收入都增加了，因此消費的差距能夠被迅速填補，很多人都能幻想「什麼時候換豐田皇冠吧」。

此外，在第二消費社會即使不關心品牌和設計也無大礙。「跟松下電器的電視相較，東芝的電視更漂亮、名氣更大」，第二消費社會是沒有這樣的價值觀。東芝本來是重型電器製造商，一直製造發動機，東芝洗衣機的性能也很好，可以說，更多人是根據功能來選擇。

但是進入第三消費社會，消費不斷個人化，個人的感性、感覺反映到消費活動和商品的選擇。在哪條街的哪家店買哪個牌子的東西，顯示了個人的感性高低——如果說高低不同的話，也可以說是多樣性。

打個比方，在澀谷的巴而可買川久保玲也好，到東急東橫店買博柏利（Burberry）也罷，它顯示出來的不是收入的差距，而是感性的差異。當然，穿川久保玲的人看不上穿博柏利，穿博柏利的人覺得穿川久保玲的人很可笑，這種情況司空見慣，兩者互不關心、互不相讓。《穿越》把這種現象稱為時尚的「蛸罐化」（蛸罐：捕章魚用的罐子）（一九八一年二月），此後社會學家宮台真司將其稱為「小宇宙化」，二者意思大致相同。

時尚和生活方式的「蛸罐化」今天依然存在，但是與第三消費社會相較不斷減弱，最起碼想要透過時尚來顯示與他人差異的人越來越少了。年輕人中即使是高收入的人，或者說，正是高收入的人喜歡買平價的優衣庫，和設計樸素的無印良品。

文化研究所的調查顯示，新人類世代（在此調查中為一九六〇到一九六四年生）階層意識較弱的人有六〇・六%喜歡優衣庫，而階層意識較強的人只有三七・九%。但是嬰兒潮世代的子女（一九七〇到一九七四年生）沒有因階層意識導致的差異，反而是階層意識較強的一方對優衣庫更有好感（圖2-16），無印良品的情況也是如此，新人類世代的每個階層的好感度只有一七%左右，但是嬰兒潮世代的子女中，階層意識較強和中等的人的好感度高達三五%。

與此相反，對於行銷全球的美國日常服裝品牌GAP，新人類世代中階層意識較強和中等的人更有好感，較弱的人好感度低，而嬰兒潮世代的子女中，階層意識中等和較弱的人好感度高，較強的人好感度低。此外，對於Z世代（一九八二到一九九一年生）來說，優衣庫、無印良品和GAP已經不存在階層性，GAP只獲得不到一成的好感度。他們認

圖2-16　不同年代、階層意識，對品牌的好感度差異

	階層意識	人	無印良品	優衣庫	GAP
Z世代	上	270	35.3%	26.3%	8.8%
	中	527	33.9	29.1	8.4
	下	316	34.6	27.9	9.2
嬰兒潮世代的第二代	上	29	37.9	48.3	6.9
	中	92	34.8	45.7	20.7
	下	79	25.3	44.3	19.0
新人類世代	上	29	17.2	37.9	20.7
	中	100	18.0	54.0	19.0
	下	71	16.9	60.6	11.3
嬰兒潮世代	上	27	25.9	11.1	7.4
	中	106	9.4	25.5	5.7
	下	66	12.1	33.3	3.0
昭和第一代	上	23	0.0	13.0	0.0
	中	123	8.1	22.8	2.4
	下	52	13.5	23.1	0.0

資料來源：文化研究所、獵鷹株式會社「昭和四代人欲求的對比調查」2005年，文化研究所、標準通訊社《Z世代》2007年。

為，在食衣住行方面大家擁有的東西即使相同也無大礙。在這種意識越來越強的同時，像GAP強勢推出品牌策略卻不能提供良好性能的商品，越來越沒有市場。

綜合以上所述，在第三消費社會，消費變得極其複雜，其結果就是企業和消費者都疲於消費。消費的時候還要考慮自己到底是誰，真正想要什麼，這實在太麻煩了，於是消費者決定和這些事情說再見。因此到了第四消費社會，像優衣庫物美價廉、像無印良品除去雕飾的商品，開始引領潮流。

第三章

讓人變幸福的大趨勢

對適合的素材、製作手法，以及外觀的摸索過程中，從「素」中，或者說從「簡約」中孕育新的價值觀和審美觀。徹底省略無用的程式，琢磨並吸收更豐富的素材和加工技術。換言之，所要實現的不是最低價格，而是充實的低成本和最聰明的低價區隔……這也是我們世界今後需要的價值觀，稱之為「世界合理價值」。

——原研哉《設計中的設計》（二〇〇三年）

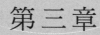

1 第四消費社會及共享意識

第三消費社會向第四消費社會轉變五個特徵：

（1）從個人意識到社會意識，從利己主義到利他主義。
（2）從私有主義到共享意識。
（3）從追求名牌到追求簡單、休閒。
（4）從崇尚歐美、嚮往都市、追求自我，到日本意識、地方意識（從集中到分散）。
（5）「由物質到服務」的真正實現，或對人更為重視。

從第一消費社會到第四消費社會演變過程中，縱觀國民意識發展的總體方向，可以說是由「national」（注重國家）到「family」（注重家庭），再到「individual」（注重個人），最後到「social」（注重社會），變化非常大。

正如前一章所說，所謂第三消費社會，也是被稱為「高度消費社會」的時代；在這個時代，日本憑藉自身強有力的經濟基礎，在日圓升值、通貨膨脹中，至少在表面上完全實現自第二次世界大戰後一直追求的夢想——居於日本，而享受歐美式的消費生活和物質上的豐富成果。同時還擴大自身的消費自由，即不是生產大量千篇一律的消費產品，而是能夠選擇最適合自己、最符合自身感性的商品。然而，我們在上一章也提到，這樣的成果同時引發新的矛盾。即在個人感性中產生的個性化，帶有使人與人產生隔閡的傾向。同時，由於個性化的背景是階層化，因此會進一步造成個人的孤立。

此外，高度消費社會導致過剩的物質主義不斷蔓延，在這個過程中，二十世紀七〇年代萌芽的環保意識和節能意識被人們漸漸遺忘，甚至二十世紀八〇年代一度抬頭的反核電運動也逐漸煙消雲散。而第四消費社會的興起，正是為了解決第三消費社會產生的諸多矛盾。相較於個人化、孤立化的社會，我們更需要建立人與人之間能夠自然產生聯繫的社會。

社會（society）一詞起源於拉丁語「socius」，其本意是「夥伴、聯繫」。然而，隨著資本主義、消費社會、私生活主義和個人志向的過度發展，人們越來越難以意識到自身和他人的關聯，也就產生奇怪的矛盾：明明身處社會中，卻感受不到和他人的關聯。而第四消費社會的產生，正是為了解決這一矛盾。

資訊社會和利他意識

因此，在第四消費社會中將不斷擴大的，並不是那些優先、最大限度滿足自我的利己主義思維，而是一種同時考慮他人需求的利他主義意識。或者說，是一種想要為他人、為社會做一些貢獻的想法。在這個意義上，也可以稱為社會意識。

物質上的富有，是透過對物質的私人占有來實現。在極端的情況下，人可以透過獨占物質而獲得滿意度的提升。而持有比他人更大、更貴重、更稀有的物品，能給人帶來更強烈的滿足感。並且，人們還可以炫耀自己的擁有物。這在行銷學中稱為「差異化」。

但是資訊不同於物質，只是獨占它、收藏它是沒有意義的。如果不能向他人傳播資訊，和他人共享資訊，也就無法體會擁有資訊的樂趣。只是像堆積金條一樣收集資訊，那樣的資訊是無法產生價值。或者像故事裡講的，把資訊像金子一樣裝在罐子裡，埋到土裡藏起來，也是無法帶來樂趣。這就是資訊和物質之間有趣的差異。因此，在資訊社會不斷的發展中，人們更傾向於透過交換資訊來獲得快樂，而不是持有資訊來自我滿足。即使是日常生活小事，只要在臉書上發文，也會有人按讚；還能從素昧平生的人那裡收到生日祝福。從廣義上來說，人們可以輕易進行利他的行為。

這種利他主義意識，或者說社會意識的增強，從內閣府進行的「關於社會意識的調查」中可見一斑：從一九八六年起，「有」為社會貢獻意識的人數持續增加。

同時，「相較個人，更應注重國民整體利益」的想法也從二〇〇五年不斷增加。這正是第四消費社會開始的時代。而「今後應該更注重國民和社會」的社會意識作用下的回答，也在泡沫經濟崩潰後逐步增加，到了二〇〇五年已經超過一半（圖3-1）。

從二〇〇〇到二〇一二年，非營利組織的總數量也超過四萬個，這顯示對貢獻社會的活動抱有興趣的市民不斷增加（圖3-2）。

消費的分工

這種利己主義到利他主義的變化，可以說是從私有主義到共享主義的轉變。和私有主義、私生活主義、私屋主義，從增加私有物品的過程中獲得幸福感的思維不同，第四消費社會中，人們的價值觀和行為更傾向於與他人建立聯繫當作一種快樂。而這種共享的意識下的

圖 3-1　社會意識增強

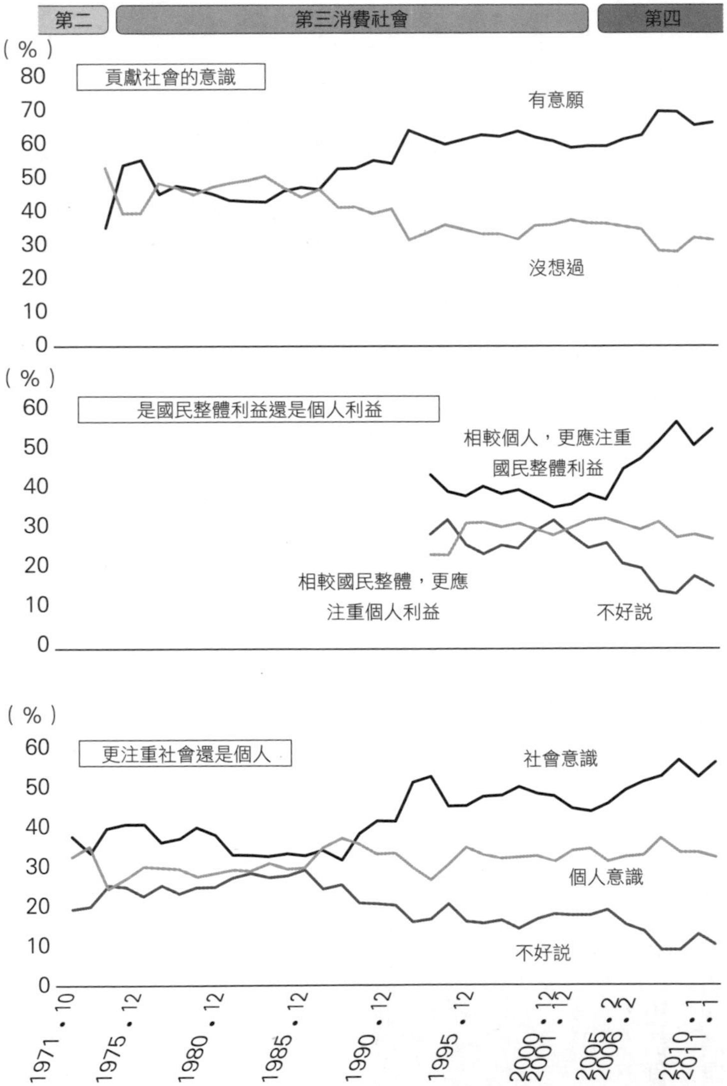

資料來源：內閣府「關於社會意識的調查」。

圖 3-2　非營利組織登記數目

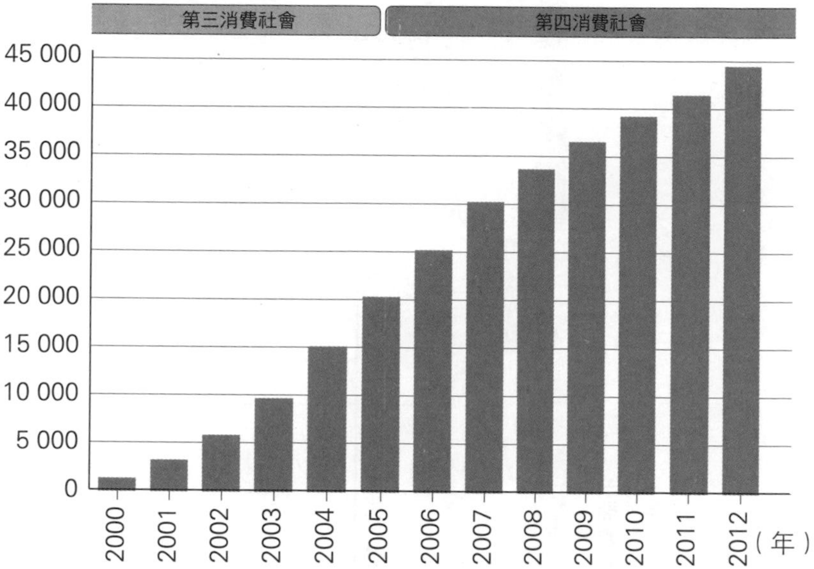

資料來源：內閣府「非營利組織網頁」。

價值觀和行為，正是未來第四消費社會的消費基礎所在。在具體解釋之前，先說明「從私有到共享」過程（圖 3-3）。

所謂私有，指的是私人的、專用的占有。如果按照「私人→公共」「占有→共用」這一數線（number line）來界定的話，私有就位於右上象限中。

如前面說過的，在經濟高度成長之前的社會，也就是第一消費社會中，不但私家車是極少數上流社會階層才有的奢侈品，連房子都是奢望——即使是中產階級的上班族，也都是住在租來的房子過一輩

圖 3-3 「私人→公共」、「占有→共用」數線的消費社會變化

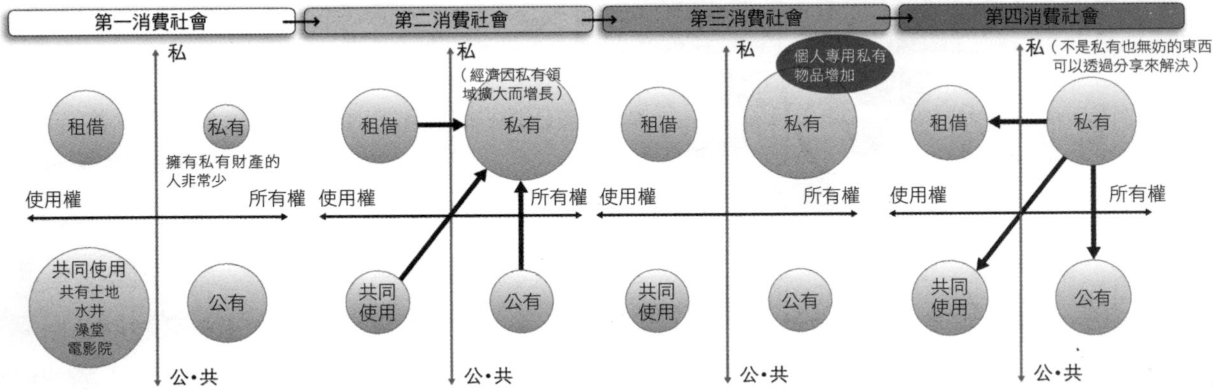

子，等拿到退休金才能買自己的房子，想必傢俱也只有陪嫁的桐木櫃吧。而多數人都沒有多少私有財產，洗澡要去澡堂，娛樂則是和別人一起去電影院，因此右上象限所占的比例很小。

到了第二消費社會，家用電器普及，多數人也擁有私有住宅與私家車。因此右上象限的比例驟然擴大，這也成為促進經濟成長的一大原動力。而這種私有主義的生活方式達到飽和，則是在進入現在我們所處的第四消費社會後。特別是從出生就在各種私有財產包圍下長大的年輕一代，開始覺得也許並不需要將一切都私有化。這也是「消費社會分工」的開始。

曾經有句名言：「不是第一就不行嗎？難道第二就不可以？」消費者也開始提出類似疑問：「不是私有就不可以嗎？租借不行嗎？和他人共享不是很好嗎？」現在已經不是每人都想要類似的東西，因而每家必備、人手一台的標準化消費時代已經過去了。

一定想要的東西還是會買，但是不再會因為「鄰居也有」的理由，去買那些不是很必要的東西。這種心理可以說是，只買那些只能自己專有的東西，不買不必要的，不買不急用不必需的東西，抑或總結為能租借則租借，能共享則共享的態度。

當然，第四消費社會並不是否認私有和私生活。反而是越來越多人因為在私有和私生活中有無法滿足的願望，從而求諸共享型的行為來獲得滿足。

這種傾向在「三一一東日本大地震」後有所增強。看著被海浪捲走的房屋和汽車，有許多國民都感受這些私家車和私有房所代表的物質私有中，包含多麼大的風險和空虛。在日本，原本就曾有過「斷捨離」（即斷行、捨行、離行。源於瑜伽，意為捨棄不必要的物品，放下對物的執著）風潮，而在「三一一」後，這種脫離私有的意識進一步加快了。

當然，這種共享意識和脫離私有的意識並不是在地震後突然出現，年輕人不買車不買房的說法流傳已久，但這種意識由於大地震而更加明顯。

人口的減少，加之年輕人對汽車的持有越來越沒有興趣，而老年人也逐漸不再使用駕照，甚至有人預測日本的駕照持有量將在二〇一五年後開始減少，與此同時，國內汽車銷售量到二〇五〇年，將減少二四〇萬輛（圖3-4）。到那時，擴大私有類型的產業將無立足之地。

環保意識、日本意識、地方意識，以及「從金錢到人」

消費者在共享意識的作用下，會採取一物多人共享、共同利用、租借而非占有，或者舊物的重複使用、重新利用，因而會自然而然形成環保意識，並使削減多餘部分、追求簡約生

圖 3-4　駕照持有數和新車銷售台數的變化及預測

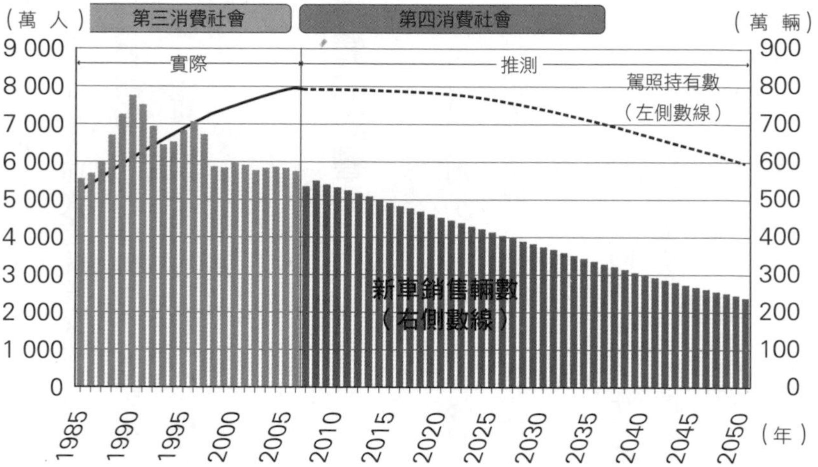

注釋：圖中資料是總務省統計局發表的18歲以上人口數預測，對2007年以後的駕照持有數量作出預測。駕照持有數目和新車銷售的比例，按照2007年實際情況作預測，並將近幾年車輛持有年限的增加，和人們不斷發展、脫手汽車的動向加入計算，從而算出新車銷售數。

資料來源：株式會社FOURIN。

活方式不斷擴展。

而在實現環保、簡約生活的過程中，人們開始放棄空調，轉而使用竹簾、灑水來降溫，諸如此類的行為使得傳統的日本生活方式得以復甦，從而擴大人們的日本意識。

隨著日本意識的增強，也使得人們開始遠離象徵物質繁榮的城市生活，在親近自然的生活方式中追求充實的人生，從而增強回歸地方的意識。

而共享意識屬於分散的意識，這點和地方意識也有關聯。共享意識的發展，與經營方式從集中大城市、中央集權、獨裁管理等集中式體制，向分散於地方、地方分權、網路經營不斷變化的體制轉變。而在共享意識下，消費者會更注重人與人之間的交流，最好是面對面、直接進行的人際交往。再進一步說明，就是人們開始關心如何構築不依賴金錢的人際關係，當然這還屬於發展比較快、極少的情況。總之，可以說是「從金錢到人」轉變的開始（關於這點，請參見本章末對山崎亮的採訪內容）。

對消費的影響

如果可以從消息的交換中獲得滿足，那麼人們確實不會再購買物品。所謂購物的滿足感，在購買的一瞬間得到最大化後，便隨著時間的流逝而漸漸削弱。這個過程無論如何，都會帶有一絲空虛感。

但是交換資訊帶來的滿足感，在交換的瞬間得到最大化後，並不會減少。快樂可以透過資訊的交換，而不斷地增加並持續下去。

當消費者嚐到資訊交換帶來的滿足感後，購買的標準也會隨之產生變化。也就是不再追求在購買一瞬間滿足感最大化後便不斷減少的物品，而是傾向購買可以持續帶來滿足感的物品，或者是那些隨著時間流逝，反而會帶來更多滿足感的物品，甚至會喜歡那些歷經歲月而產生難以言喻味道的物品。在後面會提到「簡約一族」，就是昭和初期製造的舊傢俱、傳統工藝品，和民間手工藝品、舊屋的愛好者。

此外，資訊化對共享意識的推動作用，還表現在網際網路為資訊交換提供簡捷和便利，進而使得物品的共享（交換、舊物買賣）變得更簡單。資訊化成為共享意識不斷擴大的基礎。

說到資訊化對消費的影響，首先想到的就是網購人數大量增加，去商店購物的人減少，但實際上影響不僅於此。譬如，如果在推特或臉書上發一條消息：「明天三點在淺草的某會場有活動哦。」當天就會有三十人左右到場。如果有一百場這樣的活動，在東京的其他地方，譬如高圓寺、阿佐穀、三軒茶屋、北千住、金町、小岩一起召開，就會有大約三千人分別在不同的地方聚集。假設沒有推特或臉書，這三千人可能都在澀谷的街上閒逛，正因為有了它們，才會出現三十人一組分別聚集到不同地方。有一次我在東京的青山書店做訪談節目時，到場的觀眾中就有從仙台趕來的學生。我可不是矢澤永吉（日本搖滾樂手，為人低調、極少上鏡頭，卻擁有超強人氣）。現在這個時代，即使不是什麼有名的藝人，也可以透過推特和臉書讓遠在天邊的人們聚集在一起。

對零售業來說，卻是一個大問題。如果三千人都聚集在澀谷的某個百貨商場，其中也許會有一千人順便在商場買東西。但現在這些人卻以三十人為一個單位，分散在東京各處，買賣也就做不成了。透過推特和臉書，消費者從集中一處變為分散到多處。和在澀谷街上漫無目的閒逛相較，去一個自己喜歡去的地方參加活動可以獲得更多滿足感，還能結識有同樣興趣的人，並成為朋友。因此消費者會越來越依賴推特和臉書的消息選擇適合自己的活動，而不是繼續在繁華商業街逛來逛去。

有個人主義才有利他性

共享意識的價值觀並不要求自己異於他人，反而更追求和他人的聯繫。也就是說，不是向他人展示或炫耀自己的獨特之處，而是去尋找和他人的共通之處，並以此為媒介創造和他人的新聯繫。雖說如此，共享意識並不等同於均一化。共享意識價值觀擴散的前提，正是個人主義價值觀的普及。現代的共享也並非主張均等分配，也不是個人的集體主義和共產主義的共享，更不主張每個人必須均一化。每個人都是不同的，人和人應該相互尊重的個人主義，才是共享意識存在的大前提。

這種共享意識或者說利他主義的意識，其基礎是擁有豐富的物質。每個人都持有一個或更多耐用消費品，服裝、雜物也有更多的餘裕，正是因處在這種消費過剩的社會中，人們才有可能把自己不用的東西拿出來供他人使用，希望能為他人派上用場。這幾年的「虎面人」現象就是如此。

2 生活方式的共享

合租公寓受歡迎的理由

前面所說的共享式行為和價值觀傳播的具體表現，就是越來越受歡迎的合租公寓（參考拙作《為了日本的未來而提倡「共享」》二〇一一年）。

合租公寓的優點在於經濟、安全、圈子、個性這四點。

首先是經濟方面。合租公寓的好處在於初期投資很少，合租公寓不需要押金，就算有，也不會超過一個月房租。廚房裡電冰箱、微波爐等家用電器配備齊全，廚房用具絲毫不遜色於獨門獨戶的房子。此外，各個房間裡，床、桌子、椅子也非常齊備。剛住進去初期可以節省很多錢。因為浴室、廁所、廚房都是公用的，因此水電費用也很少（多數情況下，水電費都包含在管理費裡），因此不但經濟還很節能。而家務可以和室友分攤，也可以由家政公司來做，家務負擔也很少。休息日不用全部耗費在家務上，在外工作的女性也能夠專心工作——從這點上來看，可以說是經濟的。

第二點是安全。多人一同居住，在安全防盜方面也比較放心。從防災的角度來看，尤其是在地震的時候要比獨居更讓人安心，在「三一一大地震」時，就有很多合租公寓的住戶表示慶幸自己的選擇。另外，當生病的時候，室友也能幫忙做飯，這種互相幫助可以給人帶來安心感。

第三是圈子。尤其是對女性來說，有能一起聊天的夥伴，可以幫助消除疲勞，使每天過得更輕鬆快樂。此外，能和從事各種工作的形形色色的人交朋友，也是合租的樂趣之一。和過去合租房不同的是，合租公寓的住戶每個人都有自己獨立的房間，因此在和室友建立聯繫的同時，也能夠保證自己空間不會被侵擾。

最後，合租公寓在建造時，每間房屋都有自己的創意理念，從室內設計到外觀再到房間的劃分也都各不相同，比起第三消費社會更具個性。也許在很多人印象中，合租公寓既缺乏個性又會限制每個人的隱私空間，但實際並非如此。無論房間劃分還是建造年份，以及居住的人數、內部裝修、外觀，都沒有兩個完全相同的合租公寓。從這個角度來看，可以說合租公寓就是一個個主題公園。無論在單身公寓間搬多少次家，幾乎感覺不到房間的室內設計有什麼變化，但是如果選擇合租公寓，每一次搬家都能體會各種不同的室內設計。

住在單身公寓十幾二十戶格局完全相同的房子，排列而成兩三層樓房的感覺，就像坐在工廠傳送帶前。當然，不是所有人都會住在合租公寓，實際上這類住戶人數從比例上來講還很

圖3-5 你想住在合租公寓嗎？

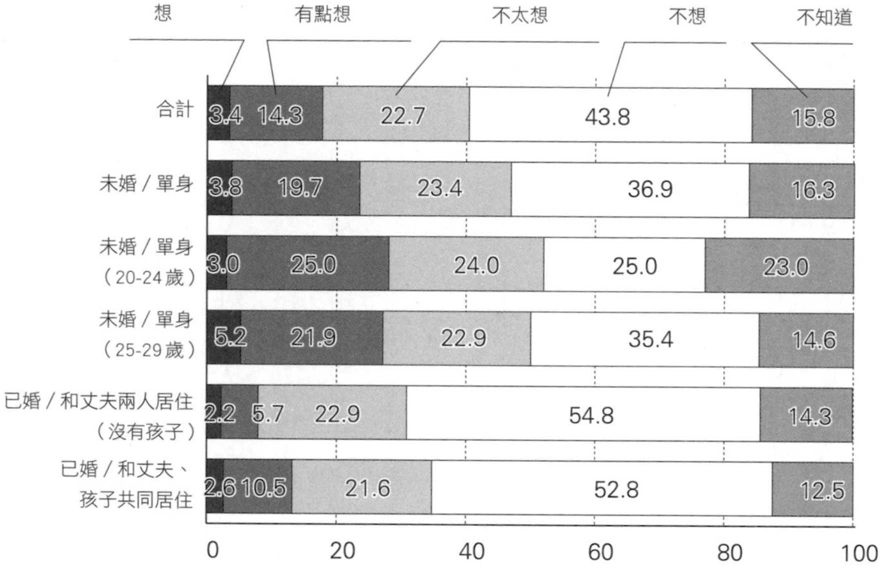

資料來源：文化研究所「現代最新女性調查」2010。
（調查公司：NETMILE株式會社，以居住在首都圈的20-39歲女性為對象）。

少。但是根據文化研究所的調查，居住在首都圈的二十到三十歲、單身，並且一個人生活的女性，有近三〇%都希望住在合租公寓（圖3-5）。

合租公寓出租房的理由則是，隨著人口減少和老齡化，尤其是新屋的需求者——減少的青年人，人口出生率也降低，因為撫養孩子而對房子需求的人數也在減少。因此無論如何，新建住屋的需求都會隨之下降。

已建住宅的數目又遠高於日本的家庭數目，現在全日本大概有八百萬間無人居住的空屋。

圖 3-6　以不同新屋動工數為依據，分析未來空屋率的變化

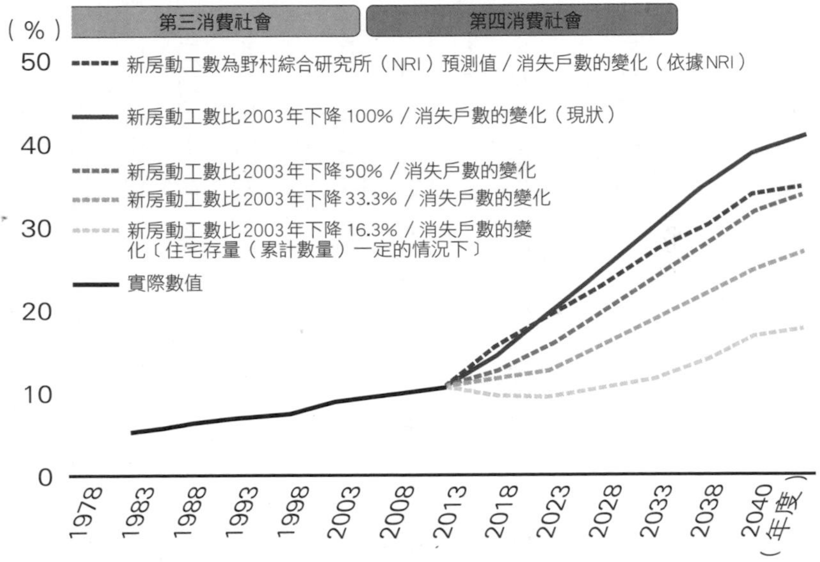

資料來源：野村綜合研究所「知識資產的創造」2009年10月。

二〇〇八年，空屋率為總體的一三%，到了二〇四〇年左右，這個比率將增加到四〇%（圖3-6）。

所以從經濟和節約的角度來看，與其盲目蓋新屋，還不如合理利用現有的空屋。對舊屋進行擴充和改建，將它作為合租公寓租出去，這樣能夠以更少的投資，獲得更高的回報。

隨著對合租公寓的潛在需求不斷增加，想住卻又住不進來的人也會越來越多，那些無可奈何住在單身公寓的人，不滿情緒也會隨之不斷增強吧。

在第三消費社會，人們希望能

夠居住在高級單身公寓，不是木造的公共住宅。到了第四消費社會，人們重新期望能夠居住在由老式木造樓房翻新的合租公寓。那些不甘住在單身公寓的人，還有那些已經結婚而覺得不適合住在合租公寓的人，又會如何做呢？能想到的就是在高級單身公寓或者高級公寓以及獨門獨戶的房子，加入合租公寓的元素。

首先，儘管是租來的房子，但仍希望貼自己想要的壁紙或者重新粉刷牆壁，或是整修廚房、浴室、廁所設備。如果是自家的房屋，即使是分戶銷售的成品屋，也希望牆壁、地板、門，能按照自己的意願裝修。

第二點，地震、火災發生時，為確保安全所需最低限度的交流需求。具體來講，就是能與鄰居往來。

第三點，出租的時候不得不推出經濟、實惠的方案，如租期放寬、押金減少。

去私有的價值觀

合租公寓幾乎還沒出現的時候，我就指出這種共享意識的存在（二〇〇二年博報堂研究開發局共同研究項目《共費社會的創造》）。此外，在一九九九年出版的拙著《「家庭」和

「幸福」的戰後史》中也提到，關於去私有意識的內容。在該書中，關於東京高圓寺之類的街道，在年輕人之間人氣不斷攀升的情況，以及在自由市集賣東西、穿舊衣的年輕人不斷增加，我這樣寫道：「年輕人這種行為深層的價值觀，是對戰後大眾消費社會私有制的一種拒絕。」現在重讀起來，不由得感到，在一九九九年就寫出這樣的內容，實在是一件不可思議的事情。這裡做一個較長的引用。

「土地、房屋、汽車、家用電器、傢俱、單人房間……將一切劃為私有，這是郊外（同時也是大眾消費社會）的基礎價值觀。」

「但是在郊外生活的人開始脫離這種價值觀。不必私有就不去占有，如果有需要的東西，只要在需要的時候借來用就好。就是『不需要必須用金錢購買的東西』，也『不想為了金錢扼殺自我』。可以看出，這種價值觀不斷在擴大。為了占有物品、為了增加私有財產的數量、為了住更大的房子、乘坐更高級的轎車而去工作，並以犧牲自我為代價，這種戰後的價值觀漸漸失去力量。」

「究其根本，這種趨勢的背後是不再能夠從私有、高級、地位裡找出相應價值的新一代人的崛起。就算有一億日圓也不會去買房子，就算收入增加也不會換更大的汽車，不破壞自己認為舒適的生活方式，這樣的價值觀開始逐漸興起。隨著這種價值觀在更多年輕人之間得到認同，終有一天，在社會向消費和私有階段攀升的過程中實現，戰後日本『家庭和郊外』的生活方式也終將被取代！」

真的是消費嗎？

我之所以能在一九九九年就注意到，戰後日本以私有主義為原理的繁榮極限，是受到下面幾件事的影響。一件是在一九九八年，我因某個原因走在高圓寺街上——逛街已經是十三年未有的事了，當時看著滿是舊衣店的街道，我不由得感受溢於言表的解放感。另一件事是在同一年，當我在吉祥寺附近的井頭公園，看到參加自由市集的年輕人時，忽然覺得他們是那麼自由和幸福，即使沒有名牌商品、當季新品，也能感受足夠的快樂。還有一件事，仍然是一九九八年，有一次我目睹年輕的建築師和幾名設計師共同工作的場景，從而實實在在地感受不被公司束縛的好處。（參考拙著《無家可歸的孩子》）

之後，我還多次見到當時的那位建築師。大約是在二〇〇一年一次會面中，他的一句話成為我開始思考「共享」的契機。

我在《「家庭」和「幸福」的戰後史》，以及在那之前寫的《家庭和郊外的社會學》中寫道：消費的意義在於將一家人聯繫在一起，形成一個消費共同體並發揮作用。這點也許不及第二消費社會，然而，週六全家一起吃手卷壽司，或者是週日一同開車去露營，這類消費活動使平日各自活動的家人，能夠短暫共處在同一空間、共同度過一段時間，因而消費活動擔負著創造家庭共同性的功能。

當我把想法告訴那位年輕的建築師時，他忽然自言自語說：「真的是消費嗎？」聽到他的自言自語，我猛然醒悟：「啊，原來不是消費啊！」我想，也許對於年輕人來說，透過消費將家人聯繫起來的想法，或者透過購買名牌產品來獲得幸福感的做法，已經沒有意義了。

「共費」時代

除了消費之外還有什麼能夠將家人或者互不相干的人聯繫在一起呢？當時我還沒有答案。當然，如果有愛的話，人與人之間就能結成聯繫，但是愛往往需要借助一些媒介來表現。這個媒介又是什麼呢？

回到前面提到的那位建築師，他們在一起工作的方式就是一群自由工作者相互協助，在工作上相互溝通，一邊享受快樂一邊工作。並且充分利用手機、電郵，使得他們即使不是同一個公司的職員，也能夠頻繁取得充分的聯繫。

他們的興趣不在於用物品填滿自己的屋子，而是透過相互貢獻自己的創意、共同勞動、一起娛樂等共同活動來獲得快樂。這是他們的價值觀所在。正是從這種印象中，我想到「共費」這一詞語。毫無疑問，這和近幾年流行的「聯繫」、「共享」是相通的。

在第四消費社會中，人們對價值的判斷，不再拘泥於單純透過物質和服務的消費來獲得滿足，而是透過消費，人和人之間的關係是否能夠建立，當然即使不透過消費，人與人是否也能夠共同完成某件事而相識、相互交流，這種價值判斷的重點在社會性。而當時，正好接受一份關於新消費動向研究的委託，因此才和博報堂研究開發局共同以「共費」為切入點，做了這項研究，並在二〇〇二年將成果總結成論文。

不炫耀的消費

舉個例子，我覺得優衣庫的商品就不是會讓人在購買或占有後而感到快樂的商品。購買優衣庫的商品無法拿來自誇，或者拿去和人炫耀。正因為如此，人們購買優衣庫的商品。這也表明，人們對擁有物品並沒有太大熱情。

所以，優衣庫提供的與其說是商品，不如說是服務。在這裡，可以用約一千日圓超低價位買到生活必需的服裝。這正如松下幸之助的「自來水理論」：以低廉價格提供可以放心使用、具有充足功能的服裝。此外，優衣庫還回收舊衣物，無償提供給發展中國家的人民。這不僅是自來水供應充足，而且下水道也維修完備，而且還是利他主義的行為。

在這個意義上，我們也能感受前面所說的，從第二到第三、第四消費社會進化的過程中，消費的目的，或者說生活整體的目的，從「family」（重視家庭）到「individual」（重視個人），再到「social」（重視社會）變化過程。

我們的社會，從透過消費建立富裕家庭的時代（第二消費社會及以前），發展到透過消費來豐富個人生活、發揮個性的時代（第三消費社會），再到以消費為手段來建立和他人的聯繫、為社會作貢獻的時代，不斷發展進化。而公平交易也屬於第四消費社會的行為。

幸福觀念的變化

年輕人真的能在不占有物質的情況下獲得滿足嗎？習慣高成長期私有主義價值觀的一代人，總是會對這點產生懷疑。

然而無論是哪個時代，人們都是追求幸福。過去確實有一個時代，那時的人們透過購買自己的房子和車子來獲得幸福，可是現在這個時代，人們不再能透過這種方式感到幸福了。

究竟什麼是幸福呢？答案大概就是我們說的「聯繫」吧。也可以說是「交流」或者「圈子」。不僅透過購買商品、向人炫耀，而是透過購買商品來促進和人交流，形成一個圈子，希望進行這樣的消費心理在人們心中不斷擴大。可以說，正是由於非正式雇用的增加，產生一個用過就拋棄的社會，人們才會更加重視不會將人「用之即棄」的人際關係。我注意到這點是在二〇〇二年左右，當時我想到的就是「共費」這個詞。

現在年輕人的想法是，和購買商品的消費方式無關，只要能夠和別人建立聯繫、建立共同的圈子，其他的就無所謂了。但是從市場角度來看，這種行為麻煩多了，因此我在組織概念時，仍然把能夠產生交流和圈子的消費當作重點，加入「費」這個字組成「共費」概念。但實際上，「消費」什麼的心理已經非常淡薄了。

各年齡層單身化

這種共享的生活方式不斷擴大的背景之一，就是單身現象。根據國立社會保障與人口

圖 3-7　不同世代曾經離婚者占總結婚人數的比例

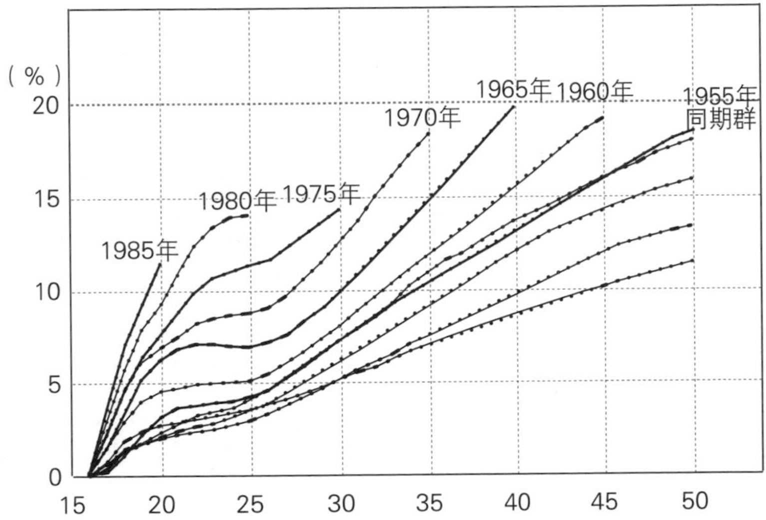

資料來源：岩澤美帆〈初婚／離婚的動向和對出生率的影響〉，《人口問題研究》，2008年12月。

問題研究所預測，一九九〇年出生的女性終生未婚率將增加到二三・五％（終生未婚率，簡單來說就是到了五十歲仍未婚的比率）。一九五五年出生的女性離婚經驗率，也就是至少曾經結過一次婚的人，有離婚經驗的人比率到五十歲時為一八・四％，對一九七〇年出生的女性調查結果則顯示，在三十五歲時，這個比率就已經超過一八％。如果按照這種趨勢發展下去，一九九〇年出生的女性到了五十歲，離婚經驗率推測將高達三六％（岩澤美帆〈初婚／離婚的動向和對出生率的影響〉，《人口問題研究》，二〇〇八年十二月）（圖3-7）。

也就是說，一九九〇年出生的女性到了五十歲時，將有二三．五%的人未婚，剩餘七六．五%的人中有三六%，也就是整體的二七．五%離異，加起來有五一%的女性為單身，或單身母親。加上喪偶，這個數值會更高。到了六、七十歲時，離異和喪偶的數量會進一步增加，導致單身女性越來越多。可以說，接下來將會是一個各年齡層單身化的時代。

這樣無法（也不想？）在經濟上依賴男性的女性不斷增加，今後社會共享型的生活方式也將發揮安全網路的作用。這並不是指防盜、防災的安全，而是對人一生的保障，在這個意義上，人們需要共享型的生活方式。

當然男性也不例外。在今後的年輕人中，單身率和非正式雇用率將進一步增加，因此共享型的生活方式仍然是必要的。

而今後的一大問題是單身啃老族的「老齡化」。一九九〇年，三十五到四十四歲男性未婚啃老族的比率僅為八．一%，到了二〇一〇年，這個比率增加到一九．九%，女性也從三．三%增加到一二．二%（參考本書第二章圖2-6）。從絕對數值來看，一九八〇年男性和女性單身啃老族人數均不到二十萬人，但到了二〇一〇年，男性超過一百八十萬人，女性超過一百萬人（第二章圖2-7）。也就是說，如果男女加起來，日本全國共有近三百萬單身啃老族。如果這些人今後仍不結婚，再加上已婚的人的加入，那麼三十年後隨著他們的父母去世，將

圖3-8　不同年齡層單身家庭人數

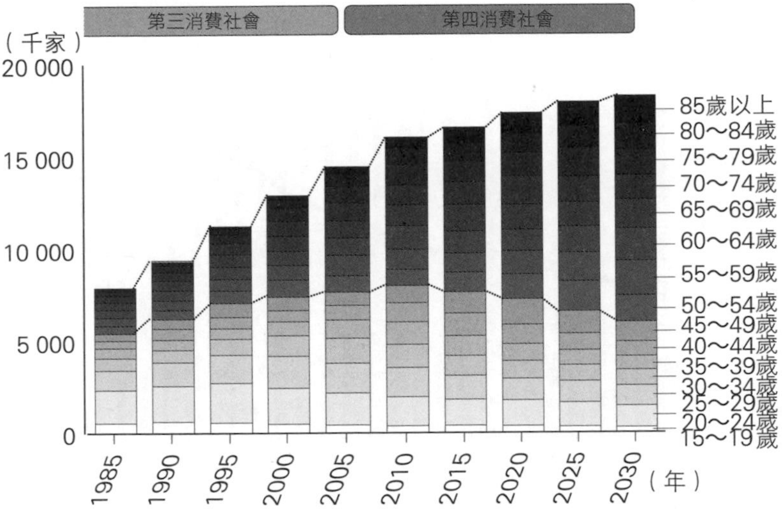

資料來源：總務省「國情調查」、國立社會保障與人口問題研究所「日本未來家庭數的推算」（2008年3月推算）。

會出現大量的七十歲左右的單身者。

在二〇一〇年，單身家庭（家中只有一個人）中就有一半都是五十歲以上的老年人。而到了二〇三〇年，單身家庭總數將增加到一千八百萬戶，其中六七%都是五十歲以上的老年人（圖3-8）。簡直讓人不由得想稱之為「一億單身社會」。也就是說，我們社會各年齡層單身化將會發展到這種程度。

非正式雇用帶來的影響

在當前，由於正式員工減少和非正式員工增多的情況，公司逐漸失去作為人與人之間交流平台的功能。這也成為

圖 3-9　不同雇用形式和雇用者人數（男女合計）

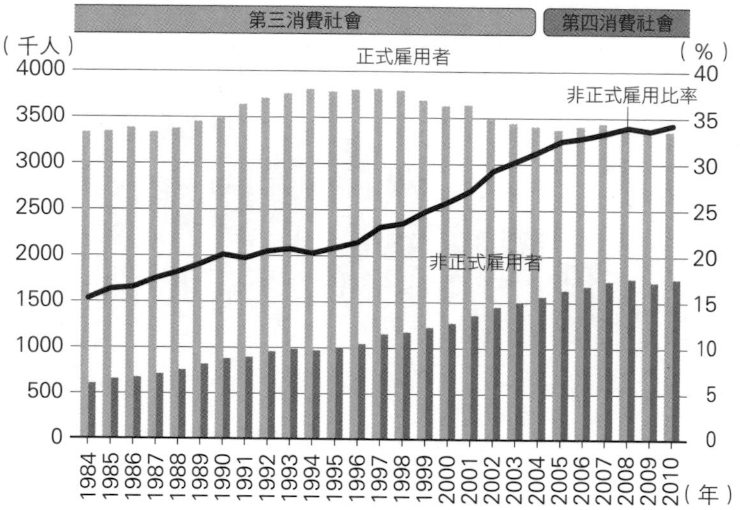

資料來源：2001年以前「勞動力調查特別報告」，
2002年以後「勞動力調查詳細統計」。

共享型生活方式逐漸為人們所需要的背景之一。

非正式員工占總員工的比率在一九九〇年為二〇%，到了二〇〇五年後，增加到三三到三四%（圖3-9）。

僅看二十五到三十四歲員工中，一九八八年男性非正式員工比率為三・六%，女性為二五・九%，但到了二〇一〇年，這個數值分別增加到男性一三・三%，和女性四一・六%（圖3-10）。我認為，雇用的不安定性和流動化，從根本上決定了第四消費社會的基礎。

非正式員工增加的原因，其一當然是長期經濟不景氣導致。而另外一個原

圖3-10　男女非正式雇用者比例（25到34歲）

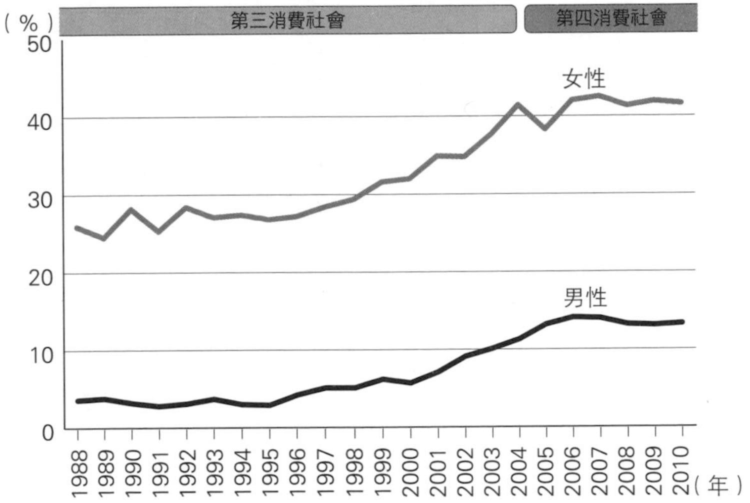

資料來源：2001年以前「勞動力調查特別報告」，
2002年以後「勞動力調查詳細統計」。

因，則要從第三消費社會的特徵中找答案。

第三消費社會的特徵之一，就是多種類、少量生產。必須要能敏感應對不同嗜好的人群，隨著時代變化而不斷改變的喜好。在少種類、大量生產的時代，商品不會突然賣不出去。但是在多種類、少量生產的時代，這邊感覺商品A的銷路不錯，同時那邊商品B就會突然開始滯銷，這種情況是極易發生的。

因此，如果長期雇用員工放在一個生產單位，就容易產生在商品銷路好的時候，員工有時可以清閒得不需要工作，而在流行突然轉向對新商品的生產需求時，又會出現人手不夠的情況，非常沒有效率。因此，企業才會考慮只在有需要的時候，以非正式員工的形式增加人員的雇用。因此，在第三消費社會末期非正式雇用開始增加，正是源於第三消費社會本身的特徵。

那麼，這些非正式員工要貸款買房就不可能了，要租房子也會被拒絕。而單身啃老族如果能夠一直住在父母家中——先不論是否會出現房屋老化需要修繕的情況——當然不錯，如果不能的話，還是會在住屋問題上陷入困境。當然，那些老舊廉價公寓是比較容易租到的，但與此相較，合租公寓既比較容易入住，居住環境也要舒適得多。這也是合租公寓適合現今時代的原因。不僅是合租公寓，對於那些處在不安定雇用環境的人來說，將自己的生活方式變為共享式，是有重大意義。

3　追求簡約、日本意識、地方意識

從「更高檔」到「簡約」

如前文所說，推行共享主義的消費行為，是和他人共同擁有或使用一個物品，選擇租借而不是占有，或者回收再利用舊物，因此必然會從中產生環保意識，並且生活方式會趨向從生活中剔除多餘部分的簡約主義。

正如我在二〇〇九年出版的《簡約一族的叛亂》中指出，消費者所追求的生活方式不是第二消費社會中追求「更大」，也不是第三消費社會中「更高級」、「更時尚」、「更高檔」，而是主張友好環境、溫和、簡約的生活方式。

具體來講，如一九九九年創刊的《樂活SOTOKOTO》，以及二〇〇三年的《ku:nel》、《天然生活》等雜誌的出現。此外，主張自然派家居裝飾的雜誌《Chilchinbito》，也是在一九九七年以後創刊。可以說，大概就是一九九七年開始，人們所關注的內容不再是單純的物質，而是越來越強烈關心自己的生活。而現在，連那些郵購商品型錄也開始模仿樂活、生活雜誌的風格。

在二十世紀八〇年代，市場曾經非常頻繁使用一個詞，就是「更高檔」。其背景是，如果消費者對在第二消費社會中所實現的均等生活方式感到滿足，企業則無法再擴大銷售額。因此，企業才不斷地向消費者鼓吹，為實現與眾不同的自我，去追求更高級東西是必要的。然而，正是在這種「差異化噩夢」中倍感疲憊的消費者，反而產生追求簡約的意識。

是不是第四消費社會中的消費者認為，獨一無二的自我是不重要的呢？事實並非如此。在第三消費社會中，所謂實現自我的方式，多數情況下都是透過購買認為適合自己的品牌來實現。但是到了第四消費社會，簡約的意識使得人們不再挑選有獨特風格的品牌，而是把商品看作全新的素材去選購，因為所謂的獨一無二、無色透明的自我已經存在自己內部。當然，這個世界不存在完全無色透明的物品，我們希望的是能夠無限接近這個目標。

對日本文化的熱愛

第四消費社會的一大特徵，就是日本意識。

譬如近年來，想要去外國旅遊的年輕人逐漸減少，而想要去京都旅遊的卻不斷增加。此外，熊野古道、伊勢神宮也頗受歡迎。在雜誌上，神社和寺院的特別欄目一經刊出，就會大受歡迎。去神社參觀就會發現，最近前去參拜的年輕女性很多。可以說，人們對日本傳統文化的關注程度在不斷提高。

關於這點，我已經在《愛國消費》（二〇一〇年）詳細論述過，此處就只做簡單介紹。譬如在二〇一〇年內閣府進行的「關於社會意識的調查」顯示，在過去十年，二十到三十歲男性中愛國意識「強烈」的人所占比例增加一五．二個百分點。在女性中，增幅最大的年齡階層是三十到四十歲，為一〇．四個百分點。如果說，年齡越大、生活的時代越老就越愛國，這是很好理解的。而現在，愛國與否和年齡的差異已經不大了。

日本本身就是一個大故事。對於日本人來說，這是我們最大的一個故事，對於年輕人來講尤為如此。

為什麼會這樣呢？因為現在年輕人由於父母工作關係而輾轉於日本各地，或者可能其中有不少人曾在國外生活過。因此對他們來說，不存在一個「土生土長的地方」，也就不會因為是某某縣出生，就有某種特定的性格和氣質。譬如我出生於新潟縣高田，從出生就一直在一個地方長大，而我的祖先據說在過去八百年間，也都一直居住在這裡，因此我感到在自己內部存在著「新潟人」、「高田人」的特徵。

然而，對於那些父母的工作經常變動的孩子來說，以他們為主體的這一代人，很難形成自己的性格是由自己生長地所塑造的意識。可以說是「喪失故鄉」的一代人。從二十世紀六〇年代出生的那一代人開始，這種情況逐漸增多，對於他們來說，共同的故鄉不是新潟縣也不是熊本縣，而是日本。這也是年輕一代人產生熱愛日本感情的背景。

此外，在日本向中國讓出世界第二經濟大國後，對於日本人來說，經濟大國這一曾經的驕傲，已經被日本傳統文化取而代之。在我看來，大多數日本國民，都沒有為失去第二經濟大國寶座而感到沮喪。反而是慶幸終於可以在經濟之外找到為國民所共有的價值。隨著全球化的蔓延，整個世界的生活方式開始變得千篇一律，在這種境況下，對於追求日本式生活的心理也不斷擴大。海外旅行的經驗，更是讓日本人實實在在地認識日本的清潔和安全。這些要素總合起來，導致近幾年日本人對日本本土的關注不斷增強。

根據NHK放送文化研究所的調查報告「日本人的意識」顯示，認為「在看到日本的古寺或者傳統民宅時能感受親切感」的人占總人數比例，在一九八八年的調查中，十六到十九歲為六三%，二十到二十四歲為七一%；而在二〇〇三年後，這個比例又有增加；到二〇〇八年，十六到十九歲為六九%，二十到二十四歲為八七%。對於年輕人來說，傳統建築應該不是他們透過自己的人生經歷，而直接產生的懷念物件，也許正是因為如此，這些傳統建築才會成為年輕人共同的景觀吧。

追求簡約和日本意識

這裡至關重要的一點是，追求節約和追求簡約、日本意識之間的銜接，是非常容易達成的。

在所謂的「美國式」的生活方式，即大量消費型中，我們很難找到和環保節約之間的聯繫（當然，篤行樸素虔誠生活的清教徒除外）。同樣的，俄羅斯式也好，法國式也好，抑或中國式的生活方式也好，我們都很難將它們和環保節約聯繫在一起。無論是哪個國家，在進入近代社會之前，他們的生活都是在和自然的共生中進行，但不僅是在和自然的共生生活，而是將「與自然共生」本身發展成為一種高度文化和生活方式，在這一點上做得最好的，恐怕就是過去的日本了。這種觀點為許多人所信奉，而它也確實存在於日本文化之中。但並不是說，其他國家就完全沒有這樣的文化，但可以確定的是，在過去的日本，它是的確存在著。

因此，對於日本人來說，環保節約不僅是科學問題，更是文化的問題。進而還衍生為日本傳統的生活方式而自豪。人們意識到，簡約的生活方式才是取代「經濟大國」成為今後日本新的目標。

想想看，所謂的「經濟大國化」其實就是歐美化。所以，無論成為怎樣的「經濟大國」，日本人仍然無法發自內心地為此而感到高興。恐怕這個想法從二十世紀六〇年代起就已經存在，它產生的原因是由於日本人意識到經濟發展，是以破壞和犧牲日本過去美好為代價。在第二章引用的藤岡和賀夫的文章中，我們也能看到這種意識。

因此，儘管GDP被中國超過，成為世界第三，但是日本人並沒有很難過。因為GDP也不過是衡量近代化，和這個時代富裕程度的量化指標而已。

崇尚的品牌也不過是歐美的品牌，那種東西無論買多少，都不能獲得傳統的認可。與之相對的，是按照日本自古以來的自然、簡單的方式來生活，才具備文化的正統性。

實際上，從文化研究所的調查也可以看出這點。在對環境問題「很關注」的人中，「非常喜歡」日本的人占四一％，而對環境「不太關注」或者「不關注」的人，「非常喜歡」就下降到一五到一六％（圖3-11）。由此可見，對環境問題的關心程度，和對日本的喜愛程度成正比。

此外，越是對環境問題關注度高的人，其行為也就越日式（圖3-12），「不為流行所左右，選購明年以後也能使用的款式」、「購買結實耐用的物品」、「購買基本性能好的產品」，諸如此類的回答居多（圖3-13）。

由於環保意識的增強，人們對更換新物品的需求也會降低，可能有的企業不看好這樣的

圖 3-11　不同環境關注度人群對日本的好感度

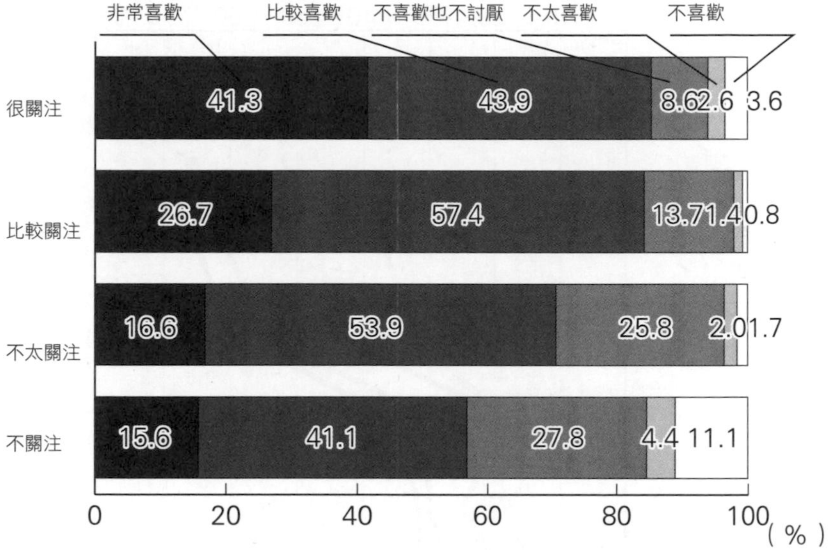

資料來源：文化研究所「現代最新女性調查」2010

（調查公司：NETMILE株式會社，以居住在首都圈20到39歲女性為對象）。

情況。但是由於消費者寧願花高價購買更耐用的物品，所以回應消費者的這一要求，也是企業的一項使命。

對簡約的追求，也終結了第三消費社會式、對國外高級品牌崇尚。越來越多年輕人認為，全身優衣庫就OK；越來越少的年輕人試圖透過名牌來表現自我。他們認為和自己個性無關的東西，可以交給大量生產來完成。

但是要注意的是，這種對簡約的追求，並非是和日本以外的文化相抵觸。反而是有很

圖 3-12　不同環境關注度人群採取的日本傳統行為

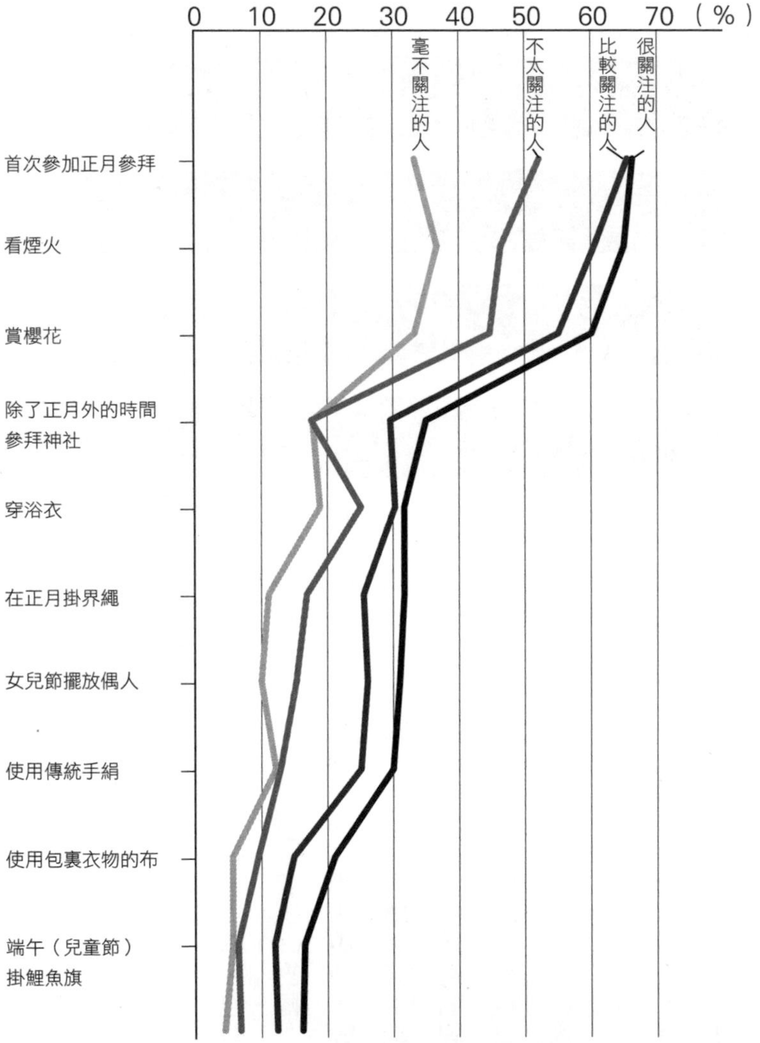

資料來源：文化研究所「現代最新女性調查」2010
（調查公司：NETMILE株式會社，以居住在首都圈的20-39歲女性為對象）。

圖 3-13　不同環境關注度人群採取的消費行為

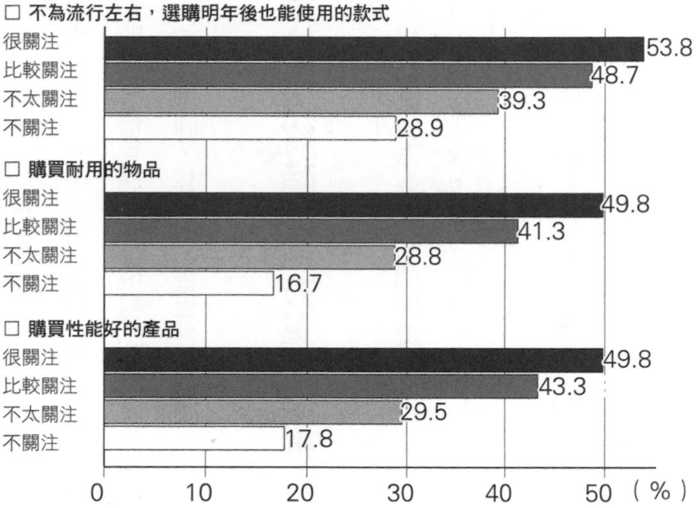

資料：文化研究所「現代最新女性調查」2010。
（調查公司：NETMILE 株式會社，以居住在首都圈 20 到 39 歲女性為對象）。

多人在經歷國外生活後，才開始意識到簡約的生活方式。

譬如現在歐洲人的生活和日本、美國相較就比較樸素，不會出現女高中生拿著LV包包，人們還住在一百年前建造的房屋，使用一百年前的舊傢俱。即使是在美國紐約等大城市，將百年老屋改造後繼續使用，而不是將其鏟平重建的情況也很普遍。

透過海外旅行以及工作，一些日本人看到外國人的生活方式，而當他們反觀現在的日本時，卻發現無論是民宅還是大廈，都在完工四十年後被拆毀，傢俱是在廉價商店買來的便宜貨，根本無法想像它們能用一百年。

就算是有名的建築物，一旦老舊了也難逃一拆。無論是城市規劃、建築，都僅是依據經濟原理重複拆除，人們很難獲得安穩、簡約的生活環境。和過去日本自然的生活方式相較，對現在日本生活方式懷有疑慮的人大概不在少數吧。

所以，儘管簡約生活方式和日本傳統生活樣式，是建立在日本文化很強的親和性，但是對簡約的崇尚，其開端還是源於歐美。

近代化的終結和地方重新掌權

與熱愛日本密切相關的就是回歸地方意識，尤其年輕人更為明顯。根據內閣府的調查顯示，居住在城市的二十到三十歲年輕人，大概有三〇％都希望能去農村、山村、漁村定居（圖3-14）。

為什麼年輕人希望去鄉鎮地方居住呢？這個答案現在還不是很明瞭，但就像本章最後山崎亮先生指出的，從小學就開始接受環保教育的年輕人，他們認為如果想要過真正的環保生活，必然不會選擇大城市，而應該去鄉鎮地方定居。

此外，在經濟長期不景氣的情況下，預測自己收入不會有太大提升的年輕人，更希望搬

圖3-14　希望去農村、山村、漁村定居的比例（各年齡層）

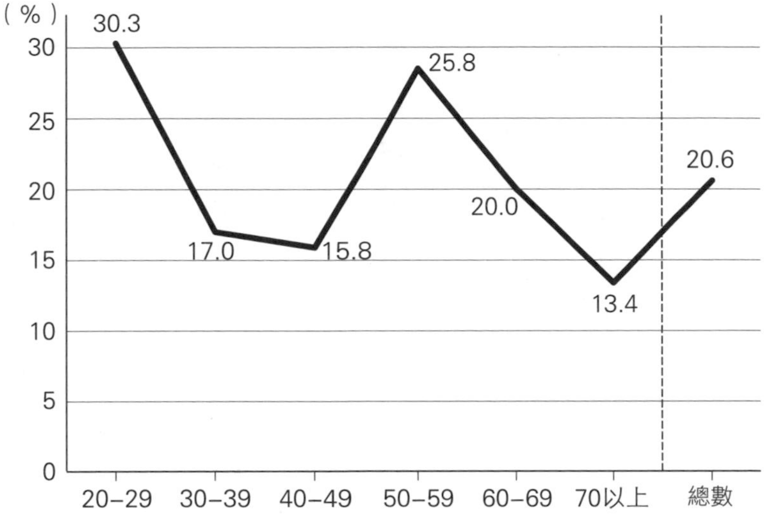

資料來源：內閣府「關於城市和農村、山村、漁村共存和交流的調查」2006。

到生活成本較低的鄉鎮地方居住。

第三點，就是受到媒體提及鄉鎮地方時積極態度的影響。就連《BRUTUS》這種以城市、先進生活為主題的雜誌，也開始推出農業特輯，這對年輕人也是有所影響。

從更長遠的角度來講，第四消費社會的價值取向不主張崇尚近代化。在第三消費社會，人們強烈追求近代化，也就是崇尚歐美。因此，最早完成近代化的城市，譬如橫濱、神戶以及銀座，被認為是最時髦的地方，相對的，其他地方就被認為是落後地區。但是現在日本的社會和生活已經進入近代化時代，因此在第四消費社會中，人們對推動近代化的要求也相應降低。必然的就會弱化對大城市的重視，以及增強對鄉鎮地方的嚮往。

按照廣井良典的論述，追求近代化的社會是一個優先時間軸的社會。「在成長、擴張的時代，全世界都向一個方向前進，因此『先進／落後』這種『時間』軸也就成為優先指標（譬如，『已開發國家是先進，城市是先進』）。然而到了穩定期，人們則開始重新發掘各個地方在風土和地理上的多樣性，以及固有的價值觀。」（《創造性的福利社會》二〇一一年）。

縱向聯繫和橫向聯繫

根據廣井的論點，以近代化為目標的社會，將它之前的社會視為落後並加以否定，認為現在比過去、未來比現在更好，更先進、更正確、更文明。在這樣的社會，人們認為近代化的國家要比落後的國家高高在上，近代化的大城市要比處於落後地方的農村了不起。

但是在第四消費社會，或者按照廣井的說法，在「穩定化社會」裡，近代化這一概念被相對化了。現在不一定要比過去好，過去也有過去的好處。因此與時間軸相較，空間軸變得更重要。也就是說，在崇尚近代化的思維下曾被認為是落後的鄉鎮地方，其文化的固有價值重新得到重視。

我認為，在廣井提出的空間軸中，還應該放入「人與人的關聯」這一內容。所謂的時間軸和空間軸，換言之就是指縱向聯繫和橫向聯繫：縱向指的是歷史和傳統，而橫向指的是人際關係。

我曾在某個場合談起這個橫向和縱向的聯繫，當時有人曾對我說，縱向聯繫由寺院負責，橫向聯繫是由神社負責，這句話我十分贊同。寺院是祖先崇拜的場所，人們在寺院中確認自身的存在，是經由一代代的祖先傳承下來。而在神社中，氏子作為區域社會的一分子，透過共同參與祭祀的活動來相互聯絡關係，在這一過程中，神社發揮核心的作用。可以說，佛教和神道分別承擔縱向和橫向，聯絡人與人之間的關係。

這也和前面所說的環保意識相關。隨著人們環保意識的增強，對大自然越來越重視，從而認為和大城市相較，自然環境優越，人與自然共生的鄉鎮地方有更高的價值。

而不同地方的文化，孰優孰劣的想法也隨之消失，人們開始認為，各個地方的文化都有自己的價值。在這個意義上，現代的日本意識並不認為只有京都才是最優秀的。不同地方的文化，無論是哪裡都有同等的價值。所以，前面提到年輕人日本意識的增強，並不是說單純地嚮往京都文化中所體現出來「典型的」日本形象，而是不論是自己的故鄉與否，都能夠對各種地方文化心懷尊敬和喜愛。

「手工製作」的地方特色

因此，在今後的商品開發中，充滿魅力的地方文化、地方特色將成為關鍵。在我們的生活中，以優衣庫為代表在日本任何地方完全相同的大量生產的商品已經飽和。而且這種消費是日常的消費，但是人們並不以穿著廉價服裝為恥。

在這樣的時代裡，和大量生產的商品相較，地方工匠做出的傳統工藝品，普通百姓為滿足日常生活需求而手工製作的工藝品，反而具有更高的價值。

實際上，這幾年重視日本各地傳統工藝品的風潮越來越盛。如果到書店，就可以看到《Casa Brutus》、《Pen》原本以城市生活為主題的雜誌，在最近幾年開始不約而同推出有關日本歷史、地方傳統的特刊。譬如，聚焦南部鐵器等日本各地方工藝品的文章，以及有關它的提倡者柳宗悅和所宣導的民藝運動報導。

此外，例如日本鄉鎮地方的梯田等「原風景」文化遺產，越來越受到重視。而以這些地方為舞台，例如「越後妻有美術展覽會」（新潟縣）、「直島貝樂思之屋美術館」（香川縣）

之類的地方性現代藝術活動，也相繼舉辦。

總而言之，現代的日本意識雖然是日本式的，但並不僅指京都優雅的貴族文化，反而是對鄉土、地方、庶民、常民的日本文化的關注在不斷擴大。其中也存在一種意識：正如「限界集落」（譯注：進入邊緣狀態的農村）一詞所包含的意義，這些地方的固有傳統面臨消失的厄運，或者說已經陷入瀕死的境地；而對此，人們產生一種強烈的危機感。山崎正和這樣寫道：

地方社會自近代國家形成前就已經存在，這種存在和國家政權的所有者毫無關係。即使藩主被迫改封領地，當地的農民和町人也不會隨之移動。很顯然，近代之前的行政是要落後於當今的，然而和當今行政的情況相反，地方社會卻充滿活力。當我們說到地方振興時，是不是也應該先回歸這個原點，再來重新考慮一下呢？過去充滿活力的農村和城鎮，並不只是一個生產產品的地方。那裡還有鎮守一方的神社和檀那寺，是人們慶祝四季更替、歡度節日的場所。在歷史中，那裡是觀阿彌的能樂、阿國的歌舞伎的發源地，還是來自伊勢的本居宣長、大阪的山片蟠桃等學者和文人的故鄉，可以說孕育了日本文化的基礎。在物質的生產方面，過去的農村和城鎮在附加價值的創造，或者說是文化產業的養成也有極大熱情。從稻米、蔬菜等農產品，到纖維紡織、紙製品、陶器、漆器、刀具等工藝品，每個地方都有自己的特產，而憑藉著這些特產，他們獲得的不僅是收入，還有地方的驕傲。而當今，令地方貧瘠的原因，恐怕不僅是金錢的匱乏，還有這種文化力量的衰退和隨之而來，地區驕傲的喪失。（《讀賣新聞》二〇一〇年三月二十一日）

山崎要強調的是「地方驕傲」的重要性。伴隨著巨大的購物中心在日本各地紛紛落成，人們可以在日本任何地方進行完全相同的購物。然而，儘管消費水準提升到和東京相同的水準，地方固有的文化卻漸漸變得只剩一副空殼。那麼以後隨著人口減少，當購物中心的存在變得不再合算，而開始撤離地方時，當地所剩下的就只有廢棄的商店街，和購物中心留下巨大的空殼。那就是一片廢墟。

無論人們有多喜愛以購物中心為代表的消費文明，也沒有幾個人願意自己的故鄉在將來變成一片廢墟。因此在考慮重新振興地方時，至關重要的還是對地方的熱愛和驕傲。

而現在日本人不正是借助這種對地方的熱愛和驕傲，建構新的人際關係嗎？這種關係比第三消費社會所追逐的「獨一無二的自我」這種微小世界要更具歷史性，也腳踏實地。人們現在需求的，正是這樣的世界。

每個地方都有自己的歷史，自己的傳說，自己的傳承和自己的神話；還有自己的傳統和文化，以及獨特的生活和語言。如果這些各不相同的地方，都能在適應新時代的同時，不失去自身的特點，那麼日本就將有無數個充滿個性的文化並存。這比單一的「日本式」國家要豐富多彩。

從設計看日本

在這樣的日本社會，尤其是從地方文化和工藝評價的角度來看，能和二戰前的柳宗悅相提並論的，就是設計師原研哉。他在著作《日本的設計》（二〇一一年）開頭這樣寫道：

現在，日本正處於歷史轉捩點。自明治維新起，西洋化掌舵日本經濟文化發展方向的同時，有一個一直被壓抑至今的問題，正在隱隱地，卻又無可置疑地浮現出來。那就是，為了維持這個國家的可能性和我們的驕傲，在今後重新找回我們在過去千百年時間裡形成的，日本的感受性……是不是不失為一個有效的辦法？

所謂日本人的感受性，指的是「細膩、周到、細緻、簡潔地安置物品和環境」的能力，原研哉認為，日本人這種「審美意識」、「感覺資源」，才是我們能貢獻給世界的東西。從中可以強烈感受他追求新時代日本的驕傲，而不是拘泥於經濟大國的感情。

原研哉將工業設計師柳宗理設計的水壺，作為凝聚日本審美意識的現代設計作品範例，對於這類設計能夠安靜卻又廣泛地博得人們支持的時代，原研哉評價：這是一個「在我們頭腦從瞪大眼睛尋找創新的熱度中冷卻，再回到正常體溫後，開始擁有能夠好好地環顧身邊事物的餘暇」時代。用前面的理論來說，可以說是從歐美式、優先考慮時間軸的時代，向空間軸轉變的時代。

這種設計思想產生的背景因素很多，但最近的一個就是「三一一日本大地震」的影響。當人們看著海嘯沖走自己的房屋和汽車，從而感受到對物質的占有是多麼空虛，而不買、不生產不必要的東西，珍惜一直使用的東西，過簡約生活的心情，也在越來越多人心中萌芽。

原研哉認為，在這個時代中，設計的使命不再是激起人們購買自己不需要的物品欲望，而是應該提出「社會共同的倫理」，其今後面臨的課題，也「並非在於如何生產吸引人的產品，而是在於如何重新樹立讓人們能感受物品吸引人之處的生活」。這已經不只是平面設計的理論，更是社會設計的哲學，它和本章末山崎亮的發言有相通之處。也就是，理想的設計本身不是物品，而是人與人之間的關係。

地區的「驕傲」將人聯繫在一起

原研哉的論點，和我曾經批判郊外大型商場建設，引起地方城市中心的沒落，提出的「速食式風土論」的想法不謀而合。拙著《速食風土化的日本》一書出版於二〇〇四年，其後成為長期熱銷書，讀者遍布日本各地。我也被請到各地演講，足跡北至北海道，南到沖繩。

在演講中我對觀眾說，我本身也是個市場分析師，因此非常明白在購買同樣商品時，消費者選擇更便宜、更舒適的商店是理所當然的，我向他們呼籲「去老店購物吧」，但總是無法獲得他們的共鳴。

更嚴重的問題是，老商店街被廢棄，就意味著這條街的歷史也隨之遺失。正如演講中我對觀眾所說的：「商店街就僅是賣東西的地方嗎？不是這樣的。在幾百年前，商店街一直擔負著整個城市的建設，養育一代又一代的人。在這裡，人們慶祝節日、組織消防團，為這個城市付出各種努力，在城市的歷史中，商店街的作用是巨大的，是這樣吧？那麼，我們真的可以不要這些了嗎？會導致這個城市歷史都消失掉啊。」

對那些至今為止只是短視地抱怨，大型商場搶走自己顧客的商店街的人們來說，我的論點也點燃他們心中驕傲，促使這樣的意識一點一點地形成：沒錯，問題並不只是眼前的利益，而是我們在世世代代哺育這個城市，養育城市中的人。

因此，人們就會開始從多角度思考城市的問題。隨著角度擴大，人們關注的物件也有了變化：從單純的商店街銷售額，轉而關注它所擁有的潛在功能或城市的歷史和文化。這也吸引居住當地的教育、文化相關人士，以及地區活動領袖等各階層百姓一起參與，使得城市建設的條件更成熟。如果維持現狀是不行的，我們必須為這個城市做些事，若人人都有這種意識，人與人之間就會形成多種聯繫（請參考本章末，山崎亮的採訪）。

大概沒有一個商店街遭廢棄後，還能重回全盛期的繁華。就算把郊外的購物中心全部驅逐，在人口規模不斷縮小的未來社會，商店街也無法完全回到全盛期的狀態。

所以問題不在於如何讓商店街成為一個為商業存在的場所而復興，而是作為一個擁有更多功能的「生活綜合產業」使街道獲得新生，這才是我們未來的目標。

人們重新審視商業街時，將它作為一個買賣場所、居住場所的同時，必須考慮它作為福利、護理、教育、育兒、文化據點的功能。為此，我們需要的不是將城市分為工作區、商業區、住宅區，這種近代主義的城市規劃，而是要有更加靈活的城市建設方法。進而培養人們對地區的感情以及回憶和驕傲，這樣就有重要的意義（請參考第四章末，淺田彰、成瀨友梨、西村浩進行的活動）。

相互聯繫的個人

如前所述，在第四消費社會中回歸日本意識、回歸地方意識的趨勢，必然會產生反集中、分散的意識。隨著全球化，商品行銷變得千篇一律，但也在這個時代，各地方獨有的東西越來越受到歡迎。

在第四消費社會中，中央集權式的傳統大眾媒體不得不面臨衰敗。在「三一一大地震」和核電事故發生時，推特、臉書這些社交網路服務（SNS）向人們展現巨大的力量。在地震發生後，立刻有消息從這些社交網路流出（當然也有誤報），還有大量有助受災群眾救援的資訊，和說明人們如何取得聯繫的資訊。

與之形成鮮明對比的，是透過大眾媒體發布的那些只能說是「官方說法」的內容，包括政府、保安院和東京電力的記者會，看過後讓人們的不滿情緒更加嚴重。大眾媒體要重新挽回在「三一一」所失去的信譽，恐怕要費很大力氣。

所謂大眾媒體，是一種單方面的通信。資訊從發信方單方面地向接收方流動。雖說使用資料信號後，可以進行互動的交流，但是很難使大眾感到是有效的交流方式。但社交網路服務是雙向的，不存在發信方和接收方的區別，而是多個主體進行相互的資訊傳遞。當然也有一些無聊的內容，但是也有許多有用的東西。無論如何，在第四消費社會中占主體的不是大眾媒體，而是社交網路服務這種個人可以成為主體並進行相互聯繫的媒體。如前所述，社交網路服務的進一步發展將對城市和國家的結構產生影響。人們不再集中在大型商業設施中，而是根據各自感興趣的事物分散聚集在自己關注的商店或活動會場，而無關它們的規模大小。

城市中心的集中功能將被轉移，資訊和物資會呈同心圓狀擴散，變為無論是郊外、近郊，還是城市的局部地區，都能在一定程度上吸引人們聚集。我認為這種轉變已經發生了。譬如近幾年出現一個現象，就是日本鐵路中央線的高圓寺站周邊，成為反核電、反貧困遊行的場所，遊行的情況還被上傳到Youtube，在全世界傳播。雖然比不上阿拉伯之春的盛況，但是中央集權式的大眾媒體在對這些資訊的處理體顯得力不從心。

此外，在本章末介紹的山崎亮，就將他公司一部分辦公場所搬到三重縣的山區。因為即使在山裡，仍然可以透過網路毫無障礙地進行工作。就算住在小島上，只要有網路，購物也和在城市沒有差異。也許在第四消費社會中，人們集中在大城市居住和工作的生活方式，也會發生轉變吧。現在各地的快速道路和機場都修得很完善，我們只要好好利用這些設施就好了。人們居住在日本的一個小島上，每個月只需一次離開小島去東京工作，這樣的工作方式在第四消費社會將成為理所當然。

4 消費社會的終極形態是什麼？

根本問題在「消費是什麼」

最後，我們來整理一下第四消費社會的特徵，再對什麼是消費，以及消費社會將向什麼方向發展做新思考。

「consume」在英日詞典的意思是「用光」、「燒光」、「吃光」和「喝光」。在物資缺乏的社會中，人們主要的消費就是糧食，而生產出來的產品都將被用光、吃光。但是在物質富裕的社會中，耐用消費物品增加，普通人也能擁有高級手錶等可以半永久性使用的物品，在這樣的社會中，消費就不再是單純的用光和吃光。

和「consume」相近的字彙還有「consummate」，是「完成」的意思，當作形容詞則是「完全的、無可挑剔的、圓滑的、熟練的」，名詞是「consummation」。法語的消費是「consommation」，奇怪的是，這個字還包含「完成」、「成就」的意思。法語和英語的「consumption」字源相同的是「consomption」，有「消耗」、「憔悴」的意思。

也就是說，法語的「consomption」相當於英語的「consumption」，去掉「消費物品」的意思，而法語的「consommation」則是將英語的「consumption」加上「consummation」的含義。我不是語言學家，不知道為什麼會如此，但是法語的「consommation」既有「用光」的意思，也有「使完成」、「使成就」的意思，這兩層意思似乎是相互矛盾，是不是指：如果材料用光了，菜餚也就隨之做好的意思呢。

這裡的重點是「consummate」的派生詞「consummatory」是社會學的重要概念，譯為「自給自足式的」。「consummatory」的反義字是「instrumental」，意思是「（使用）工具的」、「可作為手段的」。對此，見田宗介這樣寫道：

「instrumental」可以翻譯成日語的「可作為手段的」，但是「consummatory」則不可翻譯。「有目的的」這一翻譯屬於錯譯，而「即時充足的」這一翻譯不但僵硬而且意思傳達不到位。「我的心隨著看到彩虹而雀躍」，這種看到彩虹時的心境，就是「consummatory」的時候。也就是說，像性方面的迷醉、藝術帶來的感動、宗教至高無上的幸福（bliss），不需要其他任何手段，其本身就構成一種無償的愉悅行為、關係、狀態和時間，就是「consummatory」的行為、關係、狀態和時間。與之相對的是雇用勞動、營利活動、考試複習、以政治為目的的組織性活動，作為達成外部目的手段存在的行為、關係、狀態和時間，就是「instrumental」的行為、關係、狀態和時間。（見田宗介、栗原彬、田中義久《社會學事典》一九八八年）

當然，「雇用勞動、營利活動、考試複習、以政治為目的的組織性活動」，也會因人、因時間、因情況不同，而「不需要其他任何手段，其本身就構成一種無償的愉悅」。但是，這些「雇用勞動、營利活動、考試複習、以政治為目的的組織性活動」，若是結果上沒有獲得某些成果（佣金、利益、考試及格、當選）就沒有意義，行為也不能「完成」。

而「consummatory」的行為，即使從結果上沒有任何成果（佣金、利益、考試及格、當選），如果其本身能夠帶來幸福、快樂和開心，其行為就能得到「完成」。

如果「消費」這一字彙不僅包含「用光」的意思，還包含「完成、成就」的意思，就是除了為填飽肚子而購買食物、吃掉的這種「instrumental」含義外，「不需要其他任何手段，其本身就構成一種無償的愉悅」也成為消費的一部分的話，會發生什麼事呢？對此進行自覺論述的，是山崎正和的著作《靈活的個人主義的誕生》（一九八四年）。該書也是作者身處第三消費社會，卻感知第四消費社會到來的前兆，並將其理論化的重要著作。

山崎對當時流行的尚．布希亞《消費社會的神話和構造》（一九七〇年）進行批判。山崎對尚．布希亞的論點做了如下的總結。尚．布希亞指出：「人們對消費社會的認識，還停留在認為它是一個單純享用『多餘的財富』，並在量的方面進行『過剩消費』的社會。」「尚．布希亞的主張是，人在有『自我保存的本能』的同時，還擁有與之對立的本能，那就是想要『盡自己全力』衝動，也就是永遠希望『更多、更快、更頻繁』的衝動。在這種本能的支配下，現代消費社會必然會向無止境的浪費發展，同時產生對奢侈的炫耀，和對這種炫耀的怨恨和暴力。」對尚．布希亞的論點，山崎做了類似哥倫布的雞蛋式反駁。

「先諷刺一點，就是這個『更多、更快、更頻繁』，明顯是效率主義的標語，與其說它是消費社會，不如說是生產至上主義社會的原理。」他還反詰道，我們其實是「正在對這種效率主義產生疲勞吧」。「的確，在產業化社會的後期，人們的欲望往往會向追求權力的方向發展，將更多、更快的消費作為一種炫耀的資本，拚命讓自己與眾不同。現在的日本也還殘留這種傾向，至少人們還在追求『更快、更便宜』買到正在流行的商品，爭先恐後購物的心理，正是對『效率』二字的詮釋。但是不應該忘記的是，這最終也只不過是特定的社會、特定的歷史階段現象，並不一定就顯示人類欲望的永恆本質。」

那麼，所謂的「本質」又是什麼呢？

自我充實的消費

在進行本質的論述之前，我想再說一個我個人的經歷。我第一次接觸山崎正和是在高中二年級，透過一份剪報文章〈不愉快的體驗〉（《朝日新聞》一九七六年一月十九日），但更為深刻的一次則是在高三現代國語的教科書上。當時教科書收錄山崎的作品《鷗外，戰鬥的家長》。現代國語老師是我的班主任，大概因為他是山崎的粉絲吧，當時還把書上沒有選取的部分影印下來帶到課堂，還討論山崎的另一部著作《戲劇性的日本人》。在那堂課後，我成了山崎的粉絲。那還是馬上就要參加大學入學考試時的事情。

之後我就去參加考試了。二月下旬前往東京後馬上到新宿的紀伊國屋書店，買這兩本書和另外一本《藝術現代論》。因為考試複習已經很充分了，在考前過多看書反而會帶來不安情緒，於是我就閱讀這三本書度過考前的時間，特別喜歡《藝術現代論》中關於「手工製作」那篇文章。

到了二月末，我先到私立大學參加考試，三月初參加一橋的初試，考試內容只有英語和數學，後來又參加複試。當時現代國語的考試內容是閱讀文章後寫心得，而那篇文章正是柳宗悅的〈手工製作的日本〉！我心中不由得「啊」一聲。當時也許還在心中雀躍道，這就是神的旨意啊！於是我寫出我認為能夠得到滿分的作文。後來還在《週刊朝日》讀到，丸穀才一認為能夠出這樣題目的大學是非常值得尊敬的。我感到非常高興。可以說沒有山崎正和，我也許就考不上大學。

回歸正題。山崎正和原本是劇作家，因此自然會對藝術和文學進行論述；但是再次翻開《戲劇性的日本人》和《藝術現代論》就會發現，書裡關於廣告、消費、工業設計的內容占據大量篇幅。不過，對於一個劇作家來說，最關注的還是人和他的人生、他的生活方式。所以在講述和描寫現代人時，自然會講到廣告、消費、工業設計等這些內容。

靈活的個人主義

山崎正和對消費社會進行深入分析的著作，是他的《靈活的個人主義的誕生》。一九八四年這本書出版前，在日本還沒有一本正式的消費社會論，其實在那之後也沒有出現過。在此之前，只存在左翼陣營對消費社會的片面批判，和希望刺激消費的廣告業界所進行的市場擴展式的消費論。尚・布希亞也是左翼對消費批判的一部分。直到八〇年代末期，仍然有左翼評論家認為澀谷公園大道附近，是被資本主義支配的社會，這種言論簡直是和時代嚴重脫節。

此時，山崎作為一個出色的哲學家和社會學家，將笛卡爾以來的近代自我作為「生產的自我」進行批判，引用韋伯、涂爾幹（Emile Durkheim）、尚・布希亞，尤其是在大衛・雷斯曼（David Riesman）、丹尼爾・貝爾（Daniel Bell）的論點基礎上，透過一系列非常具體的廣告、熱銷例子、統計資料等旁證，對消費社會的極限和可能性做出論述。在八〇年代，這個被稱為「高度消費社會」發展到盡頭的時期，他透徹地提出未來人類將往什麼方向發展的觀點。山崎寫道：

對於人類來說，最大的不幸是連物質的欲望都無法得到滿足，但是僅次於它的並不是人們欲望的無止境，而是欲望過於輕易地就得到滿足。對於耽於美食的人，最大的悲哀就是胃容量是有限的，因此無論食物有多美味，一旦超過一定量，也難以下嚥。不僅如此，隨著欲望得到滿足，人們感到的快樂也會遞減，到最後反而會成為痛苦。

這和我剛才所說的，難道不是不謀而合嗎？

另一方面，隨著可供選擇的物件增加，必須在不斷選擇中度過自由時間也在增加，現代人正處於接續而來的迷茫選擇。當人們問自己「有沒有什麼有意思的東西呢？」這表示他不知道這個「什麼」究竟為何物，並開始懷疑自己已經變成難以理解的存在了。

這不正和系井重里的「我想要的是，我想要的東西」異曲同工嗎？此外，他還寫道：

物質欲望帶來的滿足感，僅建立在其未得到滿足的階段，一旦這種欲望得到實現，在這一瞬間，滿足感就會馬上消失，人們就被這種極端諷刺的機制玩弄於股掌之間。人們對此又是怎麼想的呢？就是以「消耗某種物品」為目的，進行「物質上消費」的同時，卻又盡可能延長消費的過程。

消耗物品這一目的，反而成了享受消費過程的方式。也就是，不希望在最短時間內消耗最大量的食物，而是希望能用盡可能的長時間來消耗少量的食物，以獲得更多樂趣。

山崎最後總結，原本「人的消費活動恐怕就是和效率主義相對立的行為，人們對其過程的關心程度要遠大於實現目的本身」，因而「可以說，消費就是將物品的消耗和再生作為表面目的，而實際上追求的是充實度過時間。」也就是說，山崎預言消費最終、成熟的形態，是將消耗（consumption）轉化為自我充實（consummatory）的過程。山崎的論述也包含迎接消費社會的極限和成熟的到來，或者說是消費社會本身「被用盡並獲得完成」的期盼。這正是對第四消費社會的預言。

這種觀點也是京都人所特有的消費論核心。當時二十五歲的我，嘴裡塞滿油膩的麥當勞雞塊和炸薯條，正在加班，無法好好品味山崎筆下醇郁的京都料理味道。現在重讀他的著作，有種豁然開朗的快感。正因為他是一位能夠不斷思考人類為何物的劇作家，所以才會一針見血道出消費社會中的欲望將何去何從。至今為止，無論哪位社會學家都未能超越他的消費社會論。

但是比較明顯感覺山崎的預言成真，是在最近五年左右。因為在《靈活的個人主義的誕生》出版後日本進入泡沫經濟時期，使得「人們的欲望會向追求權力的方向發展，將更多、更快的消費作為炫耀的資本，拚命讓自己與眾不同」的時代又得以苟延殘喘，導致新的消費時代延遲來臨。

我認為山崎提出的「自我充實」和「效率主義」的對比，正對應小松左京提出的「活著本身的價值」和「進化的價值」。我們追求的，不應該僅是「效率」或「進化」，而是開始追求從「活著本身」得到「充實」。

從物質到人

這樣可以推測，第三消費社會的消費是以物為中心，但是隨著人們進入第四消費社會，這個重心將會從單純的物質轉移到真正、人性化的服務。但這並不等同於單方面花錢享受服務，而是會有更多人開始追求，透過消費來建立更加互動的人與人之間的關係。

也就是說，並不是要發展將服務作為商品來消耗的服務消費，而是人們將更加追求能夠為施予方和接受方同時帶來滿足的服務。因此，重要的不僅是能夠獲得何種服務，還包括從誰那裡獲得服務，以及和那個人將如何相處下去，這些內容漸漸有了重要意義。

同理，那些非服務性質的商品買賣也一樣，人們開始看重誰以何種方式銷售商品。千篇一律的使用說明式售貨方式已成過去，人們更看重，是不是由一位對商品有充分知識和熱情的人來銷售商品。在重視環保的第四消費社會，越是長壽就越有價值。所謂的長壽，指的是能在較長時間內不需要太多轉型就能長期保存。為了實現長壽，就必須提供真正的生活必需品，並不斷追求更好的基本性能和品質。人們也更加偏好能夠細水長流的商品和店鋪，而不是短暫的熱銷後銷聲匿跡。

這樣，製作商品的人、選擇商品的人，以及開店的人的眼光就很重要。能夠看透商品長期銷售的本質，並選出合格商品的人經營的店鋪，才能夠獲得消費者的信賴。進而消費者會更喜歡來這樣的店鋪，在這裡進行購物，從而店鋪的壽命就更加持久。因此，努力培養店鋪和人之間的關係也就越加重要。後面還會有關設計師長岡賢明的介紹，他的活動就是這種心理的具體呈現。綜合以上所述，在第四消費社會將商品神化的品牌信仰已經走向衰退，取而代之的是將物品看作一種手段，從而更加重視透過這種手段所能達成的目的，也就是讓自己和什麼樣的人產生什麼樣的關聯。關於這點，將在下一章論述。

案例分析

無印良品：第三消費社會向第四消費社會過渡的典型商品

無印良品成立於二十世紀八〇年代的第三消費社會，其後一直深受人們喜愛，現在則成為最具第四消費社會代表性的商品。

在一九八二年時，有一天我下班回家，在當時住處附近的東急東橫線祐天寺站旁邊的便利商店看到一個商品：沒有特別花紋、顏色也淡淡的文具。當時我驚呼：啊！沒錯，這就是我想要的！立即買下來。那個文具就是無印良品的產品。

我特別喜歡無印良品，所以在那之後一直到現在，從自行車到服裝、桌子、衣櫃、燈具，購買了許多他們的產品。關於無印良品的特點，就像在本章末採訪辻井所說的那樣：它是對名牌商品的反抗，並向消費者提供剔除企業所強加的無用價值，能讓消費者透過它來創造最具自我個性的生活方式。

在第三消費社會，為了彰顯自己的個性，各式各樣的品牌商品大行其道，正是在這種背景下，無印良品作為反品牌的象徵誕生了。人們不必再去挑選最適合自己的品牌，在這裡可以如空容器一樣，以無印良品的產品作為「素材」而選購，並動手染上自己的色彩，自己進行加工處理。這和東急手創相同，都是來自「半成品」理念。

此外，無印良品堅決排斥過度包裝和顏色、圖樣，並推出之前已經不再銷售的香菇，作為生態商品為人們所認可。可以說，這裡的商品是帶有第四消費社會特徵。

無印良品還具備另一個第四消費社會特徵，就是它讓人感受到日本式的文化。在這裡，不追求過多的功能和裝飾，反而大幅度剔除，也就是減法美學。這和宣導清寂的日本文化是相通的，因此也具有第四消費社會特點。

在一項對無印良品的好感度和對環境問題的關注程度調查顯示，「非常喜歡」以及「喜歡」無印良品的人中，有八〇%以上都對環境問題「關注」或「比較關注」。（圖3-15）

圖3-15　對無印良品不同好感度的人群，對環境問題的關注程度

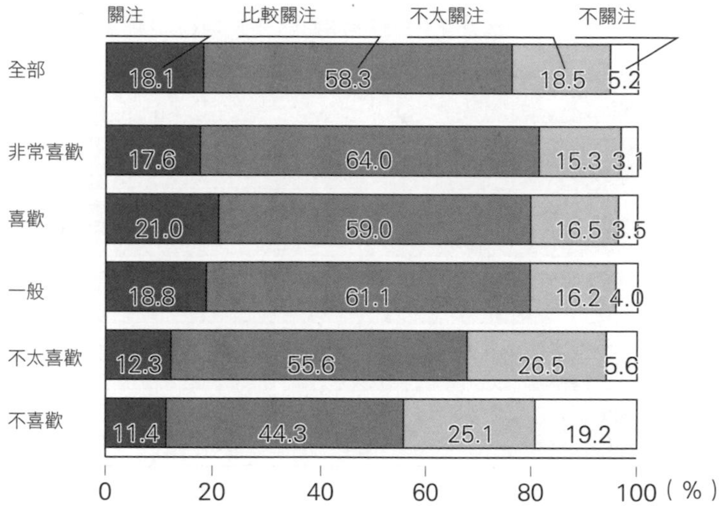

相對的，回答「不太喜歡」和「不喜歡」無印良品的人，大概有三〇%到四〇%都對環境問題「不太關注」或「不關注」。

對無印良品不同好感度的人群提問「你喜歡日本這個國家或日本文化嗎？」「非常喜歡」或「喜歡」無印良品的人，約有八五%都表示「非常喜歡」或「比較喜歡」。（圖3-16）

綜合以上敘述，無印良品作為環保、簡約和具有日本特徵的商品，及作為第四消費社會的象徵為人們所接納。二〇〇三年，無印良品曾經舉辦「發現無印良品」（Found MUJI）活動。在這次活動中，無印良品並沒有開發商品，而是從世界各地銷售的商品中「發現這就是無印良品」的商品。

圖 3-16　對無印良品不同好感度的人群，對日本文化的喜愛程度

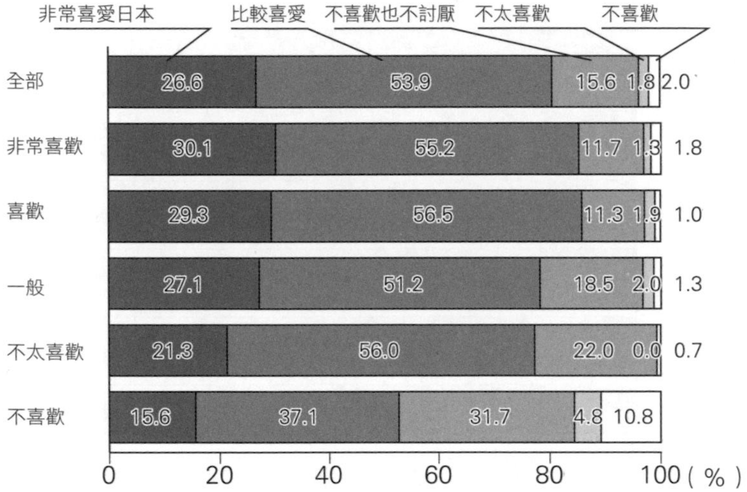

資料來源：文化研究所「現代最新女性調查」2010。
（調查公司：NETMILE 株式會社，以居住在首都圈 20 到 39 歲女性為對象）

具體成果不但包括日本各地的和風餐具，還有從世界各地「發現」，譬如印度的金屬器，中國的紡織品、青白瓷和長椅，還有法國郵局的麻口袋。

有人評論，無印良品是現代的「民間藝術」，是現代生活中具有民間藝術品屬性的「用之美」，即因實用而美的商品。

第四消費社會的一大特徵，就是對世界各地固有文化的重視，作為第四消費社會代表商品的生產者，無印良品舉辦這個活動是有其必然性的。但是，當我來到青山的「Found MUJI」店鋪時，卻有一種奇怪的感覺，好像身處西荻窪或目白的古董鋪子。

也許當人們有能力發現「MUJI」式商品時，無印良品就不再有存在必要。但具有這種能力的人很少，即使有這能力，當有需要時還是會到無印良品購買，但是仍然要說，「Found MUJI」活動在某種程度上就是對「MUJI」作為「物」的價值否定。當然，無印良品也明白這個道理。因此我想，也許普及一種超越「物」的思想，才是今後無印良品的長期目標吧！

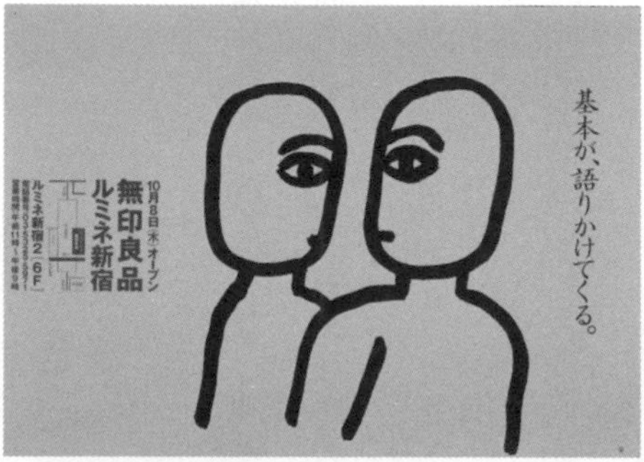

東京廣告博物館收藏

採訪 共同體設計師山崎亮

年輕人開始意識到地方的魅力

相較於第三消費社會向大城市集中，第四消費社會的人們開始提倡分散的意識，並越來越積極從日本各個角落尋找趣味和快樂。這樣的新生代人群所持有的新視野提升地方活力的活動，其代表就是山崎亮。我們對山崎的活動進行了採訪。

三浦：今天我們想向山崎先生請教的是，「local」也就是地方將向何處發展，以及我們應該如何做。山崎先生的職業是「共同體設計師」，是一個全新的職業，您是從何時認識今後的設計也許不再是物的設計呢？

山崎：我想，最初的契機應該是一九九五年的阪神大地震。

三浦：您當時是不是在想城市遭到如此嚴重的破壞，我們卻只是把這些建築推倒再重建，這樣真的好嗎？

山崎：是的。特別是我是學習建築和城市規劃，所以感覺那種後現代、形狀有點崩壞，但是結構上仍然完整的建築比較吸引人。

三浦：還是在第三消費社會嘛。講的是物質。

山崎：因為在那個時代，我們所做的是讓物的外形給人們心中留下印象。譬如外觀龜裂的水泥建築，或者那些傾斜好像被堆砌而成的建築。

三浦：譬如廢墟式的建築。

山崎：是的。但是在大地震中，一切都真正地被毀掉了。所以我才想再去模仿毀壞後的樣子還有什麼意義呢。當時我在城市規劃的研究室工作，所以被學會叫去受災地區調查建築物的情況。當時的工作內容是對建築進行鑑定，判斷是完全損毀還是半毀，或是部分受損。當時我負責的住吉地區，一眼望去都屬於完全損毀。這裡本應該有道路，卻已經不見了。一想到下面也許還埋著人，精神壓力非常大。

當我我心情非常陰鬱的時候，看到當地的河流，覺得只有河還是原來的樣子。人們到河邊洗衣服、做飯。前來避難的人集中在這裡相互鼓勵，眼前的情景帶給我很大衝擊。那些失去兒女的奶奶們，還在鼓勵同樣失去父母的夫婦。「我當時睡在二樓，結果一樓的兒子被壓死了。你們也……」聽到這樣的對話，我覺得他們真的很偉大。想到最後留下的是這種人與人之間的關聯，就覺得充滿勇氣。

在那之前我所學習的是，在這個只要不斷生產物質就能創造富裕的時代，要為人們的幸福做出更好的設計。當時我想，設計本身如果僅靠不斷量產產品，是不可以的。

三浦：您就是在那之後意識到重要的不是物，而是人，是嗎？

山崎：還要再過一段時間。我工作的設計事務所是做建築和景觀設計的，同時也做居民工作室相關的工作。有人建議我，「你這麼會說話，就去負責居民工作室的工作吧！」於是我就開始這項工作。

三浦：居民工作室有意思嗎？

山崎：一開始很不習慣。因為說到共同體、居民工作室，就給人很不可靠的感覺，對吧？（笑）

三浦：的確是。（笑）

山崎：在白板紙上貼粉色的便條紙，一個成年人說「好，意見一致了吧！」給大家的感覺就像是紙上談兵。但是隨著工作不斷進行，開始覺得理所當然。漸漸的就想到為什麼製作空間的人，不聽取利用這個空間的人的意見，而只是做自己想要的東西呢？這樣反而產生疑問，既然都是製造物品，就讓這個物品的製作成為核心，讓各式各樣的人聚集在一起形成團隊，由這些相互間有聯繫的人來做這樣那樣的事。而空間的設計則作為人與人之間關係的紐帶，這樣也許會更好。

三浦：空間是一種手段？

山崎：嗯，作為一種手段，可以讓大家聚在一起，既可以是為了創造空間，也可以是為了制定計畫，或是為了召開活動做準備都可以，最終的目的就是要創造由人組成的團體，將這個地區的人聯繫在一起。

三浦：山崎先生的事務所，是從一開始就做地方的工作嗎？

山崎：本來我個人是對地方沒什麼興趣的。我出生在愛知縣，在那裡生活到兩歲就隨著父母調動工作，在枚方、西宮、名古屋這些地方的學校間不斷輾轉。每次的新家，也都是郊外的衛星城鎮。因為父親公司的宿舍就在那裡。無論到哪裡，我家都住在電車終點站的地方，所以很難想像風情萬種的商業區的樣子。市中心也好，山裡或是島嶼也好，都想像不出那是什麼樣。當然，在什麼地方、有什麼樣規矩，我完全不懂。可以說，直到現在我最熟悉的還是衛星城鎮。

三浦：是這樣啊。還真的很意外。（笑）

山崎：很難想像這樣的人會忽然說想去鄉下，傳說是因為世間的羈絆吧。

三浦：為什麼要去地方呢？

山崎：有一個女大學生在我事務所工作，當時我是她的畢業設計指導。我對她說，隨便決定一個地區就好了，就讓她對著地圖擲飛鏢。

三浦：飛鏢投中的就是家島？

山崎：是的。我是讓她對著大阪投的，沒想到投到姬路的近海去了。

三浦：如果當時投中大阪，是不是就不會去做家島的研究呢？

山崎：是這樣的。我說，「誒，怎麼投中家島呢？那你就去吧！」雖說如此，一個女大學生跑到島上到處問「您目前有沒有什麼困擾的事？」還是相當可疑吧。（笑）可能當地人也好，政府也好，都會傳言「那個人的行為好可疑啊！」於是，我索性就以指導教師的身分去島上打個招呼，於是工作就開始了。

三浦：後來就一發不可收拾，開始地方的工作？

山崎：幸運的是，後來許多地方都發來工作邀請。

三浦：因為家島的案例受到好評吧。

山崎：我感覺最受好評的還是海士町。海士町的町長山內道雄本來就是一個很有魅力，而且很有趣的人，相當有名氣。

三浦：很有名的町長嗎？

山崎：是的。他提出一項積極接納移居鄉村的政策。這種政策很受人們歡迎，就在此時，我們被叫去幫助設計居民參與的綜合規劃。當然，之所以會選擇我們，也是因為家島。在家島，我們和當地居民共同完成許多事，對於我們這種工作方式，一橋大學的關滿博老師非常讚賞。他說，和那些被稱作城市建設顧問的做法有所不同。就像海士町的町長介紹我們：「和他們談一次，如何？」

三浦：和以往的顧問不同處在於？

山崎：我們也不太明白。我們也是邊做邊學，盡一個設計師的努力做應該做的事而已。

三浦：可能覺得工作很有趣吧。

山崎：我想，我們的做法就是為了那些希望在這條街上做有意義事的人，提供一個方便活動的環境吧。一般都認為，推動城市建設應該是自治會會長、商店街工會會長、工商協會主席負責，或是政府推動。但是這些人作為一個地區的領袖，從某種意義上來說，是不願意改變地區的現狀。就算把這些人放在一起來做城市建設，也是沒什麼結果的。我們會直接問當地人：「有沒有人想在這裡做一些有意義的事，或是做一些好玩事的年輕人呢？」因為是行政工作，所以要進行公開招募，但是我們會提前以個人名義向他們打招呼：「這次我們想做這樣的居民工作室，您一定要來啊！」參加工作室有一半人都是我們邀請來，感覺很有意思的人。另一半則是公務員或者透過公開招募而來，對街道建設有很大興趣的人。這樣人員的配置就很合理了。如果只有對街道建設感興趣的人，那麼就會變成千篇一律的討論「歸根結底，所謂的街道建設，應該是……」這時會有一些不良青年，或者討厭政府的人插進來說「煩死啦」之類的話，雙方就會開始交鋒。我覺得這種氛圍很好啊（笑）。我們叫來的這些人，正將這個街道變成一個更加有趣，和以往不同的地方。

三浦：哦。好像小酒館。（笑）

山崎：對對，說不定這就是和以往街道建設所不同的地方。

三浦：在這種小小的島嶼上，也有人想要做一些什麼呢。

山崎：有的。

三浦：你不覺得，這些一直都被人忽視嗎？

山崎：的確是這樣。可能很多人都以為，本來就沒有這樣的人吧。

三浦：廢棄的商店街也一樣。人們都認為，在這種地方不可能有想要做什麼的人。

山崎：確實是這樣。實際上是許多有各種想法和創意的人在那裡。

三浦：那些不良青年想做的是什麼呢？

山崎：他們一開始還真是沒什麼想做的呢。（笑）但是卻有很強烈認為，這樣下去是不行的想法，卻不知道應該怎麼做。可以說，他們是被半強迫拉進這個居民工作室的，然後被塞到一個以培養人為目的的團隊，有的還帶來幾個小弟。當時的情況是，儘管他說「我絕對不會做的」，但還是被強拉過來，我們的團隊對他說「請坐在這裡。來吧！如果沒有您的意見，就會變成很平常的會議。」一開始，他們就在一邊打盹，有人話說太正經，就會開口叫道「聽不懂你說什麼。」（笑）所以那些正經的人就必須用容易明白的方式，解釋給他們聽。

三浦：居民工作室需要看起來好像對街道建設毫不關心的人，這種想法是源於工作室常年工作經驗嗎？

山崎：做過許多居民工作室後，我感覺有太多徒有其名的工作室。

三浦：譬如繫著繩式領帶的大叔出席？

山崎：沒錯沒錯。（笑）還有一身知識分子打扮的人，但是說的內容都在其他地方聽過。

三浦：到現在為止，山崎先生已經在日本各地做過無數街道建設的案例。從沖繩到北海道一路走來，您認為日本的地方應該是什麼樣子呢？現在年輕人對地方的看法也有所改

在觀音寺市的工作坊。從漫步街頭與人交談開始，山崎氏著手建設街道。

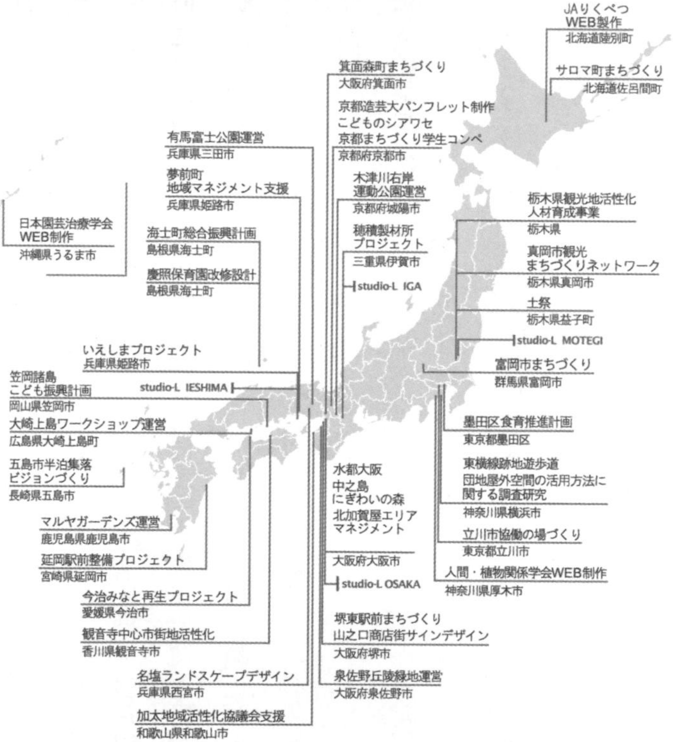
JAりくべつ
WEB製作
北海道陸別町
サロマ町まちづくり
北海道佐呂間町
箕面森町まちづくり
大阪府箕面市
京都造芸大パンフレット制作
こどものシアワセ
京都まちづくり学生コンペ
京都府京都市
有馬富士公園運営
兵庫県三田市
夢前町
地域マネジメント支援
兵庫県姫路市
木津川右岸
運動公園運営
京都府城陽市
栃木県観光地活性化
人材育成事業
栃木県
日本園芸治療学会
WEB制作
沖縄県うるま市
海士町総合振興計画
島根県海士町
穂積製材所
プロジェクト
三重県伊賀市
真岡市観光
まちづくりネットワーク
栃木県真岡市
慶照保育園改修設計
島根県海士町
studio-L IGA
土祭
栃木県益子町
studio-L MOTEGI
いえしまプロジェクト
兵庫県姫路市
富岡市まちづくり
群馬県富岡市
笠岡諸島
こども振興計画
岡山県笠岡市
studio-L IESHIMA
大崎上島ワークショップ運営
広島県大崎上島町
墨田区食育推進計画
東京都墨田区
五島市半泊集落
ビジョンづくり
長崎県五島市
水都大阪
中之島
にぎわいの森
北加賀屋エリア
マネジメント
東横線跡地遊歩道
団地屋外空間の活用方法に
関する調査研究
神奈川県横浜市
マルヤガーデンズ運営
鹿児島県鹿児島市
立川市協働の場づくり
東京都立川市
延岡駅前整備プロジェクト
宮崎県延岡市
大阪府大阪市
人間・植物関係学会WEB制作
神奈川県厚木市
studio-L OSAKA
今治みなと再生プロジェクト
愛媛県今治市
堺東駅前まちづくり
山之口商店街サインデザイン
大阪府堺市
観音寺中心市街地活性化
香川県観音寺市
名塩ランドスケープデザイン
兵庫県西宮市
泉佐野丘陵緑地運営
大阪府泉佐野市
加太地域活性化協議会支援
和歌山県和歌山市

studio-L承接全國的街道建設

變。我年輕的時候總是想，在澀谷購物才是最好的，也算是積極支持第三消費社會的人，但是現在和當時的想法完全不一樣了。

山崎：現在想到地方生活的，都是二十幾歲的年輕人，大概是為了環保和自然吧。

三浦：是一直受環保教育的一代嗎？

山崎：這可能是我個人的想法。他們認為影印的時候應該使用回收紙的背面，如果不如此，會覺得不舒服。我們可能會有「要開始用紙的背面了」的感覺吧。（笑）而對於他們來說，地產地銷原意是為了普及健康、合理、科學的飲食，日本政府借此鼓勵消費者，盡可能消費當地或鄰近產地的農產品，既有利於保持食品新鮮度，又能節約運輸費用，減少能源消耗。長途運輸會導致能源浪費與「食物里程」。這是一九九〇年由英國帕克斯頓（Andrea Paxton）提出，用來描述食物從產地到消費者餐桌經過的運輸距離。環保的生活方式、慢食運動都是基礎教育，在這樣的教育下，他們漸漸融入自然當中。

三浦：就像寫字、算數之類的基本技能。

山崎：即使就像是寫字、算數之類理所當然的事，到了東京，就必須花高價才能做到。我覺得認為這種事情是不對的人，比我們想像的還要多。也就是說，我們生活的方式正向一個完全不同於以往的方向發展。也正因為如此，有越來越多不同年齡層的人在一定的機遇下，懷著「說走就走」的心情，從城市來到地方。

三浦：原來如此。

山崎：我覺得很有意思的是，那些看起來讓人懷疑「這種鄉下能做成買賣」的地方，卻開了相當多咖啡店。

三浦：哪裡的鄉下？

山崎：相當偏僻的地方。高知縣有一個叫嶺北地區，恐怕從那裡無論往哪個方向開車，二十分鐘之內都是除了山什麼也看不見。就在那裡，獨門獨戶開著一家咖啡店。咖啡店建在防砂壩的附近，招牌和點心都是店主親手做的。在這樣的地方，店主還雇用兩個當地年輕主婦當店員。可以看出，這裡就是很受歡迎。

三浦：好像是高圓寺的咖啡店啊。

山崎：和我們從前所持有的「限界集落」（邊緣狀態的村落）印象完全不同，譬如網路，屬於地方ＩＣＴ（資訊與通信科技）專案的一部分，無論哪裡都在使用，因此光纖一直鋪設到村莊的各個角落。一接上網路，就等於是自己的專用線路。村子裡的老婆婆沒有人會上網，不會有多人占用，所以光纖連到自己那裡後，速度能達到一百Mbps。

位於高知山間的咖啡店「小堂」，當地人驅車前來。用當地的原料製作茶點，網購的評價很高。（照片：小堂）

三浦：比大城市的公寓好多了。

山崎：東京的公寓大概一百二十Mbps吧，所以一百Mbps實在太爽快了。在家做的都是可以在網路上販賣，譬如把自己烤的餅乾裝在罐子裡，和紅茶配套放到網路上販售。而餅乾的原料，都是用當地生產的安心材料，或者是請當地可以信賴的熟人來製作，這點在網頁上寫得很清楚。我還懷疑過「這裡會有客人來嗎」，但是真的有客人呢。咖啡店的大名在嶺北和附近的市町村都有耳聞，說是「我們這裡也有一家和高圓寺那裡一樣的咖啡店哦」。因為把附近的市町村全部加在一起也就獨此一家，所以大家都會開車過來。因為在鄉下都和父母住在一起，公公婆婆也都在一個房子裡，所以朋友來家裡玩的時候就會放不開，也不太敢大聲笑。所以大家會聚到這裡。

三浦：鄉下也是需要第三空間啊。

山崎：是的。現實版的第三空間就在這裡。我曾經教過的大學生，畢業後就在海士町工作。她也是環保自然主義者，所以不想在東京、京都、大阪之類的地方工作。於是我就問她：「我曾經和海士町有過關係，那裡的政府現在正在招募臨時職員，不過薪水每個月只有十二萬日圓，你要去嗎？」於是她就決定去了。結果每個月十二萬日圓工資，她竟然可以存下十萬日圓。每年就有一百二十萬日圓存款。為什麼會這樣呢？當地有很多婆婆，她們想要買的服裝、手套、書，在海士町裡是沒有賣的。她就幫這些婆婆從網路上代購，結果婆婆們就送給她好多禮物，送的蘿蔔、柿子堆得跟小山一樣。（笑）送來的食物都吃不完。海士町近海，魚很多，因此不需要買什麼食材，只要買一些調味料就可以了。

三浦：實際上就是以物易物。

山崎：沒錯。房租每個月不過三千日圓，這樣每月的開銷不會超過兩萬日圓。在我們印象中會認為鄉下工資少，農業也不行，這種印象已經根深柢固了。這和商店街不存在有活力的人，或者島嶼上沒有想做出一番事業的人，這些都是僵化的思維。

三浦：鄉下大概沒有人讀《ku : nel》吧。

山崎：有啊。大家都很喜歡呢。（笑）這方面的東西，他們比我們知道的還多。從這種意義上來講，在鄉下生活，過去和現在的感覺完全不一樣。

三浦：反而是那裡更容易實現《ku : nel》裡描繪的生活吧。

山崎：粉刷成白色後，放上有點兒時髦的小飾品，立刻就完成了。而且房租只有三千日圓。知道了這點，恐怕人們都會湧向鄉下吧，特別是那些環保自然主義者。可能這個結論沒新意，但是果然還是網路的力量大。從前是存在一個從限界集落到中心村落，再到地方、小城市、中型城市、大城市的金字塔，現在可以透過網路從最末端將物品銷售到大城市。

三浦：金字塔消失了。

山崎：在我腦海中，金字塔還是以前的樣子。我可以透過Skype，透過東京的二十七吋螢幕和大山中的一間房子相連通，可以直接和對方通話。我的藏書全部放在鄉下，但我可以說：「讓我看看那本書第三十頁。對，掃描下來寄給我。」雖然我的藏書全部在另一邊，但是不知為何，有種我去不了那裡的感覺。

三浦：是有這種感覺啊。

山崎：但是我做到了。我的看法可能有點追根刨底，不過農林水產省廳高呼「農業現狀危急」、「林業發展困難」，也不過是為了保證他們自己的預算額度而已。也許確實有這方面的問題，也可能事實並非如此，但無論如何，為了不讓預算撥給國土交通省，在每次預算拔河中，都會流出一些「農民叫苦連天」之類的訊息。

結果是，隨著這種宣傳的進行，年輕人越來越不願意在農村工作了。本來大家都生活得好好的，但卻有人跑出來說年收入兩百萬日圓太少了。但是，「年收入兩百萬，每個月能有多少存款呢？」這樣的話題卻沒有人提起。令人驚訝的是，居住在地方的人們生活其實非常開心，甚至讓人羨慕。譬如，「這個人每天都能在船上吃生牡蠣嗎？」有人可能會對這種事感到驚訝，這只在電視上看過啊。其實在那裡，就連普通的小學生都能做到。

地方的人們也習慣，「鄉下沒什麼，還是不要去好了」的這種說法。我公司把事務所遷往農村，位於三重縣山中一個叫島原的地方，事務所大部分都將搬到那裡一塊一千平方公尺的場地，那裡原來是製材廠。大阪的事務所還保留著，但是就像剛才我說的那樣，兩個地方可以使用Skype二十四小時通聯，所以書籍、居民工作室的物品都可以放到島原。但是村子裡的人還是會問我們：「你們為什麼要來這種地方啊？」（笑）大部分人的想法都是：「廢棄的製材廠又開了一個設計事務所？為什麼要做這種事？」當地人都根深柢固地覺得，到他們那種地方沒有什麼工作可以做。

三浦：年輕人想去鄉下地方卻沒辦法去的原因是工作，但工作可以不在當地找……

山崎：首先，我認為最重要的是走出去看看。當地人有他們需要幫助的地方，如果你憑藉自己的能力去幫他們解決問題，至少不愁吃喝。

三浦：可以收到很多蘿蔔呢。（笑）

家島（姬路市家島町）

主要企劃和實施的內容包括：發揮島上盛產水產品優勢，開發特產，宣傳島上生活，領團參觀生產現場、規劃民宿。目標為「不要一百萬個遊客，卻都只想來一次，而要只有一萬個遊客，卻都希望能夠來這裡一百次」。

海士町綜合計畫（島根縣隱岐郡海士町）

追求海士町島嶼的獨特街道建設。以「人」、「生活」、「產業」、「環境」四個小隊，多次召開居民工作室和學習會，最終由居民提出「海士町建設二十四個提案」。

山崎亮

一九七三年生於愛知縣，studio-L法人代表，京都造型藝術大學教授。從事共同體設計師一職，主張當地的問題應該由當地人自己解決，其中包含許多街道建設的居民工作室，居民參與的綜合規劃制定。島根縣的「海士町綜合振興計畫」和鹿兒島的「MARUYA花園」、「震災＋design」獲得優秀設計獎，「家島」獲得「All Right!日本」大獎的評委會會長獎。著有《共同體設計》。

第四章

與人共享，追求人生意義的消費

能夠想像的未來，就是不帶有進步觀念的近代文明世界，因此可以把它看作是，不以未來理想為前提的啟蒙主義社會。當然，進步的意義在於修補文明的破綻，因此它會永遠持續下去。但是現在我們人類期待的文明，並不在於進步的有無，能夠讓當今生活更加充實的文明，才是我們最期望的。

——山崎正和《世界文明史的嘗試》（二〇一一年）

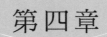

第三章之前，我們概觀了從第一消費社會到第四消費社會的變遷。隨著消費社會進入最終成熟階段，人們對物質的需求越來越弱，對人際關係的相對充實感需求卻越來越強。因此，人們對物質的看法發生很大變化，物質在人們的眼裡只不過是創造人際關係的手段。這就是第四消費社會折射出的現象。

本章透過一些背景案例的介紹，深入而具體地探討第四消費社會的去向，以及企業在「由物質到人」背景下的動向。

消費社會的變遷和世代的對應

在進入本章主題之前，首先要從世代論的角度，整理從第一到第四消費社會的變遷。

如果從世代論的角度來看，始於一九一二年的第一消費社會，正是大正時期出生的一代。這一代人中有許多參加太平洋戰爭。在這段時間，每年出生人口都超過兩百萬人，日本的人口在一九〇〇到一九六四年增加六四％。第二消費社會開始於一九四五年「嬰兒潮世代」（第一次生育高峰時期）的誕生，即出生於戰敗後的一代人，他們的父親大多數是從戰場歸來的士兵。也就是說，他們是大正一代人的子女。此外，由於第二消費社會期間又出現第二次生育高峰，因此日本的總人口數量在一九四七至一九七五年期間增加五五％。

始於一九七五年的第三消費社會，是從嬰兒潮世代的子女誕生開始。一般來說，嬰兒潮世代的子女是指一九七一至一九七四年，第二次生育高峰時期出生的人，因此人們普遍認為嬰兒潮世代的子女應該比較多。閱讀過我的世代論的人或許知道，嬰兒潮世代的子女（特別是男孩）大多數出生於七〇年代後期（參見《下流社會》二〇〇五年、《我無家可歸的孩子》二〇〇一年）。因此，近年人們習慣把二十世紀七〇年代出生的人稱為嬰兒潮二代，本書也沿襲此慣例。此外，進入第三消費社會後出生率開始不斷減少，這段期間的日本總人口數呈現微增趨勢。

始於二〇〇五年的第四消費社會，本應從嬰兒潮世代的第三代誕生開始，但實際上因晚婚、少子化等種種原因，嬰兒潮世代的第三代誕生稍有延遲。此外，這期間的出生率沒有像第三次生育高峰那樣大幅度成長，而是早已開始呈現人口減少趨勢。人們預測，到二〇三五年止，日本總人口數將從二〇〇五年約一・二八億人減少到約一・一二億人。

承擔第二消費社會發展的，是生於大正至昭和初期的一代人。他們推動日本經濟的高度發展，這一點毋庸置疑。另一方面，嬰兒潮世代從少兒到青年時期，作為消費者推動第二消費社會的發展。

承擔第三消費社會發展的是嬰兒潮世代，和生於第二消費社會後期的新一代人。但是，這兩代人的消費觀截然不同。

嬰兒潮世代的人結婚生子，創造「新家庭」，他們透過購買房屋、汽車等大型產品促進日本經濟發展，也就是說，他們遵循第二消費社會原理消費，從而促進日本的發展。

雖然第三消費社會階段的新一代人依然處於青少年期，但是他們從小就開始帶有單身貴族性質的消費，從而促進消費的多樣化、個人化、高級化。從這個意義來看，雖然第三消費社會嶄新消費方式的主要推動者是新一代人，但是嬰兒潮世代的尖端消費者也功不可沒，他們大力推動第三消費社會的嶄新消費形式。

如果從世代論的角度來看，由第一消費社會到第四消費社會的變遷，那麼承擔第四消費社會發展的應該是嬰兒潮世代的子女。第四消費社會就是嬰兒潮世代的子女，約三十到六十歲。

實際上，前一章介紹的山崎亮氏，以及本章將要介紹的各領域人士，主要都是二十世紀七〇年代出生、廣義上的嬰兒潮世代的子女。

出生於第三消費社會的他們，成長於比較富裕的社會環境，以及中產階級化的家庭，因此他們親眼目睹父母的瘋狂購物，各種物品充斥家中。他們從小就從父母那裡得到各種物質享受，有的人從中學期間就擁有名牌商品，有的人經常和家人去海外旅行。由此可見，他們從小就生活在物質豐富的環境。

然而正因如此，嬰兒潮世代的子女開始追求物質的品質而不是數量，製作產品的手藝而不是生產數量，人際關係帶來的充實感而不是物質帶來的滿足感，日本的傳統而不是西方的時尚，鄉下的樸素而不是都市的繁華。這種價值觀的變化，決定了第四消費社會的特徵。

朝向第五消費社會的準備

有不少讀者在猜測，第五消費社會是否在第四消費社會之後出現。他們結合我的世代論，預測第五消費社會應該會在二〇三五至二〇六四年出現，他們提出一些問題：第五消費社會將會是什麼樣的時代？第五消費社會是以共享型還是其他形式出現？

我暫時無法預測結果，不過有一點可以確定，第五消費社會將會開始於嬰兒潮世代的子女到六十歲的時候，並結束於這批人進入九十歲的時候（圖4-1）。也就是說，對於嬰兒潮世代的子女來講，第五消費社會將會出現在他們的晚年。

如果是這樣的話，嬰兒潮世代的子女可以把第四消費社會看作是他們為自己晚年做準備

圖 4-1　人口結構的變化

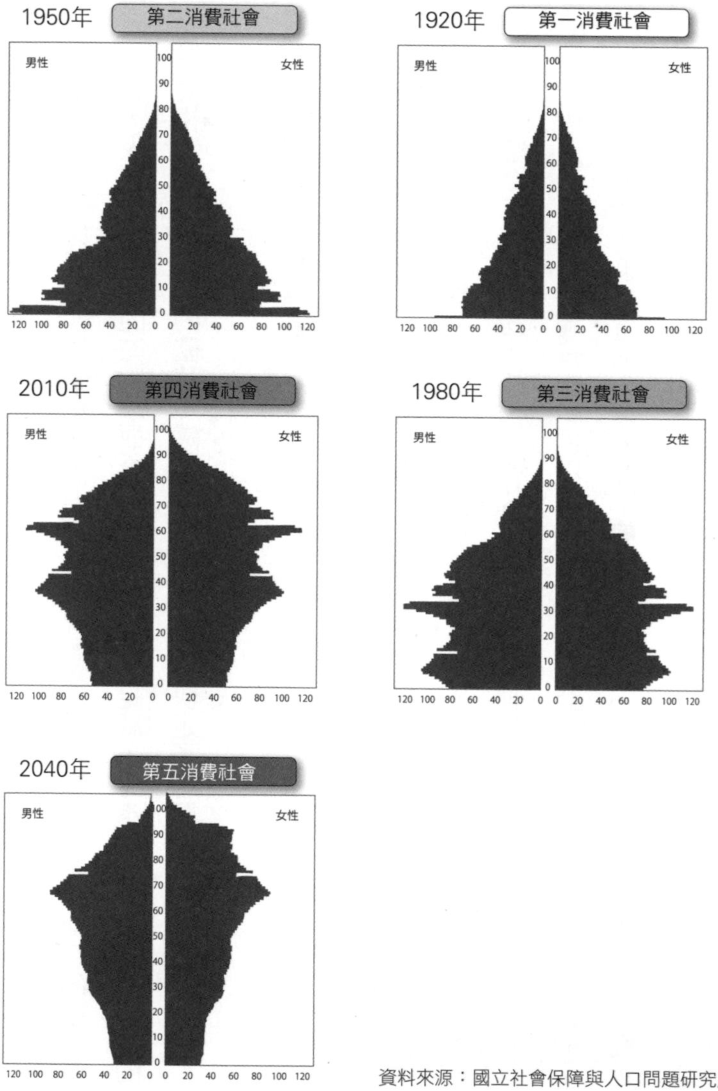

資料來源：國立社會保障與人口問題研究所。

的時期。但是這種準備並不是僅靠個人儲蓄就可以解決，即便提高消費稅，來自行政機構的社會保障仍極有可能在數量和品質上都縮減。

若真如此，我們將需要不依賴行政部門的保障，而且這絕不是僅靠金錢就可以解決。整體生活方式不停地變化，因此我們需要建構與此相應，能夠讓人安心、安全、幸福的社會。這種社會的建構不能像二十世紀，以人口和經濟成長為基礎，而應以人口減少和經濟蕭條為前提。如果這樣，我認為最佳方案就是建構共享型社會。

需要補充的是，到了二〇三五年，嬰兒潮世代的子女從他們父母那裡繼承房子大概有五、六十年。他們的年齡將在六十五歲左右。因此，將有許多房屋需要重建，從而再次面臨新建需求以及遷居需求的成長。然而，也有不少人因為經濟因素只能以改建或整修來解決。總而言之，到那個時候會面臨各種需求的成長。因此第五消費社會的主題之一，就是如何應對上述各類需求的成長。

三個老年人支撐一個年輕人的生活

要想在第四消費社會生存下去，必須大幅度轉變思維。例如到了二〇三五年，二十歲左右的人口將達到一〇四六萬人，而六十五到八十九歲的人口將是三二九三萬人。年輕人和老年人之間的人數比例為一比三。所以，今後的年輕人恐怕很難支撐老年人的生活。

但是如果轉換一下思維，三個老年人支撐一個年輕人的生活將會如何？一方面，確實是一個年輕人在支撐三個老年人的生活；而另一方面，也是三個老年人在支撐一個年輕人的生活。如果兩者相互支撐，那麼年輕人的負擔將會正負相抵變零。不知是否有人想到過這一點。

下面將分析具體的例子。例如，當今有很多年輕人收入不高，但是為了工作不得不住在城市，因此房屋貸款的負擔很重，房貸付過之後則沒有餘錢結婚和撫養孩子。另一方面，有很多老年人在東京都中心擁有廣闊的土地和房子，一個人生活在那裡。即便是二〇三五年之前，東京世田谷區和杉並區，依然生活著許多有錢、有房、有土地的老年人。

這樣的老年人可以把自家的空屋免費出租給年輕人，住在隔壁的老婆婆可以給年輕人做飯。對於老婆婆來說，給更多人做飯總比僅僅做給自己更來勁。住在隔壁的老爺爺可以動用他在大企業工作時的人脈關係，把更好的工作介紹給年輕人，或者把有利於工作的資訊提供給年輕人。如果能夠幫助年輕人，老年人也會很開心。

與此同時，年輕人可以替老年人買菜、跑腿，盡可能幫助老年人做事。此外，年輕人可以教老年人使用網路和社群媒體。如果能達到這一步，即便不花更多錢，四人之間就可以互相解決生活之不便，生活就會因此變得更加有意義，年輕人可以更加順利工作。年輕人和老年人之間透過力所能及地付出，分享物質來相互補足各自的欠缺，從而自立。

提到「共享」，往往給人的印象就像是公園，大家可以共有、共同利用的東西。當然這也是「共享」的一種形式。但是「共享」存在另外一種含義，即各自做力所能及的事情，各自拿出多餘的東西，以便讓需要的人利用。任何人都會有一些多餘的東西，還有做某件事的能力。另外，任何人都會有自己欠缺的東西，希望得到別人幫助。只要人與人之間能夠互相提出各自需求，手裡多餘的東西將會轉移到缺少這些東西的人手裡。同時，有能力做某方面事情的人，可以幫助有困難的人解決問題。只要能夠讓他人補足各自欠缺的部分，人與人之間的關係將會更加緊密。

和有較強「共享」意志的嬰兒潮世代的子女談話，會發現他們和以其父母為代表，擔負第二、三消費社會發展一代人之間，存在著意識上的代溝。父母一代人的追求停留於私有物質，開始頻繁更換私家車、電視機等大型家用品。因此，年輕人一旦提出要住共享房，父母就十分費解。針對這種情況，曾經有人問我，如何讓父母增強「共享」意識？

針對此問題，我作出如下回答：至少在自己和配偶身體健康、經濟充裕的階段，父母是不會意識「共享」的必要性。但是他們有一天可能會生病、失去配偶、在經濟上變得困難，也就是說，他們早晚會意識到自身的「欠缺」。當這種情況到來時，他們會意識到自己需要更多家人以外的朋友，需要熟人來幫忙彌補自身的「欠缺」，從而漸漸認識「共享」的必要性。

朝向第四消費社會

思考前文所述內容之前需要探討的是，企業、行政部門，以及市民自身在第四消費社會應該如何做。以下就是相關的行動原則：

（1）把社會全體（包括生活形態、商務、城市建設）改變為共享型社會。
（2）鼓勵人們逐步貢獻私有物質，促進公共環境的形成。
（3）培育地方獨特的魅力來吸引更多年輕人，使他們享受地方生活，在地方開展工作。
（4）嘗試從金錢到人情、從經濟原理到生活原理的轉變。

從以上這些原則可以看出，為了朝向第四、五消費社會，各種嘗試早已在我們身邊悄悄開始。

（一）地區社會圈模型

建築設計師山本理顯的「地區社會圈模型」的嘗試就是其中例子。

所謂的「地區社會圈模型」產生於戰後日本的第二消費社會。「一住宅＝一家庭」的居住方式形成於此階段，然而人們把其看作理想的居住方式。後來人們意識其「致命的缺陷」，開始試圖設計由「家庭單位之外的」成員構成地區社會，「地區社會圈模型」由此產生。由於「一住宅＝一家庭」觀念貫穿「隱私和防衛」，從而容易導致人際關係淡化。戰後的日本推行一種政策，即把如上所述的住宅作為「業主自用房」來獎勵，成為戰後日本住宅供給的主要方式。山本對「業主自用房」政策作出如下的評價：此政策破壞我們的日常生活。我們收入的大部分都花費在住屋，為了保護財產，我們的意識越加關注家庭，因而導致家庭從其內部開始逐漸破壞（《地區社會圈主義》二〇一〇年、《地區社會圈主義》二〇一二年）。

於是山本提出不能把「地區社會圈」定義為以下三種內容：「未必以家族為前提」、「以當地全體居民之間相互關係為中心原理」、「對周邊地區社會漠不關心」，而是要定義為：「伴隨周邊環境進行規劃」、「要規劃成該地區內的小經濟圈，而不是單純的消費單位」。另外，山本還提出，住宅是「消費能源」的單位，因此，要把「地區社會圈」規劃成「生產能源」的單位。換句話說，我們提到「住宅」的時候，不能把它看作是經濟發展的工具，而是應該優先考慮居民的生活狀況。

（二）都市型狩獵採集生活

阪口恭平的《從零開始的都市型狩獵採集生活》（二〇一〇年）和淺田彰的《住屋的公開化》（二〇一二年）告訴我們如何與新社群保持良好關係。

阪口氏出生於一九七八年。他從小就對房屋充滿興趣，於是志願成為建築設計師，報考早稻田大學的建築系。有一天他的腦海裡突然閃出一個問題：「我們為什麼要租房或買房呢？」此問題使他關注流浪者的生活，因為那些流浪者是都市中唯一靠自己營造「生活」的人，所以他竟然也開始過流浪的生活。

「住在公寓裡的你也許不知道鄰居長什麼模樣，但是過了流浪生活後就不會再那麼說了……如果不和他人進行交往，你的生存可能性將會變得越來越小。住在這裡（路上）的所有人都是你最好的資訊來源。」透過和流浪者交流就可以了解謀生所需的資訊，例如到哪裡可以撿到美食、衣物、能換錢的東西。這才是一個社群的開始。

流浪者有他們的「謀生方式」。首先是「撿易開罐」，把收集好的「易開罐」賣給資源回收業者。其次是「撿貴重金屬」，只要仔細搜尋裝有廢棄物的垃圾桶就會發現，在舊錢包裡有時會發現戒指之類的物品。有人靠這個每月能賺二十到三十萬日圓。此外，還有「撿舊電器」。東京多摩川附近有一家舊電器店，專門販售多摩川河邊撿到的舊電器。這些例子提起來十分有趣，但是如果全部提出來將會變成流水帳，因此不再贅述。

當然，阪口恭平並不是說流浪者的生活就是典型的第四消費社會。在此想要說明的是，從流浪者的生活中能看到我們早已失去的社群，他們的生活為今後社群提供許多參考。

這些流浪者的生存目的並不是讓屬於他們的團體永存，但是他們之間互相熟悉、清楚對方的長相、互相了解對方的特長、互相交換物質和資訊、互相考慮對方的利益，從而能夠在不給他人帶來不便的前提下和諧生活。相較之下，我們的生活是什麼樣呢？我們把各自封閉在「隱私和防衛」中，連隔壁鄰居的長相都不知道，除了公司組織之外的環境都是孤立的。當然，所謂「匿名的自由」存在於此，我們放棄了透過互相交換物質和資訊，來加強人際關係的機會。這就是我們當今的生活狀況。

自己要用的東西自己買，卻形成私有的意識，這種意識助長私有傾向的持續。例如，面對物質的「欠缺」，我們通常都是缺什麼就買什麼，但是換個角度思考：我們為何不試著親自動手做，自己完成不了就請人幫忙或從他人處借來。如果能做到這些，人與人之間的關係自然會發展。

（三）住屋的公開化

有一位叫淺田彰的人，他與前文介紹的阪口都出生於一九七九年左右。淺田在二〇一二年出版《住屋公開化》一書。

所謂的「住屋公開化」，即屋主向他人開放自家的房子，共同使用。例如，園藝師在自家屋頂開辦農園咖啡館，社區孩子聚集的小型圖書館，使用日式房間兩張榻榻米的大學，由K歌房改造的畫室兼合租屋。淺田氏做出如下敘述：「只要騰出自己家中一部分空間就會產生小小的社群，逐漸會自然地和他人共享自己的工作和興趣。在此會產生『第三緣分』，這種緣分不是來自金錢、血緣，而是來自社會各領域人們的感情。」

我曾經和淺田氏交談過，在此抽出一部分內容並對其進行再編，在後文會進行介紹。

伴隨第二消費社會擴大的是小家庭，容納小家庭的是住宅。而住宅恰恰就是關閉隱私的地方，山本氏、阪口氏、淺田氏都對此觀念抱著強烈反對。在第三消費社會之前，人們以金錢為中心看待生活。因此，以上三位在表明反對態度的同時，也與前述第三消費社會之前人們的價值觀漸行漸遠。

可以用山崎亮氏一段話作為例子。山崎說：「只要幫助老婆婆，會從老婆婆那裡得到很多蘿蔔。」從這段話可以看出，只要以人與人之間的關係為軸心，即便沒有金錢也能夠生存下去。我們在第二、三消費社會中製造「沒錢無法生存」的社會。因此，對此問題的反省將成為第四消費社會的基調。

從共享房到共享城：打開心扉、開放房屋

只要各家各戶都能開放自己家中的某個空間，這個城市就會逐漸形成共享型的意識，我把這樣的城市稱為「共享城」。「共享城」一旦形成，「共享社會」必然會逐漸形成。

要想讓自家變成共享房，不僅要公開於個人，還要公開於全市，願意把能夠共享的空屋、不用的茶室、庭院提供給外界。只要能夠向外公開自己家的「隱私空間」，它就會逐漸變成公共空間。

「共享城」規劃工作早已開始。在我的著作《為了今後的日本論「共享」》（二〇一二

年）介紹長野縣小布施町的開放花園（OPEN GARDEN）就是其中一個例子（向大眾公開自家的庭院，引來遊客，把個人的庭院活用為觀光資源，有助於增強全市的活力）。

在倫敦有一個叫「週末開放房屋」（Openhouse Weekend）的活動。每年九月末倫敦市向市民公開六百棟以上的市內建築，任何人都可以免費參觀。被公開的建築不拘泥於時代、用途、形態、著名程度。

我出於興趣，曾參觀過前川國男、吉村順三等著名建築設計師設計的房屋，從中體會設計師的思想和為人，頗有意思。在世田谷、杉並有許多戰前的建築，雖然不是出於名家之手，但我也很願意參觀。看到那個時期特有、具歷史意義的住宅內部結構，不但有助於建築設計師及學生學習，還能夠使周圍居民對該地區產生好感，從而可以和更多居民分享自己在建築方面的興趣。這些建築除了具有觀賞、保存價值之外，還有更多的活用價值。杉並地區戰前建造的老住宅樓，被認定為有形文化財產，我們可以利用這些建築舉辦餐飲派對、讀書會、俳句大會等活動。如果這樣的活動增多，今後的生活會更加有趣。

世田谷區的財團法人「真實的世田谷」建構委員會以「地區共生之城」為目標，舉辦各種「共享」型活動。該團體製作的宣傳冊子《世田谷地區「共享城」大作戰》介紹如下例子：模仿小布施町，為了讓更多人共享，在自己家的庭院建造開放花園，把地主的土地作為休憩之用向大眾公開，把空屋用來作為育兒社群的活動基地，把車庫整修為老年人活動空間，把藏有三萬冊書籍的書庫作為沙龍向大眾開放，借用大正末期建造的洋房設立圖書館向民眾開放……

雖然每項活動只是一個點，但只要把這些點都連接起來，將成為一條線，把許多線連起來將成為面，漸漸地向全市擴展。這些公共空間並不是由政府、官員主導，而是由每個住民奉獻出來的私有物所連結而成。這才是「新型公共」。

「新型公共」這一說法最常見於民主黨奪取政權的時候，近幾年才廣為人知。但是我們無法理解的是，民主黨現行的政策中哪一點能夠體現「新型公共」，許多日本國民至今都未能理解此句話的含義。但是我認為，從前面所述的各種地區性活動中體現出「新型公共」。「三一一大地震」雖然是十分不幸的經歷，但是震災發生後，許多市民到災區當義工，為災民服務，我們看到許多行政部門以外的力量，從中體會「新型公共」的意義。（參見三浦展、藤村龍至編《「三一一地震」後建築的社會性創意》，二〇一一年）

從這些活動中，我還要介紹陸前高田市的「城市生活工程」。

追求人生意義的消費

在第二、三消費社會之前，人們建造的事物最終都會損毀，並重複建了就毀、毀了再建的模式。讀者只要仔細觀察這些例子，以及前章介紹的山崎氏、本章即將要介紹的西村氏的活動，就會發現第二、三消費社會之前的消費是一種「浪費」。特別是年輕一代，由於從小學就開始接受環保教育，對「浪費」十分敏感，他們對浪費型消費很感冒，甚至感覺罪惡。

如前章所述：「消費」有兩種含義，一種是全部用盡，另一種是完善的行為。超過需要程度的消費以及一次性的消費就是浪費，使用後所剩無幾的消費就是消耗。

如果我們聯想體力和時間的「消費」，就能深切體會「消耗」的內容。所謂「體力上的消耗」就是因過度使用體力導致沒有多少餘力。所謂「消耗戰」就是為徒勞無益的事情花費大量時間，直到筋疲力盡。所謂「時間上的浪費」就是即便花費很多時間卻沒有什麼成果、樂趣。沒有人願意浪費和消耗。然而，如果不花費時間，則無法度過快樂、充實的時間。如果不透過適當的運動來消耗體力，無法維持和促進身體健康。因此在此意義上，我們期望的是能夠有收穫、恢復元氣、讓自己度過充實時間的「消費」。

如果我們從這個角度觀察第四消費社會承擔者的活動就會發現，他們追求適度的消費，既不是浪費，也不是消耗。他們從不單純追求新商品，而是以平等的眼光看待現有、陳舊的物品。他們從不丟掉可持續使用的東西。他們很巧妙地利用現有、陳舊的物品。他們早已從前述「喜新厭舊」的觀念擺脫出來。

「喜新厭舊」的觀念必然助長人們的虛無主義觀，因為新事物不見得永遠優於舊事物，因此擁有新事物不意味著永遠、完全的滿足。

事實上，如市場用語「陳腐化」表示，消費社會的鐵則就是讓消費者對現有的產品產生陳腐、無聊的印象，從而促使消費者購買新產品。自覺並組織性地遵循消費定律的是二十世紀二〇年代的通用汽車。在此之前最有人氣的T型福特卻只有一種樣式，所以消費者沒有理由去更換汽車。通用汽車意識到這種情況後開始兩年一次更新樣式，並把生產物件由大眾車擴展到高檔車，工業產品設計從此受到重視。

很多消費者被這種趨勢洗腦，他們開始認為，好不容易買來的新車在兩年後會過時。因此，消費者總是得不到最終性的滿足。消費者在豐田皇冠汽車的洗腦下，好不容易掏錢買車，但是幾年後卻出現新款皇冠，甚至出現凌志汽車（LEXUS）。消費者就這樣需要不停地購買新產品，這種虛無主義就是消費社會的宿命。

馬克思．韋伯曾經說過一段話：「中世紀的農民因為感到自己已完成人生的有機連帶

（organic solidarity），因此帶著對人生的滿足而離開人世，但近代人無法達到這一點，近代人只能帶著對人生的厭倦離開人世。」（《學術作為一種志業》，一九一九年）

這是因為在文明社會裡，新事物不停出現，舊事物卻漸漸被遺忘，在這種社會裡不存在「完成」，因此「死」將會變得毫無意義。不管活多久，人生總是沒有「完成」，最終都會以半途而廢告終。如果「死」毫無意義，「生」也喪失意義。如果最終的「死」不存在任何意義，「人生」也就沒有任何意義。

雖然韋伯並沒有談論二十世紀的日本消費社會，但是可以說二十世紀的消費社會是韋伯批判的社會。

要想讓「人生」和「死」有意義，人類即便擺脫不了新事物、資訊相繼出現的消費社會，可以選擇與其保持距離。進一步說，人們追求的是能夠讓人生和時間充實的消費，而不是消耗人生和時間的消費。仔細想一想，對人類來說最大的消費物件就是人生，所以最終消費可以說是人生的成就。因此，對於人類來說，最大的問題就是如何度過人生，無論是浪費人生，以筋疲力盡、毫無成果的方式告終，還是度過充實的時間，帶著滿足感告終，總而言之，第四消費社會給人類敲響這問題的警鐘。

企業應該做什麼

我們透過迄今為止的內容了解，在處於消費社會最終階段的第四消費社會的日本，隨著老齡化問題加深，人們從追求能帶來滿足感的物質，漸漸轉移到帶來人生意義的事情。

因此，人們不再是單純購買物質的消費者，開始追求人與人之間的關係。要想創造良好的人際關係，與其不斷購買新產品並私有化，不如透過借用、修繕、共享現有事物更合算。從本章末尾所舉的例子可知，只要人人都開始共享型的生活，他們就會擁有承擔公共服務的能力，人與人之間不再僅限於互相借用事物的關係。

如果每個市民承擔起公共事業，行政部門的負擔將會減輕。當今的政府面臨因財政困難而只能充當「小政府」角色的問題，在這樣的時代裡最需要變得成熟的就是市民。

但是，對其感到為難的是企業。隨著使用一次性新產品的消費者減少，透過利用現有事物創造新價值的人增多，產品將會越來越難以銷售。即便把「共享」的意義講給企業聽，很多企業更關心的還是產品的銷售。

然而人口不斷減少，即便向每人販售產品的商業模式持續下去，從長遠趨勢來看，銷售金額、利潤早晚會減少。這一點我已經指出（參見《從今往後的十年，嬰兒潮二代一千四百萬人成為市場核心》，二〇〇二年）。

或許今後能扭轉企業銷售下降趨勢的仍然是共享型經濟。也許有些人不想購買房子，也不想住進單人公寓，共享房已可以滿足他們。也許有越來越多人沒有購車欲望，只想利用共享車。如果這樣的消費者大有人在，與其相對應的市場必然會存在。如果因自家周圍的住宅都是空屋而擔心房價下跌，會有更多居民需要以提高住宅區價值為目的的資產管理服務。所以我們不能單純把共享型經濟看作是減少企業銷售額的模式，而是把要它視為扭轉銷售額減少的趨勢，創造新的銷售模式。

但是很多企業已經習慣賣完東西而不管售後，或許對他們來說共享型經濟是花費勞力而利潤又少的一種模式。或許有很多人討厭這種費力的工作。

我認為，如果到了共享型經濟時代，女性的工作機會將會增多。總的來說，男性更傾向於銷售而不是售後，而女性更傾向於產品維護的工作。儘管不能否認個人差異的存在，但通常有男女做不同工作的傾向。當然，我並不是說女性只需要進行維護，而不需要生產。

可以肯定的一點是，女性在共享型經濟中發揮十分重要的角色。女性的工作主要是產品維護、服務客戶，這些工作需要一定的交際能力。透過人際交流發現客戶的新需求，是共享型經濟中非常重要的環節，因此在這個意義上，女性今後的活躍機會將會增多。男性中也有一些人傾向從事維護工作，這樣的人應該比較適於共享型經濟。

此外，維護類的工作通常需要和當地保持密切聯繫。要想和當地保持密切聯繫，最理想的就是工作地離自己家較近的地方。很多人不願在通勤上花費太多時間，對於想平衡工作和家務、育兒之間關係的人來說，這類工作是最佳選擇。

從「快感」到「愉悅感」

兩年前我在思考共享型社會時想到一點：現代消費者追求的不是「快感」，而是「愉悅感」。

雖然「快樂」和「愉悅」的意思相近，但兩者之間多少存在語感上的差異。例如，「昨天和朋友去主題公園，好快樂」和「昨天和朋友去主題公園，好愉快」，比較這兩句話時會發現，後者把焦點放在「朋友」。也許不跟朋友一起去主題公園也能十分快樂，但是正因為有朋友陪著，快樂感增加了好幾倍，從而感到愉快。

或者，「今天在街上碰到大學同學，和他到茶館聊天，很快樂」和「今天在街上碰到大學同學，和他到茶館聊天，很愉快」，比較這兩句話時會發現，前者「快樂」的焦點在「聊天」，而後者「愉快」的焦點在「碰到大學同學」這件事。這樣的語感差異，可以理解為第三消費社會前後的價值觀差異。

此外，關於「愉快」還有以下幾種用法，「在菜市場買菜時，老闆說要打折，我感到愉快」，「到了商店，發現自己一直想要的產品，而且店員詳細為我介紹該產品的好處而感到愉快」。從中可以看出，人的「愉悅感」來自於人際交流。

第三消費社會之前的人類以「物」為焦點，但在第四消費社會，人類以「人」為焦點。對於人類來說，重要的不是消費什麼，而是和什麼人一起做了什麼。

企業更應該考慮，適於人口呈現減少趨勢的第四消費社會的經濟模式，從而促進人際關係發展。我想到與一些第四消費社會的企業策略。

(一) 住宅／不動產：從銷售到軟性管理的營運

前面幾章已經提到，近幾年新建住宅的動工戶數遠低於全盛時期的一半。戶數在今後會越來越少，這一點是可以肯定的。想要提高戶數來營利，只好移往中國、印度的市場。

想要在日本國內提高盈利，企業需要做的事情不是賣房子，而是使住宅管理服務商品化。如果把不動產看作公寓管理公司，這種看法既正確又錯誤。我曾經買過中古屋，並擔任管委會的主委，對以上問題有一定了解。真正開始實行管理的時間不到二十年，儘管在此期間就有過管理員，但他只是待在管理室裡，頂多打掃一下公寓而已。

近幾年公寓管理才開始，很多建於二十世紀六、七〇年代的舊公寓，經歷二十多年風雨後開始出現外牆脫落、漏水等問題。為了修繕房屋並對其管理，物業管理公司開始興起。如果管理得當，是能夠維持資產價值。在此之前，即便對公寓放任不管，由於房價上揚還是可以保持盈利。但是自從泡沫經濟崩潰之後，公寓價格漸漸降低，業主於是開始想到透過管理來維持資產價值。

這些修繕的管理漸漸興起，但是在獨戶住宅還沒有開始實行。即便在獨戶住宅出現外牆脫落、漏水等問題，也是屋主自己解決，因此從整個住宅區角度來說，不採取任何措施也是理所當然。

但是隨著人口減少，獨戶住宅的購買者也減少，住宅區的價格也漸漸降低。住宅區的空屋增多，也存在防火的隱憂。孤獨而死的獨居老年人也在增多。如果真到了這種地步，從住宅區整體的趨勢來看，即便是使自家保持乾淨，資產照樣貶值。有不少居民開始為此十分擔憂，想盡可能地維持資產價值，從而更多的人把錢花在物業。就這樣，住宅區管理時代的出現，要比公寓全盛時代遲了二十年。

即便是有管理意願的居民，僅靠非專業的管理仍然遠遠不夠。需要具備景觀維護、清掃、防盜、防災、空屋管理等專業知識的管理公司幫助，新的商機因此應運而生。

但是我認為，在第四消費社會中最重要的不僅是這些硬性管理，還需要軟性管理、營運的商業化。說得具體一點，就是需要建立能夠促進居民之間順利進行交流的體系，這樣可以防止獨居老年人的孤立化，使有孩子的家庭能夠安心在該地區育兒。為此，我們需要事先創造居民之間的良好關係，所以我們需求的是，軟性管理的營運模式。

關於居民參與型的住宅區，我在此介紹加州戴維斯最著名、可永續發展的社區「鄉村家園」（Village Homes）。「鄉村家園」是由米歇爾．克爾維特（Michel Corvette）、茱蒂．克爾維特（Judy Corvette）夫妻設計的，是一九七五年開始使用的住宅區。總建築面積二十八公頃，其中的九公頃為果園、綠化帶、公園等共有地。有二二五戶在此地生活，其中有六十平方公尺的連棟住宅、二八〇平方公尺的獨戶住宅、九個社群等多元的住宅區，而且大多數都是太陽能住宅，排水溝也不是混凝土製作，而是如同自然界小溪流般的構造。

從克爾維特夫妻的著作《設計可永續發展的社區》（*Designing Sustainable Communities*）可以了解，在鄉村家園建造新屋的時候，鄉村家園的居民也為房屋建設出了不少力氣。他們就是透過居民之間的合作來孕育團體意識，這一點與日本白川鄉的互助組有些類似。鄉村家園中的游泳池、公園的器材、跨小溪流的橋樑等設備，都是當地居民建造的。這就是所謂的DIY住宅區、手工活住宅區。

此外，鄉村家園有如下制度：一是把住宅建設工作交給巴基斯坦移民，使他們掌握建築技術，竣工之後他們能夠在其他地方被雇用；二是他們的工錢若達到該住宅區買房的頭期款，就可以在鄉村家園建造自己的房屋，所以生活在鄉村家園裡有一六％左右的住戶都是低收入戶。

順便一提，我對於邀請居民一起幫忙蓋房子的做法很不以為然，但是和一位美國朋友談過後我了解，美國從開拓者時代開始，一旦有人搬進某住宅區時，當地居民就會齊心協力幫助新居民建造房屋。

原居民協助新居民建造房屋這件事，恐怕今後在日本也不大可能出現，但是這件事對今後社會團體來說，仍有參考價值。

（二）住宅區：產生人際關係的地方

其他具體例子還可以提到UR都市機構（日本住宅公團），在JR中央線豐田站所在地，東京多摩平地帶的森林住宅區（多摩平住宅區）進行社會實驗，其名稱是「多摩平之森林，文藝復興計畫第二住宅樓文藝復興事業」（街區名稱「玉結式高台」）。

多摩平住宅區是建設於昭和三十年代的住宅區，由於近年許多房屋老化，所有的住宅大樓都被整修一遍。在整修過程，出租房戶數由原來的二七九二戶減少到一五二八戶，剩餘的土地用於民間住宅和商業地帶的建設。目前該住宅區正在進行的「玉結式高台」實驗，就是嘗試透過重修以外的方式，持續性地利用剩餘土地。該住宅區讓民間三社提出利用方案，其結果就是分別對附帶菜園的公共住宅「AURA243多摩平之森林」一棟、住宅區型共享房「多摩平梨園」兩棟、老年人專用租賃住宅、多戶住宅「YUIMARU多摩平之森林」兩棟進行改造，屋主於二〇一一年正式入住。

現住的居民不完全都是原居住於多摩平住宅區的人，老年人專用租賃住宅以外的住宅大樓，居民都是二十到三十歲的年輕人。共享房住宅其中一棟作為中央大學學生宿舍出租，有不少留學生住在這裡。住在這個住宅區的不只有男女老少，還有外國人，因此這裡也成為跨文化交流之地。此外，對其他街區整修過的房屋進行多樣化設計，也有許多年輕人陸續入住。

正如我之前批判的，「住宅區」或所謂「新型住宅區」之類的事物，有同年齡、同等家庭結構、同等收入人群入住的傾向，從而出現居民的同一性問題。幾十年之後，全體居民會同時衰老，因此出現單身者增多、老年人孤立化等問題，居住在多摩平住宅區某一街區的居民，一半以上都是六十五歲以上的老年人。

此外，「玉結式高台」的空地有一片菜園，很多「多摩平之森林住宅區」的居民借用土地耕種農作物。雖然在老年人專用租賃住宅設有公共餐廳，但是該棟、該住宅區以外的居民也可以利用。此外，每棟大樓戶外都設有木造踏板，居民在天氣好的時候可以待在踏板上度過一天。

木製踏板連接著室內與戶外。

菜園。

男女老少共同參與搗年糕大會。

我到該住宅區時，居民正在舉辦搗年糕大會，共享房住宅樓的年輕居民在搗年糕，住在老年人專用大樓的老婆婆在調味，居民之間就是這樣進行交流。此外，我還看到了這樣的場景：來自其他住宅區的母子沿著菜園旁邊的小道散步時，受到老婆婆的邀請，孩子也跟著搗年糕。

「玉結式高台」的形成，在一定程度上使居民從封閉狀態解放出來，把該住宅區的居民和其他街區、住宅區的居民聯繫在一起。此地就是為了產生人與人之間的自然聯繫，在硬體、軟體方面的管理都有所投入。第二消費社會期間建立的住宅區，主要特點就是效率、單一性、封閉，相較之下，多摩平住宅區能夠體現第四消費社會的特徵。

現在日本有一三％左右的住宅都是空屋，其數量約為八百萬戶。其中一部分空屋可能已經成為廢墟，但是也有經過整修、加強防震措施之後，可以讓人入住的空屋。從節能角度來看，與其一味地建造新屋，不如善用可繼續使用的空屋更合算。

要是在住宅區內設立老年人、育兒的設施會更加便民，當然我們也期望能夠在此地建設咖啡館，讓居民聚在一起相互交流。此外，既可以在住宅區內設立商店，也可以根據需要設立便利商店。但是最理想的是，設立能夠讓更多居民參加的設施。例如，居民親手製作的產品專賣店，展示居民作品的畫廊。參加的居民越多，社交機會越多。

（三）便利商店：從「普通便利商店」向「社交便利商店」轉換

從第四消費社會的角度來看，代表第三消費社會的「便利商店」功能，究竟是什麼呢？特別是對於獨居者來說，便利商店是不可缺少的。鄉里的便利商店暫且不談，都市的便利商店給人缺乏交流的印象。在都市的便利商店，店員通常都是沉默寡言地對待客人。在日本有數萬家便利商店，我們就不能把它當作地區社會的核心嗎？

屬於個人消費的便利商店，分散在各個小地區，所以便利商店本應該可以靈活利用地區性經營資源的優勢，從而在各個地區促進地區居民之間的交流，為社會團體做出貢獻。按照我自己創造的詞來形容，這樣的便利商店就是「社交便利商店」，即充分發揮社交、社群功能的便利商店。

便利商店聚集許多地區的居民，因為便利商店通常設在離住宅較近的地方，所以對老年人來說十分方便。便利商店還有送食材到家的外賣服務，這種服務在近幾年十分普遍。但是從現狀來看，居民前往便利商店的時間和目的因人而異，因此很少有居民之間的交流。不過，即便是沒有什麼特別的事情，便利商店至少可以提供居民聊天的場所吧。只要有桌子、椅子，人們便可以在便利商店購買飲料後邊喝邊聊。

便利商店還能有托兒的功能。便利商店如果能夠受家長委託幫助照顧孩子半小時，家長便可以趁著這段時間完成工作，這是多麼方便的事啊！

此外，在未來的日子，需求會增多的是能夠幫忙解決生活瑣事的人。例如，更換燈泡、挪動重物等等，對於老年人來說比較困難的事。特別是沒有和左鄰右舍來往的現代人，恐怕沒有鄰居可以幫助自己吧。如果能把自己的需求寫在紙條上貼在便利商店，地區居民之間的交流、互助將會產生。

我們需要的不是單單販售商品的便利商店，而是能夠提供人際交流機會的便利商店。如果將來出現這樣的便利商店，熟人之間的交流將會在該地區增多。

一旦有了交流，社會團體將會自然形成，居民的安心感、安全感也會增強。例如，如果好幾天沒有見到三浦先生，會有很多鄰居擔心三浦先生，從而減少老人因孤獨而死的問題。

當然，人們聚集的機會要是增多，還能夠帶動人們的購物意願。為了能夠安心、安全地過日子，人們再次重視與鄰居交往。所以，便利商店可以扮演這樣的角色。

「三一一大地震」的時候嚴重缺米，那時候我也到處尋米，但是依然找不到，最後在一家老夫妻經營的舊米店找到。這家米店每天都一點點地碾著大量採購回來的稻米進行販售，因此有大量的米。

但是便利商店通常是按照規定時間進貨，所以一旦災情發生無法進貨時，包括米在內的任何庫存品都會減少，不會有太大的幫助。但正因為便利商店是全國連鎖，災情一旦發生，作為該地區的據點應該要發揮作用。便利商店可以與當地的行政部門合作，做出相應的防災措施。例如，設想災情一旦發生，便利商店在某種程度上具有儲備飲用水、緊急食品等功能，或者透過太陽能、風力等能源進行自行發電。如果能做到以上這些，便利商店確實發揮了地區性據點「社交便利商店」的功能。

（四）零售業、時尚產業：由市民創造的百貨公司

近年以優衣庫為代表的廉價服飾興起，導致其他銷售服飾的零售業營業額不斷下滑。從日本總務省的「家計調查」了解，兩人以上家庭在「穿著」方面的月平均支出在一九九一年以後不斷減少，二〇一〇年的平均支出總額為一一五六八日圓，因為日本人口不斷減少，特別是年輕一代的人口不斷減少，所以在時尚方面的支出今後可能會進一步縮減。既然這樣，零售業，特別是銷售時尚商品的百貨公司，今後該怎麼辦呢？

我們能透過銷售服飾之外的方式來加強人際關係嗎？例如，透過服飾的購入、洗滌、保管、出租、翻新、回收等方式，產生人與人之間的交流。然而，從現狀來看，這些業務都是單獨進行，但是，百貨公司或者服裝公司就不能統一進行以上的業務嗎？目前，優衣庫正在

收集沒有多少人穿過的服飾，作為援助物資送往發展中國家，這一點十分合理。

關於如何應對第四消費社會這問題，位於鹿兒島市的「丸屋花園」為我們帶來許多啟示。「丸屋花園」是位於鹿兒島市中心街道天文館附近的三越百貨公司（當地的丸屋百貨公司和三越百貨公司在業務上進行合作）倒閉之後成立的公司。三越百貨公司撤出之後，丸屋百貨公司與建築集團蜜柑組竹內昌義氏合作，竹內氏向丸屋百貨公司介紹正在開辦「D」百貨公司（D & Department）設計師長岡賢明氏。由於長岡氏和前述的山崎亮氏之間有交往，為了丸屋的重建，長岡氏擔任藝術設計師，而山崎亮則擔任社區設計。從社區設計的角度重建百貨公司，是一件相當新穎的事。

山崎氏首先提出的方案是：「百貨公司的經營不能光靠餐飲、販售商品來維持，還需要把百貨公司建造為該地區團體能夠活動的場所。」（山崎亮《社區設計》二〇一一年）山崎氏還提到：「不關注時尚的人很少會光顧時尚專櫃，但是一旦去了，說不定會發現自己想要的東西。」為此，商家有必要創造吸引鮮少光顧的消費者目光的機會。所以，讓該地區的組織、團體在百貨公司舉辦活動，就是商品曝光的很好機會。具體來說，可以在百貨公司放映小眾電影、為輟學生創辦「愛心學校」、為推動少兒戶外活動舉辦戶外運動、創辦以「當地特產」為主題的烹飪學校。

雖然現在的百貨公司很少如此做，但是在過去的第三消費社會，百貨公司流行「文化學校」的思維，不過策劃「文化學校」講座的是百貨公司員工。相較之下，丸屋花園把活動場所提供給市民，由市民自己策劃。從中可以看出，從第三到第四消費社會的過渡，市民也漸漸變得成熟。

當今時代的特點就是能夠透過網路購物。即便是召喚市民到百貨公司購物，但還是很少人會特意到百貨公司。但是如果能在百貨公司舉辦該地區團體的活動，就算是很少到百貨公司的市民也會漸漸前往。

丸屋花園依據如上所述觀點，包括八十多家店鋪和二十種大型活動，在二〇一〇年四月正式開店。丸屋花園是與市民舉辦地區性活動頻繁的百貨公司，這是真正體現第四消費社會。

（五）城市建設：有效利用舊物品

如果便利商店、百貨公司能夠成為社區核心，那是最好不過的事。但是如果整個城市缺乏活力，那是毫無意義的。不過從日本的現狀來看，不少城市的商業街店鋪自始至終都是關門狀態，此外還有不少店鋪被拆除變為停車場。

在當今，隨著住宅區漸漸向郊外遷移，越來越多人自己駕車外出，因此即便是在市中心街道開設店鋪，也很少人會光臨。就算把市中心的商業街改建為停車場，並不意味著郊外的居民一定會開車來市中心。

所以我們不能因為是商業街，就浮濫設立店鋪以及商業大樓，而是要把目光轉向「街道」。我們可以把目光放在很少店鋪的「街道」，因為我們最終目的就是要做到「街道」復興。

有關具體的城市建設例子，我將把有關佐賀市的案例放在章末介紹。毫無例外的，佐賀市的市中心也處於空洞化，滿街都是停車場。為此，佐賀市出身的建築設計師西村浩氏提出，要透過和以往不同的方式增強城市活力。西村氏提出的方法就是使空地變為草坪，透過讓市民在草坪聚集的方式來增強該地區的活力。我透過和西村氏的交談了解他的具體想法。

丸屋花園提供社群活動場所。圖片為在店鋪旁邊舉辦，以生態環境為主題的社區課堂。（圖：studio-L）。

（六）汽車：從速度到生活

在人口不斷減少的第四消費社會，和住宅同時減少的就是汽車。正如前文所述，日本國內汽車的持有數量今後一定會減少。所以要想提高銷售量，只能轉向中國、印度、巴西等發展中國家的市場。

那麼在日本國內怎麼辦呢？在日本國內的問題點已經不再是汽車銷售量的多少，而是今後我們銷售的方向應該轉為包括公車、電車、有軌電車、自行車在內的移動交通體系。

從上述意義來看，我覺得二〇一一年汽車展中本田的汽車展十分有趣。本田汽車展的主題為「對人類來說最舒服的東西是什麼？」為此它提出多種功能的汽車。例如，任何一個人都能輕鬆在街上駕駛的「城鎮汽車」（Town Car）、在不駕駛的時候可以拿汽車椅來使用。研發這些車輛的意圖不在於速度，而是在於讓車主感受到「輕鬆」，也就是說，本田的目標是研發一種既能快速移動、行駛，又能輕鬆休憩、消遣的汽車。

對於只在意汽車外觀的參觀者來說，這是令人失望的展示。但是那次展示的意圖在於把人們的日常行為和生活聯繫在一起。

（七）旅遊業：連結人與人的旅行

鄉下的居民可以把舊民宅的空屋作為「民宿」（Bed & Breakfast）出租給遊客，當地的老婆婆可以把親手做的鄉下料理提供給遊客。同時，遊客應該幫助當地老婆婆解決生活的困難。例如，遊客可以幫助居民做農活、打漁。那麼，食用當地採集的食材就是理所當然了。

此外，喜歡料理的遊客可以用獨特的烹飪方式做些新穎的菜色，提供給當地居民。如果遊客烹飪的新料理受到喜愛，當地人也可以將其作為新特色菜販售。銷售額的一部分可以交給研發料理的遊客。如果有這樣的旅行，可以促進消費者與當地居民之間的交流。

或者可以把舊民宅改建為共享房，以每月一萬日圓出租給遊客。旅館通常是一個晚上一萬日圓，所以遊客頂多只能住一晚，搞不好可能會當天去當天回，所以最理想的是改裝以一萬日圓月租簽訂契約的共享房。考慮有些遊客會親自做飯，所以最好在共享房設立公用廚房。浴室也可以設為公共型的。至於建築，既可以使用已成為空屋的舊民宅、早已停辦的學校教室，也可以借用沒有多少客流量的旅館。

如果是一個晚上一萬日圓，不少遊客頂多能住一晚，但如果是一個月一萬日圓，可能會有更多遊客長期停留於此。其實，按一週收兩千日圓也可以。總而言之，我們可以想方設法使費用降到最低，讓遊客長期停留於此。如果遊客能停留一週，其用餐、購買食材和土產、泡溫泉等費用將為當地人帶來不錯的收入。

可能有人覺得這種地方沒什麼可參觀，不值得長期停留，但實際上並非如此。當地的景色對於本地人來說可能不值一提，但也許對現代人來說是十分難得的景色。即便是在神社，也可以把當地的信仰、歷史介紹給遊客，讓遊客充分領略、享受。總而言之，我們需要的是當地特有，在一般旅社享受不到的服務。因此，我們需要做的不單是把當地建設為消費的地方，還要向遊客宣傳當地生活的魅力。

此外，我們可以想像旅遊業和其他行業之間的相互提攜。化妝品業就是典型的例子。隨著人口減少，購買化妝品的人也不斷減少。所以今後將不僅是賣化妝品，還需要轉換銷售理念，即在前文介紹過的：能促進全方面健美的商品。

譬如，旅客住在舊民宅改裝的旅店，當地居民提供旅客新鮮食材製作的健康料理。若是當地有溫泉，既可以美化肌膚，也能放鬆身心。因此，化妝品公司可以為消費者策劃這樣的旅遊活動。

發揚地方特有的歷史文化

對於地方中小型企業來說，第四消費社會是一種機會。在第二、三消費社會裡，地方產業無非就是大量生產體系中的部分承包。但是到了第四消費社會以後，當地傳統的手工受到高度評價。大量生產只能一味地使產品低價，但是精緻的手工藝產品卻能以高價販售。

正因為隨著全球化，跨文化交流不斷發展，帶有地方特色的東西受到好評，具有地方特色的東西受到全世界青睞，我們務必要意識到這一點。

在第三消費社會結束之前，因為很多高檔的東西都集中在東京，所以很多日本人以「東京」為標準看待事物，例如，人們嚮往「東京」般的豪華旅館、飯店。到了泡沫經濟階段，日本有許多豪華觀光旅館，但是絕大多數在泡沫經濟崩潰之後，因背負大筆債務而倒閉。

大型購物中心在當今日本很普及，只要走在大型購物中心裡，都會覺得消費額和東京差不多。此外，由於網際網路這些年的普及，即便是住在十分偏遠的地方，只要利用網路購物就能得到來自全世界的產品，只是從訂購到收貨的時間要比在都市圈久一些。正因為生活在物質豐富、資訊發達的時代，沒有必要過多建造帶有「東京」色彩的東西。越是追求類似「東京」的色彩，越容易失去地方特色。

所以，我們今後應重新評價地方獨自的歷史、傳統、文化，並且考慮在事物、設計、觀光等方面充分發揮地方特色。

共享型的工作形式

在本章最後要指出的是，作為共享型社會的第四消費社會所面臨的問題，就是雇用或工作形式的問題。

如果共享型的生活形態能夠推廣，我們就不需要「大政府」了，但是這不意味著行政部門就可以怠慢。為了應對第四消費社會，行政部門要做的事情非常多，例如放寬影響市民建立共享型社會的規章制度，邀請專家介紹促進人際關係的方式。

另一方面，隨著追求共享型生活的人增多，企業可以削減大量的經費。例如，隨著越來越多人開始享受共享型生活，需要單人宿舍的人將越來越少，需要住屋補貼的員工也會減少，企業可以大力削減勞務、福利經費。但是，這不表示企業可以把責任推卸給市民。

從第三消費社會末期開始，正式員工的數量不再遞增，非正式員工的數量反倒遞增。推動以共享房為代表的共享型生活，背後隱藏許多問題。例如，伴隨非正式員工的增多而導致工作時間的分段、工作場所的分散、收入的減少。引用社會學家齊格蒙特・包曼（Zygmunt Bauman）的一段話：「現代的勞動者，特別是非正式員工的人生不停地被消耗，那些非正式員工的人生被雇主看作是『一次性』的東西。所以，他們的人生恐怕最終會以被剝削的形式告終。」他們這樣的人距離充實的人生十分遙遠，因此，如果雇用、就業的問題不能解決，根本達不到真正的共享型社會。

但是，從目前日本十分嚴峻的經濟狀況來看，要想讓所有人成為正式員工恐怕很難。當然也有一些自願成為非正式員工、自營業主、自由工作者，所以我們也沒有理由強迫他們成為正式員工。但是無論是非正式員工還是自營業者，都擔心將來有一天失去工作，所以他們都在規劃各自的將來。

這樣一來，我們就需要建構一個能夠讓非正式員工安心規劃未來的社會。理想的共享型社會就是能夠加強人與人之間的關係，又不受各方面束縛的社會，所以這樣的社會應該以安心、安定的價值觀為中心。但是，這和「人際關係和自由不可兼得」的價值觀形成鮮明的對比。

沒有理由說，正因為是正式員工就要求他們犧牲生活奉獻給企業，或因為是非正式員工或個體經營者，就可以不用提供他們任何保障。不論是做什麼工作，我們都需要建構一個能夠讓員工長期穩定、快樂工作的社會。為此，我們要建立包括「分擔性工作」在內的各種工作形態。

在我的著作《差異性社會中的生存法》（二〇〇八年）介紹過，優衣庫目前在實行「地區限定性正式員工」制度。由於有不少非正式員工為了迴避被調職，而拒絕成為正式員工，因此優衣庫透過該制度使這類非正式員工正式化。此外，還有不少人在保有舊式倉庫的店鋪工作，他們一週工作只有二十小時。因此，優衣庫透過無期雇用制度使這類人成為無期雇用員工。

由於日本人在第二消費社會結束前始終注重效率，因此要求正式員工服從公司的一切命令，例如夜間加班、休息日出勤、外地出差、單身隨時待命。不過還是有不少人抵觸這種缺乏自由的工作形式，更願意成為不需要加班、不需要調職的非正式員工。但是，如果這些非正式員工都是出類拔萃的人才，企業還是想挽留這些人為企業奉獻。企業因此設立能夠讓員工僅在特定地區內調職的「地區限定性正式員工」制度。

針對短期工作的人設立的無期雇用制度，也有類似的背景。與想成為正式員工的人相較，想成為非正式員工的人對流行、設計、創新方面更加敏感。對於企業來說，對這方面十分敏感的打工者也是不可缺少的人才。如果這類人與企業競爭，會不利於企業發展。企業十分希望這些人能夠留下來安心工作，於是針對每週僅工作二十小時的人設立無期雇用制度。可以說這是一種分擔性的工作方式。

人們普遍認為，在第二消費社會最理想的就是成為上班族。而到了第三消費社會，越來越多人開始覺得當上班族很難受，成為自由工作者的人因此增多。我想，到了第四消費社會，人們追求的不是上班族、自由工作者般的工作形式，而是能夠讓安定、自由之間保持平衡的工作形式。每人每日的工作時間占據大部分生活時間，我們希望能夠擁有充實有效的工作時間，告別消耗人生的工作時間。

採訪 編輯者淺田彰

透過公開「私」來創造「公」

淺田：在我三十二歲的時候正值所謂「失去的時代」。我發現我們這一代人，以及比我們稍微年輕的一代人中有不少人都住在共享房。這些人在二十一世紀初期，主要以「價格低、房屋寬」為由住進共享房。但是最近，越來越多人開始重視共享房獨有的趣味。我還沒來得及考慮如何才能夠充分利用共享空間，就已經有一大批人住進共享房。因此，我提倡的住屋公開化將得以實現。

三浦：不少商業街的店鋪自始至終都是處於關門狀態，目前也有在這樣的商業街設立拱廊的例子，但最終還是未能招徠更多遊客。與其透過完善設備招徠客人，不如換一種方式更划算。我覺得可以想方設法讓更多學生聚集在商業街，例如，可以向更多大學生提供與商業街居民交流的機會，透過交流讓大學生領悟人生道理。要想增強商業街的活力，最重要的是達到人與人之間互補的效果。這才能體現「共享」。總之，重要的是人，是如何建構人與人之間能夠相互共享的環境。

例如，我可以在共享房的起居室擺滿我的藏書，以便讓更多居民閱覽。我經常把共享房當作辦公室使用，偶爾會在共享房舉辦講座，由我自己或邀請熟人擔任講師。有時候會把客人介紹給大家。例如，我現在就可以把淺田君介紹給我的讀者，這樣就可以把我的知識和人脈分享給你。

淺田：聽起來真有趣！這是一種獨特的出租方式，可以把自己的個性特點公開於眾人面前。

三浦：設立共享房不一定需要一座建築。共享房或公開住屋可以分散在城市各個角落，人們可以隨時隨地使用離自身較近的共享房解決各種事情，例如吃飯、看書、辦講座、看電影、託管孩子。這樣的話就可以形成「共享城」了。

淺田：整座城市將變得像家一樣。我曾經做過公開住屋的調查，採訪在大阪創辦「兩張榻榻米的大學」的梅山先生。梅山先生在名叫空掘的商業街帶領一個名叫「空掘飯」的組織。越來越多年輕人有意願住在空掘的商業街，於是許多年輕人聚集在整修過的大雜院。他們逛遍蔬菜水果店、水產品店，一邊購物一邊和店主聊天。他們在購物結束後來到空掘居民家裡，用買回來的食材做各種料理分享給大家，一邊吃飯一邊聊當地的見聞。此外還有一個驚喜，就是邀請前面所提的店主當作特別嘉賓。（笑）也就是說，隨著越來越多屋主向全城居民公開自己的家，家和城市之間的隔閡就會變得越來越小。

三浦：如果能達到這一步，單單走在街上也覺得很快樂。人們漸漸開始注意自己家的庭院外觀，或在庭院擺個椅子，自家就不再是一個封閉的空間，而是公共的休憩之地。工作場所和生活場所之間的界限就是近代主義的特點之一。而現代人不再計較兩者之間的界限，不少人在自己的住處工作，不少人需要能夠讓工作和生活和諧的地方，越來越多人對封閉式「家」的觀念產生了抵觸。

淺田：「住屋公開化」的基本就是，「我」在近代化的土壤上再度向外公開自己的家。雖然很多大眾媒體把其看作是「傳統式社區的復甦」，但我並不這麼認為。首先，當今出現「住屋公開化」的選項，重要的是人們如何更有趣、有效地把各自的住屋向外公開。第二，有人問我，過去的地區共同體是否有過向外公開的經歷，我只能回答：「當時多少還是有封閉的一面。」

我們正在推廣現代都市版人際交流的方式，我們透過這種交流方式與當地保持密切聯繫，同時在興趣、知識方面的交流也增多了。這就體現三浦先生所說的「共異體」。（共異體是三浦提倡的一種交流方式，有以下四種特徵：（1）成員不固定，不會相互束縛；（2）不受空間上的束縛；（3）時間上存在一定的限制；（4）不存在共異體之間的相互排斥與競爭。參見《讓我們談起「共享」的話題》。）

三浦：說的沒錯。共異體就是大前提，絕對不是什麼地區共同體的復甦。它是一種只有聯繫，沒有束縛的關係。於是有很多人在同一時間考慮如何建立這樣的關係。在二十一世紀前十年出現一些著名的不動產公司，例如，共享房的仲介「綿羊不動產」、手中擁有價值不菲中古屋的「東京R不動產」。之後，出現了「公開住屋」。特別是發生「三一一大地震」之後，「共享」行動在市民之間十分普及。在行政部門採取措施之前，已經有人在網路上發布「臨時住宅圈」的訊息。行政部門隨後才將其認定為災民的臨時住宅，向災民發放補助金之類的東西。但我覺得這樣一點也沒有錯。越來越多市民能夠依靠各自的力量承擔「公共性」事業。我從這次的大震災中深刻體會到這一點。

（對淺田彰著《住屋公開化》的交談內容進行修訂、再編）

淺田彰
一九七九年出生於大阪。畢業於大阪市立大學法學部。從音樂演奏到跨文化專案的構想、演出等多方面領域都曾涉獵，並從事寫作及演講。他的工作由「音」擴展到「場／事」，並有效利用娛樂設施、寺院、住宅、旅店、空店鋪等空間，參與各個社群領域的演出。

採訪 東京大學助教成瀨友梨

建立災區「新型公共」咖啡館

今後日本老齡化現象將會越來越明顯，隨著未婚者增多，單身屋主也在增多。我身為建築設計師，一直都在思考最理想的房屋和生活方式，後來我開始對共享房產生極大興趣，於是在共享房的設計上下了不少工夫。最近我在大學研究理想的場所共享方式。

我父母都已經六十多歲了，他們都是早已更換過電視機、汽車等大型產品的人。我家的房貸是三十年。每當我在研究「共享」問題時，他們總是向我露出費解的表情。當然這也不能怨父母。（笑）因為他們都是「私有」一代的人。

但是，自從「三一一地震」後，他們也漸漸意識到「共享」的意義。震災後，我收到來自設計生活雜誌《*Casa BRUTUS*》有關震災後的具體措施提問，於是我提出木造和共享型災後復興住宅方案。透過共享可以縮減每一個人的空間占有面積，透過設備的共享可以削減施工費，這樣很多災民可以聚在一起並且安心地生活下去。我認為，尤其在老年人聚集的災區更需要考慮這種方案。

差不多在同一時期啟動了「陸前高田市生活工程」（Living Project）。在東京大學小泉秀樹副教授和當地人的協助下，重建地區社群。其中一個環節就是，於最近一個月內開店的「陸咖啡」，它是臨時性的公共社群空間。

小泉先生非常熟悉當地居民，當地居民希望有城市建築專業的小泉先生能幫助他們。小泉先生有阪神大地震時支援災區的經驗，他認為在復興計畫正式實現之前的臨時性城市建築十分重要。如果城市裡沒有商店和人們休憩的地方，人們最終會從城市消失。這樣就無法達到災後重建的目標。震災發生後的四月份，當地的醫院利用臨時搭建的空間恢復營運，此地成為居民的生活中心。

「打開家門」的活動在當地許多地方進行，柏葉都市規劃中心（UDC）的後藤智香子女士也協助本次活動，她對這方面活動很有研究。在陸前高田市，小泉先生的熟人向大眾開放住家，當地人把他家作為物資供給據點、休憩空間使用。後來越來越多人開始需要能夠讓眾人輕鬆聚集的地方，於是就誕生了「陸咖啡」。

在土地方面，當地的地主把自家的地提供給我們，我們這群志工就開始設計咖啡館。這

陸前高田的社區咖啡館「陸咖啡」（圖：大宮透）。

是由當地居民發起、不收建築費的新型公共工程，於是我們向企業說明支援災區的重要性，最終得到以住友林業為代表的眾多企業的協助。當然，讓企業無償協助對他們來說也是負擔，於是我們允許這些企業把本次的工程作為廣告使用。

「陸咖啡」宣傳用的建材小冊子，讓許多客人看過後激起許多想法。例如，對這類房屋的憧憬、對隔熱性較強建材的需求，這也是一種「共享」場所的方式。雖然目前該咖啡館依然以義工形式營運，但是我們將爭取使其轉變為法人化的非營利組織，來維持長久營運。

不僅是東北地區，日本其他地區人口今後也將漸漸減少。如果我們不想辦法建立能夠讓人聚集的場所，城市將逐漸失去活力，不可能帶動經濟發展。我認為「共享」具備召集人群的功能。

重要的是，我們如何互相協助來維持組織的營運。「共享」給人們一種眾多人共享一樣東西的印象，但是「共享」的實際意義在於，人們透過互相獻出私有資源來建構組織。所以我們需要考慮的是，如何建構良好的組織來充分發揮力量。

我在前些日子拜訪陸前高田市，和當地的團體舉行會議。當地居民廣泛利用「陸咖啡」，讓我十分欣慰。當地居民本來是沒有到咖啡館的習慣，所以現在還是很少人會隨意進入，但是有些老年人一大早就過來喝茶、聊天、吃便當，所以該店今後的發展令人期待。

我一直在想，如何透過日常的設計來參與人們的日常生活，然而，最終讓我參與居民生活機會竟是「三一一大地震」，不過能在陸前高田市居民的協助下參加社交據點的建築，我覺得十分有意義。

此外，讓我認識了「共享」這個關鍵字，覺得建築之外的世界不斷地擴大。在今後的建設中更應該考慮人與社會的真正需求，希望能完成滿足這些需求的建築。我想以後多提一些團體性建築的方案。

成瀨友梨

一九七九年出生於愛知縣。畢業於東京大學大學院，工學系研究科建築學專業碩士。二〇〇七年起，共同主持成瀨・豬熊建築設計事務所。二〇〇九年被聘為東京大學特任助教。

相關網頁：http://rikucafe.com

採訪 建築師西村浩

透過空地的「草坪」化，增強城市活力

西村：我一直覺得佐賀將會成為地方第一。地方城市建築模式早晚會傳到東京。東京在這些年為了促進投資，在城市建設方面的限制一定程度上有所緩和，出現很多高層建築、住宅大樓，但這種現象不一定能夠持續下去。從人口的推算來看，儘管地方城市的人口呈現減少趨勢，但是東京地區的人口至少在十到二十年內還是會逐漸增多。對此，地方城市也採取各種措施。等到二十年之後，東京人口開始減少的時候，人們就該開始關注和參考地方城市了。我想這樣的時代早晚會來臨，所以現在是大逆轉的最佳時刻。

三浦：地方有許多有趣的故事，但是迄今人們都在仿效東京模式。

西村：因為東京對他們來說是最理想的地方，所以即便是時代轉換期，人們依然無法改變慣有的想法。

三浦：可不可以告訴我，佐賀今後會採取什麼具體措施？

西村：好的。佐賀市的市中心商業街的半徑大約三百公尺範圍，但是走在商業街上你會隨時

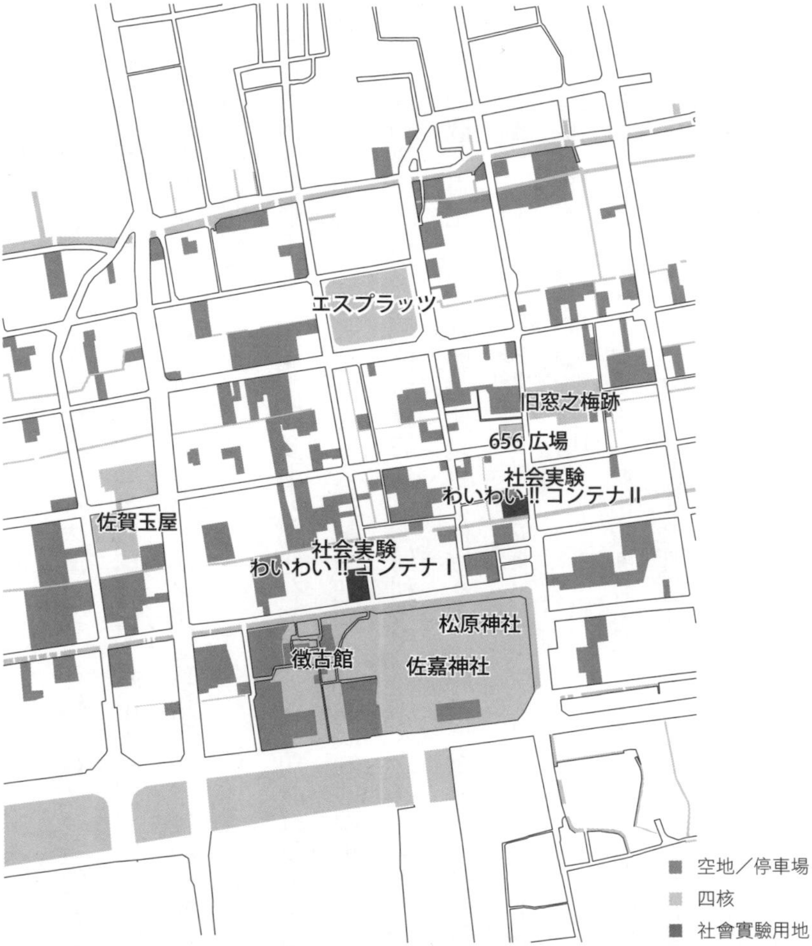

在隨處可見的佐賀市中心街道，建立了「四核」，促進城區復興（資料提供：WORK VISIONS）。

發現，原有店鋪都成了露天停車場。

經歷過一次破產後振興的再開發建築「S大廈」（S-Platz）、很久就有的百貨公司「玉屋」和「佐嘉神社」、已經成為危樓的「舊窗之梅」超市，我們要做的並不是透過二十世紀的傳統方式對「四核」進行再開發，而是透過珍惜利用早年的設備，讓更多的人在「四核」之間來往。

由於佐賀市的地形平坦，在城市許多地方都建有旁道，城市功能以及大型店鋪漸漸向郊外轉移，市中心開始失去了活力。人們試圖把向郊外擴展的範圍集中在一起，但這是不可能的事情。所以我們要考慮的是，如何利用空蕩無人的城市創造新環境。

我問過市政府員工：他們為城市建設做了什麼？市政府員工答覆：「就是每年舉辦一些大型活動」。但是，就算舉辦再多大型活動，活動一結束，城市很快就恢復往常的寂靜。這樣根本不會有太明顯的作用。

因此，我們在二〇一一年三月製定「城市復興計畫」。這個計畫最重要的就是空地管理。要是在過去，會有更多的開發商購買空地進行再開發，建造高樓、招徠大量的承租者，從而引來大量人潮，這就是在二十世紀普遍使用的方式。而當今如果這樣做，也許在起始階段會比較順利，但是隨著時間變化，高樓裡的空蕩店鋪依然會不斷增多。所以想要促進城市的發展，關鍵在於保持空地空蕩的狀態下引來更多的行人。我們於是想到一種方案，即使空蕩的停車場恢復成原來的空地，此方案或許能夠改變城市的面貌。如果這些停車場變回為空地，居住環境將會得到進一步的改善，越來越多人會願意生活在城市。隨著有利於育兒以及年輕夫婦生活條件的產生，越來越多人開始試圖把城市裡的空店鋪改造為住宅。

不管怎麼樣，我們首先還是要嘗試一下，於是舉辦了「歡樂貨櫃」工程。向銀行借用土地，設置草坪廣場和貨櫃，目的在於進行社會實驗，考察如何才能引來更多人。貨櫃內有三百多種雜誌、漫畫、圖畫書，供市民免費閱覽。

三浦：這些書籍都是透過商業振興科的預算來的嗎？

西村：沒錯。有一些是透過募集來的。我們選擇書籍時，為了能夠滿足不同年齡層的需求，在網路上搜尋人氣排名、市圖書館最有人氣的書籍，此外還擺放國外雜誌、圖畫書。在佐賀這種地方，根本買不到國外雜誌。（笑）從結果來看，來參觀該實驗地的居民不分男女老少。有很多小孩在草坪上玩耍，我不敢相信原來有這麼多小孩生活在該地區。還有不少幼稚園小朋友到這裡散步。

三浦：在此地可以享受餐飲嗎？

西村：人們可以隨意帶食物到此地，也可以讓聯合商店在此地發放食物，也可以委託商家在此地銷售零食。到了夏天清涼的傍晚時，很多人會聚集在這裡吹笛子。（笑）

三浦：感覺就像是在吉祥寺的井之頭公園。

西村：市民都反映：「城市裡既沒有人，也沒有什麼東西。在城市裡沒什麼意思。」我們鼓勵商業街的店主為引來更多客人努力，而這些店主都在抱怨：「客人根本不來，叫我們怎麼努力。」（笑）所以我們經常在城市裡舉辦大型活動來招人，但是光靠大型活動根本無法持續下去。

這回的「歡樂貨櫃」工程的目的並不是一味地增強該地區的活力，而是讓該地區商業街的居民透過宣傳、發放物品、介紹商品等方式來增加客流量。例如，讓行人在經過該商業街時產生消磨時間、用餐、購物意願。

此外，空地草坪的鋪設工作由該地區居民負責。如果能帶領孩子鋪設草坪，就會培養孩子今後不

孩子們聚集在草坪化後的空地〔照片提供／日經藝術（ARCHITECTURE）、攝影／IKUMA SATOSI〕。

再隨意丟垃圾的好習慣，因為他們親自參加了草坪鋪設活動，沒有人不珍惜自己的功勞吧。這裡的散步踏板是由我們的工作成員、市政府的工作人員、大學生共同製作的，我們買了一些建築材料再進行加工。貨櫃內的活動也很多樣，例如，供孩子們在裡面讀書、邀請外國人擔任教師的英語課、舉辦展覽會、邀請美國舞者在貨櫃前表演讓居民欣賞。

再談一下商業街。有一天，城市裡的一家餃子館在自家網頁上發布「草坪上的餃子」活動，上傳放在草坪上的餃子照片。隔天報紙就刊登一句廣告詞：「城市裡有草坪，城市裡還有餃子館」，並附有優惠券。（笑）因為草坪不需要拍攝許可和使用許可，市民可以自由發揮各自的想像力，充分利用這塊草坪。我認為這一點十分重要。

擺放雜誌、書籍後，形成人們休憩之地（照片提供：WORK VISIONS）。

關於草坪的管理，不一定要全部依賴行政部門，憑藉當地居民的力量就可以進行良好的管理。例如，可以讓當地的造園師把草坪當作宣傳場所，以收費的形式為喜歡園藝的市民舉辦園藝課程，再以學員費用充當草坪維護管理費。這樣既幫助造園師做宣傳，又能夠提高造園師的收益，一舉兩得，從而草坪自然會得到維護，對市民來說也是受益匪淺。所以我們在二〇一二年以後會嘗試此方案。此外，我們還試圖邀請馬場正尊先生，透過有效利用東京R不動產的佐賀版媒介，來促進空店鋪的再利用。重要的內容就是社區活動了。我們試圖邀請山崎亮先生，希望能把城市的草坪規劃為市民日常活動場所。

西村浩

一九六七年出生於佐賀縣。東京大學工學系研究科碩士。於一九九九年設立「Work Visions」。把焦點放在建築、土木等城市建構，還熱衷創建超領域的作品。主要專案和作品有：佐賀市城市復興計畫、岩見澤火車站複合車站樓（榮獲二〇〇九年度最佳設計獎首獎、二〇一〇年日本建築學會獎）。

尾聲

特別採訪

「無印良事」的時代
與東京西武流通集團文化基金會
理事長辻井喬氏對談

辻井喬氏親眼目睹從戰前、戰後到現代日本經濟社會發展的過程。他在戰後擔任零售商品流通業「東京西武流通集團」（Saison Group）生活綜合產業總監。在本章節我邀請辻井喬氏，從戰後消費社會的歷史角度，探討日本經濟的過去、現在和未來。

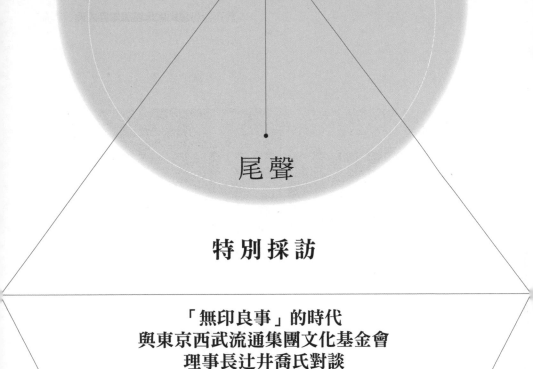

消費者第一次解放：一九六〇年前後

三浦：我一直認為辻井先生的最大功績就是創立無印良品，很想了解您創立無印良品的動機。希望您能從戰後的消費社會論角度來講述創業動機。

辻井：過去的日本人在消費方面落後西方，在消費方面外行占絕大多數。明治時期以後的消費者還沒來得及成熟，日本就戰敗了。有些消費者剛剛變得有些成熟了，但很快就被部隊招去參軍了。此外，有些店主、店員剛對產品有充分了解，正準備創辦專賣店的時候，就收到入伍通知書，所以在那時很難成為真正的產品專家。

今日走在銀座大街上就會發現，日本老字號專賣店數量屈指可數，少得可憐。即便是存在這樣的店鋪，在競爭力上也根本無法與愛馬仕（Hermes）之類的名品店匹敵。

即使是在戰後，從一九四五至一九六〇年高度成長期開始之前，日本也未有利於專賣店發展的社會，因此消費者同樣處於「鎖國」狀態。要是在歐洲，專賣店的店長、店員可以免服兵役，因為他們在該領域具備專業知識技能。

三浦：也就是說，歐洲的做法防止專業領域人才的流失。

辻井：沒錯。人們都能意識到商品的價值在於專家的親手製作。然而，明治時期以後的日本卻沒有這種意識。「奢華」在當時日本政府的眼裡就是「天敵」。所以在明治四十一年的《戊申詔書》上寫著這樣一段話：「雖然陶醉於日俄戰爭勝利之喜中，但是只有質樸剛健才是我們的國策。」後來，山本權兵衛在關東大地震之後借用大正天皇的名字，說了這樣一句話：「過去的輕浮才是日本最致命的過錯。」過了若干年之後，石原慎太郎說「這是天誅」。我當時正聽著石原閣下的天誅言論，覺得日本明治時期的那種情感仍在持續，為何不能從商業發展的角度來看，我對此感到十分遺憾。

隨著時間的遷移，日本也漸漸擺脫這樣的「鎖國」狀態，開始大量引入、使用和讚揚國外的產品，目光轉向了國外。

高島屋在一九五六年舉辦義大利產品展銷會，產品銷售得非常好。在此之前，國外的產品對於日本的消費者來說，是一種不可觸摸的事物。從一八六八年明治維新以後到一九四五年，又從一九四五到一九六〇年，日本的消費者一直處於「鎖國」狀態。受到義大利產品展銷會的啟發，我也試圖在一九五九年舉辦一場法國產品展銷會，於是前往巴黎進行採購。我雖然只是一名普通的百貨業主，但絕不能服輸，因此透過一段時間的努力，我取得良好的收益。不論是煙灰缸，還是果皮箱，都全部賣光。當時我在想，經歷很長一段時間「鎖國」的日本消費者，在這一天終於爆發了。之前不少日本消費者覺得外國貨在日本戰勝之前，是可望不可求的。進入六〇年代，日本的消費者終於可以敞開心扉購買外國貨了。

正因為這樣，直到八〇年代我一直專門引進國外品牌商品，差不多引進五十多個品牌。隨著日本的經濟發展，越來越多的日本百貨公司試圖做歐洲產品的代理店。同時，歐洲也從資料上看到日本經濟不斷好轉的趨勢，於是以試銷的形式答應日本百貨公司的要求。

消費者第二次解放：二十世紀七〇年代後期

辻井：那個時候我還獲得其他「副產物」。我利用休息日參觀巴黎的美術館，在參觀的過程中發現了讓我感到稀奇的東西，我意識到自己在美術、藝術史仍然處於「鎖國」狀態。那時我對繪畫的認識停留於後期印象派。

三浦：是不是在一九五九年之前都這樣？

辻井：沒錯。不過，當我在巴黎看到康丁斯基（Wassily Kandinsky）、克利（Paul Klee）等前所未見的作品時，既感到稀奇又感到有趣。那時我深深意識到自己依然處於「鎖國」狀態。當我逛累了，回到住宿的地方開始試聽收音機，這時又聽到了奇怪的聲音，再次讓我感到很稀奇，又仔細聽一遍，才知道這是由科隆廣播公司播放的施托克豪森（Karlheinz Stockhausen）的歌曲，那時再次讓我深深意識到自己在音樂方面也處於「鎖國」狀態。這就是我的副產物。

介紹我的另外一個副產物。一九六一年，我在洛杉磯待了一年時間，不過我實在不想再去那麼無聊的地方了。（笑）洛杉磯有迪士尼樂園和好萊塢的高檔餐飲街，在建造時確實投入不少資金，但是我總覺得在哪見過似的，根本提不起興趣。有時候因公司債券發行等業務會前往紐約，我每次都期待去紐約的機會。這是因為普普藝術在那個時候剛開始盛行。我在巴黎受到當代藝術的薰陶，到了紐約又遇到普普藝術。

三浦：那時候的洛杉磯還沒有普普藝術？

辻井：沒有。所以從一九五九到一九六一年這段期間，可以說是我自己內在的改革吧，從「鎖國」到「解放」這一過程就是我獲得的另外副產物。從這一點來看，日本在消費方面從「鎖國」進入第一次「解放」是在一九六〇年前後。但是，我看到這樣的趨勢就覺得藝術文化、生活的第二次「解放」即將來臨。

於是，「無印」經濟象徵第二次「解放」的出現。我重新整理一下記憶，覺得日本的經濟確實是以這樣的過程發展。我把日本消費社會分成兩個階段，首先，在六〇年代末之前的日本因受第一次「解放」的影響，有著深遠的社會改革意義。但是進入七〇年代之後，再也體會不到那種「解放」感了。所以我在想，「無印」代表第二消費社會的解放吧。

馬克思曾經說過這樣一段話：「消費並不完全是勞動力的再生產過程，真正的消費就是人性的恢復過程。」按照馬克思的話來看，我覺得日本已經達到第一次解放，但是離所謂「人性恢復」第二次解放還有一點距離。此外，我已經對品牌之類的東西感到厭倦了。

三浦：什麼時候開始厭倦的？

辻井：差不多在七〇年代後期左右吧。貼了商標之後，商品價格就可以提高兩成左右，讓人感覺就像是在搞欺詐。但是生活綜合產業就沒有那麼簡單了。要想擺脫第一次「鎖國」狀態，僅靠纖維、化妝品遠遠不夠，還需要在生活中各領域獲得「解放自由」。

三浦：原來如此，就是想透過創造非品牌「無印」產品來達到第二次解放。

辻井：但是一九八三年準備在青山地區開店時，公司內部討論了三個多月。現在回憶起來雖然覺得可笑，但那就是西友公司的事業部門之一。西友公司最早雖然發誓絕不創辦本業之外的店鋪，但是後來也開始考慮在青山開辦「無印」商品店的可行性，最後對無印商品店的創辦表示默認。在開辦無印商品店之前，西友就創造過「故鄉銘品」、「主婦之眼」之類獨特的產品，但最後還是覺得缺少了什麼。

三浦：我好像也購買過「主婦之眼」的砧板。（笑）

辻井：是嗎？（笑）那真令人感激不盡。

三浦：是一件十分簡單的商品。

辻井：但是從「物」這個角度來看，也是一件有價值的事物。

三浦：正是無印商品的前身。

辻井：沒錯。不過還是覺得有一些障礙，於是仔細想了一下，發現問題還是在價格。

三浦：「主婦之眼」的商品不便宜嗎？

辻井：不便宜，基本上都是在一件一件地生產。因為不能大量生產，所以雖然品質很好，但在價格上卻不盡人意。就算以單品形式販售這類產品，還是缺乏競爭力，因此覺得有必要專門從商品中把這類商品獨立出來，進行宣傳。所以，剛開辦無印商品店時，幾乎沒有多少西友公司、百貨公司的人過來選購。我私下和田中一光、小池一子、杉本貴志、絲井重里討論過，有時候和他們聚在代代木的酒吧一起商討。我利用白天時間拜訪西友店，對價格為最大銷售障礙的商品進行考察，發現不少產品完全可以以低價、低成本銷售。例如，帶有裂紋的香菇就可以低價販售，生產蟹肉罐頭過程中除掉擺放蟹足環節就可以降低成本。在毛衣製造方面，工廠通常會到牧場採購羊毛材料，現在的優衣庫差不多也這麼做，於是我方和優衣庫共同前往材料生產地，開始了產品的製造，而且剩餘的材料可以交給批發商。但這種方式在百貨公司恐怕行不通。

三浦：辻井先生說過，無印產品是從不崇拜海外品牌的「反體制商品」。您剛剛說過的那些例子就是反體制活動，不以企業為中心，把消費者權利放在第一位。

辻井：這是在我準備開辦無印商品店時說過的一句話，沒有比它更能體現當時的狀態了。（笑）確實是這樣。我本身就聽不慣「體制」這說法，「反體制」就不用說了。

三浦：您打招呼的第一個人是田中一光先生？

辻井：沒錯。

三浦：「無印良品」這個詞是一光先生想出來的？

辻井：沒錯。

三浦：那麼「無印良品」這個觀念是辻井先生您想出來的嗎？

辻井：我記得當時提出的是「無品牌商品」，而田中先生命名為「無印」。

三浦：這些年，這樣的日語稱呼方式十分普遍。

辻井：這些年確實變得普遍了。

三浦：要是在三十年前，需要一定的勇氣吧？

辻井：那個時候這樣用日語命名，很容易給人「俗氣」、「落後」印象。不過如今進入國外的無印商品店時會發現，店裡播放著聲明。

三浦：在店內？

辻井：沒錯。而且不少人在此燒香。

三浦：可能是因為當地人覺得這樣才能體現日本風格吧。

辻井：我也是這麼想……不過在實際中還真的起到不少作用。

三浦：是從禪道的角度來看吧？

辻井：應該是從民族風格的角度來看。我個人倒覺得很好。不過「民族風格」這種說法只能在七、八年內有效。在此期間，如果不能和當地的生產據點保持密切聯繫，生產銷售活動早晚會中斷。

三浦：當您剛開辦無印商品店時，有沒有想過把無印商品推向全世界。

辻井：說實在的，一開始的時候只想著在日本獲得一席之地。（笑）

三浦：是這樣啊。不過這樣的商品能夠走向國外，也是很稀奇的事吧。

辻井：我也覺得是很稀奇的事。

三浦：既不是機械，也不是日清杯麵（Cup Noodle）。

辻井：商品能夠以商品群的形式走向世界，確實是一件十分稀奇的事。

了解時代的方式

三浦：不光是辻井先生，只要是經營者都需要了解時代吧。因為無印商品店是零售業，所以辻井能夠敏銳地了解時代的趨勢。我想您也經歷過幾次失敗，我很想了解，怎樣才能準確地了解時代。

辻井：開個玩笑，先融入商界大亨當中。如果你能夠否定商界大亨之間達成的意見，你就把握了時代的趨勢。（笑）因為這些大亨不願意把握時代的趨勢。

三浦：他們不願意？

辻井：因為到目前為止的時代背景支撐他們的權威。

三浦：原來如此。

辻井：另外一個就是一致的意見，當然這也只是玩笑而已。不過，當今的日本媒體相當差勁，所謂的日本六大報社，根本就不行。如果能夠推翻商界、媒體的一致意見，你就把握了今後大概的趨勢。

三浦：沒想到媒體都把握不了時代趨勢，這太可怕了。

辻井：沒錯。下面講第三個，這才是真正的方式，即在大街上漫步。漫步的地點倒是沒有限制，但是我建議你去連鎖藥店「松本清」（Matumoto Kiyosi）或優衣庫。在這類地方隨便逛逛，多和人談話了解資訊，會給你帶來啟發，也可以在電車上和其他乘客聊一聊。光憑一兩個資訊就想了解大眾消費的整體形勢是不大可能的。由地震引發的海嘯把街上的汽車推翻得到處都是，就像隨地亂扔的玩具似的。人們看到這一場景後漸漸地失去購買汽車的欲望。越來越多人開始覺得，即使沒有曾經認為不可或缺的東西，照樣能夠生存下去。

不知是內閣府還是總務省提出「日本很強壯」、「日本加油」之類的標語，但是我非常不看好。因為這些標語給人的感覺就是日本沒有經歷過戰後六十年似的。

我認為，地區將會在今後成為中心，我們要創造的是與過去不同的共同體。到時候，整個社會在某種意義上都會發生變化。我覺得今後要面臨的問題，中央集權恐怕難以克服。

三浦：我也覺得「三一一大地震」給我們帶來史上最困難的問題。由於神戶是比較年輕的城市，只要重建毀壞的設施就可以解決，但是東北地區卻非如此，很多人認為田中角榮要是在位，很快就能制定復興計畫，但是我認為並非如此。

辻井：這回確實不大一樣。

三浦：東北地區地勢廣，地區特性多樣，且沒有多少近代化都市，既有工廠，又有田園、漁村，所以不知道該從哪入手。此外，我認為最關鍵的因素在於國民意識的變化。東北地區要是在三十年前受災，人們會把災後重建看作是發展經濟的最佳契機，大力建造快速公路、高層建築，促進東北地區的近代化。然而，當今人們並沒有把近代化看作是最佳選項，很多人都在呼籲保持東北地區的原生態，所以無法按照田中角榮的方式復興東北。

辻井：我也有類似的想法。透過這次震災，我覺得日本不應該就這樣被丟棄，因為現在的日本不是我們想像的那樣。

三浦：究竟是怎麼回事？

辻井：東北地區的人正在反對中央集權，迄今為止從未有過這種情況。當石原慎太郎閣下說：「這是天誅」的那一刻，地方自治體、縣知事、市長、村長都異口同聲地反駁：「我們受了這麼大的苦，你竟然說是天誅，豈有此理。」第二天，那個高傲自大的石原慎太郎就低下頭了。

小小共同體成為核心

辻井：自治體的領導、知事、市長、町長、村長等領導，發現自己完全有能力重建災區，根本不需要依靠中央的力量。這是個大發現。

三浦：這正體現「無印日本」。

辻井：沒錯。這件事值得在今後震災方面的報導上大書特書。迄今為止，人們一直覺得沒有中央的力量什麼都辦不到。但是，知事和市長今後也會獲得相當大的權力。此外，全日本從町長、村長中發現許多出類拔萃的人才。

三浦：連國會議員都辦不到的事情，地方的領導人能夠承擔嗎？

辻井：中央的官員以及大臣辦事拖拖拉拉，我都懷疑這幫人和我們是否同一國。如果把希望寄託在地方的領導人，我覺得將來的日本會展開新視野。

此外，也可以說東北地區依然保留許多村落共同體。但是這些共同體遭遇過來自某組織的破壞，劊子手就是第二次世界大戰時期的軍閥政府、東條英機內閣，他們破壞了所有的村落共同體。後來，被稱為日本經營之寶的終身雇用制、論資排輩制度也遭到東條英機的破壞。日本在第二次世界大戰期間的國家體制為極權主義，那時候政府的主張令人十分震驚。與中央地區相較，東北地區的人們受政治煽動洗腦的程度較輕。也就是說，日本的許多傳統之美保留在東北地區。

三浦：這回的震災體現出當地人強烈的自治意識。

辻井：有那麼多的村長、町長具備自行決定的能力以及領導力，這讓我很震驚。

三浦：所以說，「地方無法自立，需要中央照顧」這種說法純粹是中央的說教。

辻井：我覺得這個跟核電幻想是一樣的，最終卻崩潰了。

三浦：這樣一來，地方的稅收全部交由地方使用的機會將越來越大。

辻井：我擔任政府稅調委員時提到這件事，引起很大的轟動。我說：「地方首先要有稅收自主，而且要占最大部分，剩餘的再交給中央。德國就這樣做。目前好像只有日本一切都跟著中央的屁股走。」這段話使我遭到很多人的批判，他們說這是難以想像的非常危險的發言。

三浦：但是從這回東北地區的事態來看，東北人完全有提出免受中央法律規章限制的理由，進行自治管理。

辻井：沒錯。

三浦：儘管中央也知道東北處於緊急狀況，但是中央一旦允許東北地區自治管理，後果將不堪設想。即使中央想要認可，也不敢開口。

辻井：中央的各省廳感覺到這種危機感。如果把東北地區的自治管理和以「加油日本」為口號的災區復興相提並論，會出現許多麻煩。再看看東北地區就會發現，目前全日本沒有一個地方在實行都市計畫。

三浦：沒錯。

辻井：過去的人總覺得「在我的地盤用我的錢建立屬於我的東西，有什麼錯」，抱著這樣心態建了很多東西。後來又補建公園、幼稚園等一些不可缺少的設施，漸漸地形成如今的城市。但是我們透過這回的震災吸取很多教訓，其中之一就是對私權一定程度的限制。在日常中我們不否定私有制，但這不意味著沒有任何限制，如果以公共性為理由，私權在一定程度上就不得不受到限制。今後我們應該會產生如此意識形態的變化。

三浦：我想應該是。同時，政界、商界人士必須要有「我們應該這樣改變都市」的意識。即便是流通業，利用電腦進行人口分析，在人口容易集中的地帶開店。這一點既沒有體現都市論，也沒有體現東京論。我覺得東京都中心變得越來越無趣。在東京都中心建造許多要塞般的大樓，並把所有大樓都集中在此地，以「連一分錢也不用在東京都中心之外」的心態，在高樓、火車站等地建造購物中心。雖然想透過漫步街頭進一步了解時代，但能漫步的街道卻越來越少。

辻井：確實如此。所以我覺得這種動態早就開始了。曾經有一段時間人們說過，街區早晚會蕭條，如今街區果真蕭條了。至於今後如何復興這些蕭條的街區，我認為將會建構新共同體，即聯繫住宅區和工作單位的新共同體。不知道什麼時候能夠形成，也許是三十年之後，也許是四十年之後。大都市一旦蕭條，就會以新的小共同體為核心，從而誕生新的集團、新的行政部門。「樹木」將會在集團與集團之間生長，最終會形成「森林」。

這是時間上的問題，可能是在遙遠的一百年之後。我覺得今後的東京不可能進一步擴大，如果不把「共同體」這個因素考慮在內，難以看到都市城市的復興。

三浦：說的沒錯。我正準備在《都市計畫學會雜誌》六十週年紀念號上發表文章，在文章開頭需要敘述與專家的談話內容，於是前幾天我和法政大學陣內秀信先生一同視察郊外以及城市的住宅區。正如辻井先生剛剛所說的，小小共同體的建構正在城市郊外產生。四十歲左右的主婦從地主那裡得到使用許可後，在空置農地上建造社區花園。周圍的居民來到該農地一起務農，臨走時會帶走一些農作物，使用的肥料是從周邊住宅區收集的廚餘。雖然看起來是十分普通的一件事，但是這樣的活動早已開始。主婦們透過這樣的活動了解都市計畫、建築基準法的內容。

辻井：原來如此。我聽不少人說東京周圍最理想的地帶是人形町，其次應該是神樂坡吧。總之，這些地方還保留一些社區。

三浦：是因為不少做生意的人居住在那一帶，是吧？

辻井：他們的目標就是建構舒適、和諧、充滿人情味的城市。

三浦：無印的觀念就是不受品牌等體制價值影響，今後這樣的觀念不只在「物質」，還會擴大到「事情」、「人」，將來我們也許能夠建造「無印良城」。

辻井：沒錯。在建造「無印良城」的過程中，說不定無意識地發現自己不再拘泥於「物質」層面，而是到了更高的層次，產生新的價值觀。這不是很好嗎？

三浦：我們的目標不在於建造「無印良品」城市。

辻井：對對。

三浦：而是創造「無印良事」、「無印良品」。

辻井：是吧。（笑）

辻井喬

詩人、作家。原名堤清二。一九二七年出生於東京。二〇〇六年榮獲第六十二屆恩賜獎、日本藝術院獎。擔任日本藝術院會員、日本筆會理事、日本文藝家協會副理事長。近期著作包括詩集《辻井喬全詩集》、小說《茜草色之天空》、隨筆集《流離的時代》、與三浦展的對談《無印日本》。

後記

我大學畢業於一九八二年，畢業後前八年在巴而可擔任市場銷售類雜誌《穿越》的編輯工作。我想，在二十世紀九〇年代從事市場行銷、商品策劃、廣告等方面工作的人都應該讀過《穿越》雜誌。

接下來的九年我在三菱綜合研究所工作，主要從事經營諮詢、厚生行政、勞動行政等方面的工作，市場行銷的工作占了其中一部分。後來我辭去三菱綜合研究所的工作，在接下來的十三年充當消費社會研究專家、市場行銷策劃員、市場行銷分析家等角色。從我大學畢業至今正好是三十年。

雖然《穿越》是市場行銷類的雜誌，但是它會從社會學、社會心理學等角度分析市場動態，不僅調查消費者的需求，還對消費者價值觀的實質變化進行分析和預測。此外，正因為巴而可本身就是房地產業，於是我就撰寫消費論、都市論、東京論、城市建構等方面的報導。雖然編輯的是市場行銷類雜誌，但是涉及很多領域。

編輯室員工都是來自巴而可股份有限公司的正式職員，所以企劃、調查、分析、執筆、攝影等工作一切由員工自己負責。每年有十二人左右的雇員，其中男性只有三、四人。雖然雇用機會均等法在當時還沒有成立，但是巴而可不分男女，公平地雇用年輕員工。巴而可編輯室無論是雜誌內容還是體制方面都很獨特。

我這些年寫過的書均以消費活動為分析物件，所以不少人把我的書歸類為市場行銷。當然我撰寫的多數內容確實也是與市場行銷相關，但我並沒有打算局限於市場行銷。實際上，讀者不一定都在從事市場行銷，不少讀者從事都市規劃、建築、居住學、青少年論、家族論等領域的研究。我在大學期間學習過所謂「學問之大雜燴」的社會學，這就是我撰寫這些涉及各方面領域書籍的契機。當然，我也是受到《穿越》這種「大雜燴」雜誌的薰陶。

我在巴而可工作以來的研究題目有嬰兒潮世代論、郊外論、東京論，我早就想分別對這些研究成果進行總結。

關於嬰兒潮世代論，我在巴而可工作的時候出版《大漫遊：徘徊於嬰兒潮世代的過去與現在之間》（一九八九年），後來在二〇〇五年、二〇〇七年分別出版《嬰兒潮世代之總括》（之後改名為《嬰兒潮世代之戰後史》）、《嬰兒潮世代之落差》，這兩者可以說是我的後期研究成果。

關於郊外論，我在一九九九年出版《「家庭」和「幸福」的戰後史》，在二〇一一年又出版《今後郊外的去向》，後者是以巴而可時代的「第四山手論」為中心，介紹東京郊外歷史的書。此外，我還在巴而可時代出版《「東京」之侵略》，描繪東京，我計畫在近期對東京面貌進行再次驗證，準備出版有關未來東京預測的書籍。另外，我還準備出版歐美國家城市郊外史的書籍。

我在撰寫本書時，結合自己三十年經歷，對《穿越》的主題「消費」進行探討。在本書提到當時的巴而可社長增田通二氏創造了「創費」一詞，不過隨後增田氏透露他再也無法了解消費的實情。經常在他身邊工作的我，透過這件事深深體會增田氏的苦衷。

這回我論述的也是消費社會，涉及領域相對較廣，但是在一本書裡涉及所有內容很困難。年輕人消費的內容較多，暢銷產品、流行風的內容相對較少。網際網路、漫畫、動漫、遊戲都是我不大擅長的領域，所以很少在本書提到。雖然多少涉及住宅內容，但沒有提到家族、性別與消費社會之間的關係。男女的戀愛、婚姻等都是消費社會中重要消費活動之一，但在本書中幾乎沒有提到。此外，應該對「家計調查」等基本消費統計進一步分析。最初我打算論述消費與政治之間的關係，但因經歷有限最終未能涉及這方面內容。我對這些內容沒有異議。只是光在消費社會主要內容上耗費不少篇章。在消費社會，任何事物都有可能成為消費對象，很難總括消費社會。如果今後有機會，我想多著墨消費社會。

因此，我在本書論述的內容只是消費社會的一部分，至少掌握本質內容。用一句話講，本書探討的是消費社會的起源與去向。換句話說，就是以「人的起源與去向」為主題，像是逃到南島的高更（Gauguin）畫作一樣。進一步講，由於本書所涉及的消費社會史與個人史相互重合，本文多少提及「我的起源與去向」等個人內容。

一九七五到一九七六年間我就讀高中。我曾經把這段時期的部分新聞報導剪輯下來，製作成一本剪貼簿。撰寫本書時為了尋找羅馬俱樂部的報導再次翻閱這個剪貼簿，發現其內容和我記憶的有些不同，剪貼簿上貼著關於為裁軍問題舉辦的帕格沃什會議報導。又仔細閱讀了剪貼簿，讓我驚奇的是裡面記載著如下內容：山崎正和氏的隨筆，有關調查代官山同潤會公寓的日本大學望月照彥氏的報導，有關石崗瑛子氏指導角川書店的廣告「女性們，請關掉電視機」的報導，《美國商品型錄》出版，DIY等手工製作意識的推廣，以勤儉樸素為旨趣的夏克牌（Shaker）傢俱，西德意志勞動者的經營參與，核電問題，糧食危機，磚造結構的保護，女性就業市場，生涯教育……

這些問題和我現在關心的問題差不多，也就是說，我們在當今面對的種種問題早在三十六、三十七年前就已出現，這一點讓我很吃驚。那時正處於第三消費社會的起始階段，經濟快速成長因石油危機的出現而結束，日本人正摸索著新社會的建構方式。隨著越南戰爭的結束，有關戰爭的新聞報導漸漸地消失，有關「向進步和成長一邊倒」的報導也在減少。取而代之的是新主題、新價值觀，包括對昭和同潤會的再評價、女性的新謀生方式等內容。

我隨後進入大學，畢業後進入因石崗瑛子氏的廣告而著名的巴而可公司（石崗氏今年剛剛去世），在《穿越》雜誌中發現望月照彥氏的姓名，於是每當自己在論述消費社會時就會引用山崎正和氏的例子。可以說我的一切都是始於三十六年前的剪貼簿。

最後，真心感謝淺田彰、山崎亮、西村浩、成瀨友梨、小泉秀樹、豬熊純、後藤智香子、辻井喬氏的協助。此外，在製作本書卷末的年表過程中，勞駕了我的職員阪後純子女士、清水郁子女士，在執筆的過程中得到舊友石井伸介先生的建議，在此我對他們表示真心的感謝。

我在編輯本書以及《天空樹：東京住宅區漫步》的時候，受到朝日新書編輯部山田智子女士的關照，儘管在策劃階段經歷了一些挫折，但是在山田氏的鼓勵和幫助下，最終克服了這些困難。為此，我向山田女士表示真心的感謝。

消費社會一百六十年表

年	主題	日本	海外（沒有括弧為美國）
1851	大英帝國控制下的和平		世界最早的世博會，倫敦世博會開幕（英）
52			世界最早的百貨公司「Bon Marche」在巴黎開業（法）
53		佩里（Perry）來日	
54		簽訂日美親善條約	
58		簽署日美修好通商條約	
66		福澤諭吉出版《西洋事情》	
67	文明開化	首次參加巴黎世博會	
69（明2）		中川嘉兵衛在東京高輪創立牛肉店 電信在東京／橫濱間開通、公共電報業務開始 日本最早的公共馬車運輸業在東京／橫濱間開始	世界最早的大陸橫貫鐵路竣工
71		日本最早採用國產鉛活字的日刊新聞《橫濱每日新聞》創刊 近代郵政業務在東京／京都／大阪間開始	
72		新橋／橫濱間的鐵路開通 日本最早的油燈在橫濱亮相	紐約百貨公司「布魯明戴爾」（Bloomingdale's）前身，洋品店開業
74		木村屋店鋪開業於銀座四丁目。豆沙麵包上市	
75			百貨公司「自由」（Liberty）開店（英）
77		第一回內國勸業博覽會在上野公園舉行	第一屆溫布頓網球賽開幕（英）
78		美國教練利蘭（Leyland）在東京一橋體操講習所指導	
81		第二屆勸業博覽會在上野公園舉行，產品與來訪人數分別比第一屆增加四倍與二倍	
82		弧光燈在東京銀座首次亮相	

倫敦世博會

1900　99　98　97　94　93　92　90　89　88　85　84　83

淺草時代

美國抬頭

上野公園內開設博物館、動物園

木村屋的豆沙麵包成為銀座特產

鹿鳴館成立於東京麴町

日本最早的咖啡館「可否茶館」於東京下谷開業

公共電話業務在東京／橫濱間開始

通稱為「十二層」的淺草凌雲閣開放參觀，日本最早的電梯開始運行

服部金太郎設立精工舍，開始製造時鐘

1890年第三屆內國勸業博覽會（ADO•MUSIUM收藏）

稻畑勝太郎在大阪難波的南地演舞場放映日本最早電影

日本麥酒公司（札幌啤酒）在東京新橋開辦日本首家啤酒館

《女士／家庭／日報》（*Ladies Home Journal*）創刊

地鐵「內環線」（Inner Circle）形成（英）

連鎖百貨公司瑪莎百貨（Marks & Spencer）前身成立（英）

賓士公司製造三輪汽車（德）

蒂芙尼（TIFFANY）玻璃工藝館於紐約成立

鄧洛普（DUNLOP）公司發明汽車充氣橡膠輪胎（英）

巴黎世博會開幕。法國大革命一百週年紀念。埃菲爾鐵塔完工（法）

立頓公司在錫蘭成立分公司（英）

可口可樂公司成立

鋼筆製造商「派克」（Paker）成立

《時尚》（*VOGUE*）創刊

紀念哥倫布發現新大陸四百週年，芝加哥世博會開幕

《告示牌》（*Billboard*）創刊

坎貝爾公司發明罐裝濃縮湯

時尚領頭羊《VOGUE》

埃比尼澤．霍華德（Ebenezer Howard）設立田園都市協會（英）

巴黎世博會開幕。四千七百萬人入場（法）

巴黎地鐵一號線開通（法）

販售一美元的柯達相機

1900年巴黎世博會

年	主題	日本	海外（沒有括弧為美國）
1901（明34）	美國大量生產時代		高級衣料品百貨公司Bergdorf Goodman於紐約開店 「留聲機＆印表機」（Gramophone & Typewriter）公司開發SP唱片（英）
02		美國勝家縫紉機分店開業於銀座	百事可樂公司成立 製造第一輛卡迪拉克牌汽車
03		堺利彥《家庭雜誌》創刊 羽仁元子《家庭之友》創刊 第五屆勸業博覽會在大阪天王寺開幕。在會場採用霓虹燈、電梯，被稱為「快回機」的旋轉木馬登場 東京日比谷公園開業 東京電車鐵道公司在新橋／品川間開通日本最早的有軌電車 首家常設電影院「電氣館」在淺草開業	專業棒球世界賽首次開幕 最早的田園都市「列契沃斯」（Letch Worth）形成於倫敦郊外（英） 哈雷摩托車（Harley Davidson）上市 福特汽車公司成立 萊特兄弟進行世上最早的動力飛行。飛行時間四十二秒 西門子開發電氣機車（德） 盧米埃爾兄弟開發三色彩色攝影法（法）
04		日本首家百貨公司「三越和服店」在東京開業	
05		《婦人畫報》創刊	
06		《婦人世界》創刊	羅爾斯羅伊斯公司成立（英） 第一屆France Grand prix汽車賽在利曼開幕（法）
07		大規模的溜冰場在諏訪湖成立	德弗瑞斯特（De Forest）無限電信社成功播送世界最早的無線電廣播 愛迪生和製作公司獲得電影專用相機專利
08			通用汽車（General Motors）公司成立 T型福特上市 胡佛（Hoover）公司販售電動吸塵器 奧利維蒂公司創立（義）

最早的田園都市列契沃斯（LETCH WORTH）（三浦攝影）

第一消費社會

09　10　11　12（大1）　13　14　15　16

大正現代主義

帝國劇場開業。流行語「今日在帝劇、明日在三越」誕生

東京市有軌電車公司成立

留聲機、唱片的月生產量分別超過五萬台、五萬張

首家計程車公司在東京數寄屋橋開業

遊樂場「月光公園」成立於大阪天王寺第五回勸業博覽會遺址，通天閣成立

橋本增治郎的快進社，首次在日本製造DAT號（脫兔號），隨後發展為達特桑（DATSUN），成為日產汽車公司的產品

森永食品公司開始販售奶糖

銀座千疋屋開始稱為「水果飲茶室」（Fruit Parlor）

勝家縫紉機公司販售家用縫紉機

寶塚歌劇團（寶塚音樂學校前身）成立

東京電器（東芝前身）成功量產「松田電燈」的鎢電燈泡

早川德次販售「螺旋鉛筆」（自動鉛筆）

家庭博覽會於上野開幕

《婦人公論》創刊

三越和服店陳列場（國會圖書館收藏）

帝國劇場（國會圖書館收藏）

描繪著圍繞桌袱台的家庭的松田LAMP廣告《朝日新聞》

通用電器（General Electric）公司開始販售世界最早的電動烤麵包機

愛迪生發明有聲電影

Hotpoint Electric Heating公司成立

CTR公司成立（IBM前身）

夏乃爾公司在杜斐內創辦最早的店鋪（法）

最早的家用電冰箱上市

愛迪生公開無聲電影

駱駝（Camel）煙草（世界最早混合葉紙卷煙草）上市

華納蘭勃特（Warner Lambert）公司販售漱口水

費　社　會

年：17（大6）、19、20、21、22、23

主題：大正現代主義；郊外；文化

日本

《主婦之友》創刊，三年後發行量在婦女雜誌中排第一

乳酸菌飲料可爾必思上市

ADO・MUSIUM東京收藏

阪急公司在大阪梅田站前建造五層樓房，白木店開張

森永食品公司販售奶粉「Dry Milk」（現在由森永製造販售）

合夥公司江崎商店（江崎格力高）開始販售奶糖格力高（Grico）

文化裁縫學院（文化學園）建校

和平紀念東京博覽會在上野開幕。展示被稱為「文化住宅」的洋式小住宅

《週刊朝日》創刊

ADO・MUSIUM東京收藏

丸大廈竣工，約有三百五十家公司遷入，能容納一萬人的辦公大樓。山野千枝子在裡面開辦美容院

分戶住宅始於田園調布

《文藝春秋》、《朝日Graph》創刊

孔雀牌咖哩上市（S&B咖哩）

施敏打硬（Cemedine）膠合劑上市

菊池製作所（Tiger熱水瓶）販售帶有「老虎」標誌的熱水瓶

資生堂公司開始連鎖店制度

由弗蘭克・勞埃德（Frank Lloyd Light）設計的帝國旅館新館竣工

海外（沒有括弧為美國）

歐洲初量產汽車雪鐵龍A型上市（法）

AT&T開發轉盤式電話機

立頓公司開始販售茶包（英）

Arrow公司開始販售固定式顏色的襯衣「Arrow Trump」

強生（Johnson & Johnson）公司開始販售護創膠布「Band-Aid」

夏乃爾公司發表作品「夏乃爾五號」（法）

BBC無線廣播開始

無線廣播廣告登場

《領導力文摘》（*Leaders Digest*）創刊

由雙色彩色影片製作的最早有色電影《戀愛之睡蓮》上映

蘇格蘭威士忌（Scotch whisky）販售「Circle」（英）

洋基棒球場（Yankee Stadium）成立於紐約

以「藝術和科技的新綜合」為主題的包浩斯首屆公開展示會「包浩斯週」開幕（德）

賓士公司製造裝載內燃發動機的大卡車（德）

《時代週刊》創刊

丸大廈，引自《日本地理體系：大東京篇》

帝國賓館新館，引自《日本地理風俗體系：大東京篇》

第 一 消

無線廣播　銀座時代　百貨公司　中轉站　都市大眾消費文化開花

關東大地震

24
寶塚大劇場開業
徠卡相機開始大量生產（德）

25
東京廣播局開始日本最早的無限廣播
《紐約人》創刊

26（昭1）
日本放送協會（NHK）成立
貝爾德（Baird）公司（英）首次進行電視機實驗

27
日本最早的地鐵在淺草／上野間開通
維森霍夫（Weissenhof）住宅區展（德）

28
白木屋百貨公司開業於五反田站前
三越和服店把商號改為「三越」
米老鼠漫畫電影第一部作品《蒸汽船》（*Willy*）上映
電視節目定期播放開始。每週三次，各九十分鐘
Daven 公司首次販售家用電視

29
終點站百貨大樓阪急百貨公司開業於大阪梅田
新宿三越開店
壽屋（三得利）開始販售國產威士忌
大恐慌
紐約當代美術館開幕
克拉蕾絲（美）公司開始販售一九一七年開發的急速冷凍食品

30
銀座三越開店
紐約克萊斯勒大廈工
磁帶答錄機問世，實現高音質編輯（德）

31
淺草松屋開店
勒・柯布西耶設計「Server 豪宅」（法）
聖誕樹在洛克菲勒中心前豎立
直通電報（Telex）前身，最早的電信印刷交換局在倫敦營業（英）

32
無線廣播收聽人突破一百萬
地鐵三越站開通
東京市三十五區制度成立
無線電城（Radio City Music Hall）在紐約開館，能容納六千人世界最大電影院
收音機年銷量達四百萬台，半數以上家庭擁有。英國年銷量一百五十萬台
刷盤機上市

ADO・MUSIUM東京收藏

消費社會

年	主題	日本	海外（沒有括弧為美國）
33（昭8）	新宿澀谷發展	新宿伊勢丹開店 日本橋高島屋開店	RCA公司對採用映像管電視進行實驗 飛機製造商「岩石層」（Rock Head）誕生 芝加哥世博會開幕。以「進步的世紀」為主題 《新聞週刊》創刊 ICI公司發明聚乙烯
34		澀谷東急東橫店開店	哈蒙德風琴誕生 「基波」商標登錄（一九三七年）
35	法西斯主義	咖啡館在日本大流行，東京市內已有二千五百家店 日本橋三越本店擴建整修施工完成。中央大廳形成，地上七層，地下二層，在中央大廳設有管風琴	企鵝圖書（Penguin Books）創社（英） 波音公司開發四引擎、金屬製低翼單葉轟炸機B-17。被稱為「飛行要塞」
36		日劇舞蹈隊首次公演	《生活》（*Life*）創刊
37			迪士尼最早的彩色有聲卡通電影《白雪公主》上映
38			超級柯達（Super Kodak）620相機上市。 班尼・古德曼（Benny Goodman）爵士音樂會首次在紐約卡內基音樂廳表演 由威爾斯（H G Wells）小說《宇宙戰爭》改編的廣播劇《火星人來襲》播出，由於內容過於逼真，引起巨大轟動 斐迪南博士發表福斯（Volkswagen）汽車公司「甲蟲」 尼龍生產開始於杜邦公司，最初的商品為牙刷的毛

新宿伊勢丹開業時的海報。在當時，前往市中心百貨公司購物是特殊活動。
（圖：風間四郎／ADO・MUSIUM東京收藏）

第一	第二消費社會

39　40　41　44　45（昭20）　46　47

美國化

武藏野百貨公司（西武百貨公司）開業於池袋

戰爭結束

樂天公司開始製造口香糖

日絆（NITIBAN）藥品工業開始販售透明黏貼膠帶「cellophanetape」，「cellotape」一詞開始普及

歌舞伎町誕生於東京新宿

《女服童裝製作》（*Dress Making*）由裁縫女學院創刊

柳橙汁「Bireley's Orage Juice」首次從美國引進

《朝日新聞》開始連載「金髮女郎布朗娣」

紐約世博會海報

優雅的迪奧（DIOR・FASHION）在全世界深受歡迎

紐約世博會開幕

雷蒙・洛伊威（Reymond Loewy）再次對好彩香菸（Lucky Strike）包裝進行設計

洛克菲勒中心竣工於紐約

杜邦公司的尼龍長統襪上市

柯達發明彩色電影膠片

工業設計師協會成立

特百惠（Tupper Ware）公司在家庭派對上以實際演出形式販售家用塑膠製品

達斯卡尼歐設計比亞喬（Piaggio）公司的滑板車

最早的郊外住宅都市萊維頓（Levittown）形成於美國長島

微波爐上市

迪奧（Christian Dior）發表女性流行服「New Look」。這是強調女性特徵的長裙般設計，與二戰期間不同的時尚風格（法）

勒・柯布西耶在馬賽開始集合住宅（Unité d'Habitation）建設（一九五二年竣工）（法）

寶麗來相機上市

CBS公司開始販售LP唱片

費　社　會

年	主題	日本	海外（沒有括弧為美國）
50（昭25）		壽屋（三得利）開始販售三得利老牌威士忌。五五年，國民酒場托利斯酒吧（Torys Bar）成立於各地	漫畫「Peanut」開始連載
		男子專用時裝樣本《男子專科》創刊	信用卡公司設立大來卡（Diners' Club）子公司
		小田急電鐵的「浪漫號」（Romance Car）特快列車開始行駛東京新宿／箱根湯本	世界最早的彩色電視節目開始播出
		東京通信工業（索尼）販售日本最早的唱片	
51	近代化	Peace煙草公司的標誌更換為「鴿子」圖案。雷蒙・洛伊威的設計費為一百五十萬日圓	擁有私家車的戶數占六〇%
		中內功在大阪市內開辦藥物批發店「SAKAE藥品」，大榮前身	開發了視頻錄影技術
		朝日麥酒開始銷柳橙汁「Bireley's Orage」	CBS開始播出彩色電視節目
		東京羽田國際機場竣工	Gramophone公司開始販售世界最早的三十三轉LP唱片
		因公營住宅施行法，公營公寓在廚房、餐廳的設置有所改善。同年，開始採用廚房兼餐廳的空間	
52	家庭電氣化	不二家開始販售「Milky」奶糖，小女孩「Peko醬」為吉祥物	《電視指南》（*TV Guide*）創刊
		明治屋開始製造濃縮柳橙汁。四月札幌啤酒銷售果汁「Ribbon Juice」（隨後，改稱「Ribbon Orange」）	
53		NHK「紅白大歌唱」首次在東京日本劇場播放	《花花公子》（*Play Boy*）創刊
		日本最早的超市「紀之國屋」於東京青山開業	
54		三維浦（Sunwave）開發不銹鋼洗物槽，象徵文化生活的電冰箱、洗衣機、電視機被稱為「三種神器」	容納一千家店鋪的購物中心於底特律開業，隔年全美購物中心數量達一千八百家
			漢堡王開業
			勝利（Victor）公司開始販售錄音過的磁帶
			第一屆新港爵士音樂節開幕
			貓王（Elvis Presley）正式登場

《週刊朝日》1957年10月13日廣告

第二消

美國控制下的和平

五五年體制｜住宅區｜週刊雜誌｜半導體

55

自由黨和民主黨合併，自由主義體制「一九五五年體制」確立
豐田汽車開始販售「豐田寵物皇冠」（Toyo Pet Crown）
日本住宅公團成立。開始使用「DK」單位表示房間數
廣告標題「光亮的不銹鋼廚具」受到好評，不銹鋼製廚房象徵文化生活
通產省發表「國民車構想」
森英惠在東京銀座開店

住宅建設戶數達到一六五萬戶
迪士尼樂園開業於加州
麥當勞FC連鎖店化正式開始
詹姆斯・狄恩（James Dean）車禍去逝，享年二十四歲
RCA公司公開電子音響合成器

56

高島屋義大利產品展開幕
日本道路公團成立
《週刊新潮》創刊
週刊雜誌開始流行

艾倫・金斯堡（Allen Ginsberg）發表象徵美國「垮掉一代」（Beat Generation）長詩《咆哮》。被評為美國夢之哀歌
赫魯雪夫批判史達林（蘇）
州際公路實現
貝爾（Bell）電話公司開發電視電話
安培（Ampex）公司在芝加哥進行磁帶唱片宣傳，正式進入磁帶時代

57

住宅公團的光之丘住宅區成立於千葉縣柏市。從這時候起，「新型城市」稱呼開始普及
河出書房創刊最早女性週刊雜誌《週刊女性》。八月由主婦和生活社重新出版
東京通信工業（索尼）發表世界最小半導體收音機「手提收音機」TR-36
大發工業發表輕三輪卡車「Midget」
豐田汽車開始販售Corona
設定最佳設計獎（G mark）
鴨居羊子在大阪舉辦內衣展

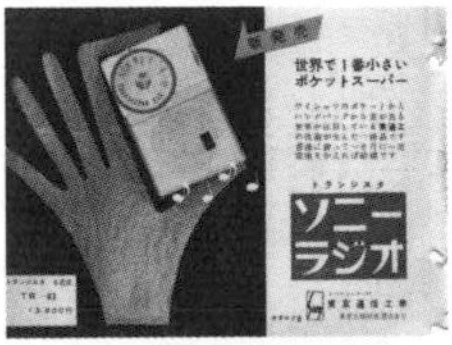

《週刊朝日》1957年5月12日廣告

《西城故事》（*West Side Story*）在百老匯上演
蘇聯的人工衛星Спутник-1號發射成功，美國的自信受到打擊（蘇）
飛盤「Frisbee」上市
世界最早的立體唱片在美國上市
埃羅・沙里寧（Eero Saarinen）使用塑膠和鋁製作鬱金香椅子（Tulip Chair）

《朝日新聞》1957年10月5日報導

費社會

年	主題	日本	海外（沒有括弧為美國）
58（昭33）	美國家庭故事片 高度經濟成長正規化 私家車 超市 速食食品	電視劇《我愛露西》、《名犬萊西》上映 東京飲料（可口可樂（Coca．Cola Bottling））開始販售柳橙、葡萄口味「芬達」 伊勢丹首次販售情人節巧克力 武田藥品透過米店販售果汁飲料「Plush」 《女性自身》創刊 第一屆西方狂歡節（Western Carnival）於東京日本劇場開幕。鄉村搖滾樂開始在日本走紅 勝利公司開始銷售國產電子風琴「Victoron」，國產立體唱片上市 富士重工業開始銷售「昴」（SUBARU）360 日清食品開始販售速食麵「雞味拉麵」 花王肥皂（花王）販售清潔劑「Wonderful K」 《週刊朝日》報導出現「團地族」一詞 呼啦圈大流行 東京鐵塔竣工。高度三三三公尺，是世界第一高 皇太子與正田美智子婚約正式發表，掀起「美智子」熱 主婦之店「大榮」開業於神戶三宮 電視劇《爸爸是萬事通》開播 本田汽車開始銷售「超級俱樂部」（Super Cub）C100	德州儀器公司發明ＩＣ 美國運通卡登場 布魯塞爾世博會開幕。人造衛星「Спутник」於蘇聯館展示 西格拉姆大廈（Seagram Building）於紐約竣工
59	漫畫時代	《週刊少年雜誌》、《週刊少年》同日創刊。少年週刊雜誌時代開始 《週刊現代》、《週刊文春》雜誌創刊，週刊雜誌熱正式開始 日產汽車開始銷售「藍鳥」（Blue Bird）汽車	美國博覽會於莫斯科開幕。尼克森和赫魯雪夫的廚房爭論成為話題 奧斯丁汽車公司發表小型車「Mini」（英） 芭比娃娃上市

掀起美智子皇后熱潮

《朝日GRAFH》1959年5月7日廣告（三浦藏）

《女性自身》1962年5月21日（三浦藏）

第　二　消

61　60

所得倍增

休閒時代　裝配式房屋

奧林巴斯（Olympus）公司開始販售半號小型照相機「Olympus Pen」

西武百貨公司舉辦法國產品展

山葉（YAMAHA）公司開始販售電子琴「Electone」

大和建築開始販售裝配式住宅「Midget House」

索尼公司發表可攜式電晶體電視機

電視劇《我媽媽世界第一》、《小河狸》、《Perry Maison》、《Rawhide》開播

井上工業開始販售不銹鋼洗物槽「Cleanap」

森永食品開始販售即溶咖啡

大宅壯一創造新詞「休閒」（leisure）

VAN、JUN學院式輕裝開始流行

電視劇《Sunset 77》開播

三菱500、馬自達R360雙座小轎車上市

政府公布所得倍增計畫

厚木尼龍工業（厚木）正式銷售無縫長統襪與緊身衣褲

明治食品開始販售彩豆巧克力「Marble Choco」

森永乳業開始販售咖啡伴侶「Creep」。隨後電視廣告語「不放Creep咖啡哪能喝」成為流行語

豐田汽車開始銷售大眾車Paprika

婦人雜誌《太太》創刊

電視節目《米老鼠俱樂部》（*Micky Mouse Club*）開播

安利（AMWAY）公司創立

全錄（Xerox）公司影印機首次成為商品

《朝日新聞》1959年10月4日刊登的法國展廣告

首創便利商店7-Eleven的南方公司（Southland）成立

由伯恩斯坦（Leonard Bernstein）人氣音樂劇改編的電影《西城故事》上映

第一個乘坐太空船升空的前蘇聯太空人環繞了地球

費　社　會

年	主題	日本	海外（沒有括弧為美國）
62（昭37）	所得倍增／男性的時尚化	大正藥業販售營養劑「Ripobitan D」 可口可樂公司採用「清清爽爽可口可樂」標語 獅牌（Lion）牙膏開始販售男性專用軟膏「Buytalis」 馬自達Carol、鈴木Light Fronte、三菱minicar等輕型私家車上市	戰前「搖擺之王」（The King of Swing）班尼・古德曼（Benny Goodman）在莫斯科首次公演，赫魯雪夫首相親臨現場 鮑布・狄倫（Bob Dylan）發表作品〈Blowing in the Wind〉 披頭四樂團（The Beatles）和EMI簽約，發表作品〈Love Me too〉（英） 英、法兩國簽約共同研發協和號超音速客機「Concorde」 瑞秋・卡森（Rachel Carson）出版《寂靜的春天》（*Silent Spring*），對雙對氯苯基三氯乙烷（DDT）為首的化學藥品對生態的危害提出警告
63	所得倍增／男性的時尚化	大日本文具（Pen-teru）販售水性簽字筆「Sign Pen」，隔年掀起簽字筆熱 資生堂開始販售「MG5」，進入男性化妝品時代	雅詩蘭黛開始販售男性化妝品「雅男士」（Aramis） 滾石樂團（Rolling Stones）發行首張專輯《Come On》（英） 首位女性太空人瓦蓮京娜・捷列什科娃（Valentina Tereshkova）搭乘東方6號（Vostok 6）太空船環繞地球四十八圈（蘇）
64	所得倍增	卡魯比（Callbee）食品開始販售「河童蝦條」 JUN於銀座開店	設計師瑪莉・官（Mary Quant）發表短裙「Mini Skirt」（英） 紐約世界博覽會開幕

男人化妝時代開始（資生堂提供）

第　二　消

昭和元祿	3C、私家車	單身貴族

《Punch》創刊
東京奧運會開幕
東海道新幹線開通
大關製酒公司開始販售「One Cup 大關」
馬自達 Familiar Sedan 汽車上市
十條金伯利（Kimberley）開始販售舒潔衛生紙

65

大塚製藥開始販售碳酸營養飲料「ORONAMIN C」
經濟企劃廳首次對單身工作者的金錢使用狀況進行調查。平均月收入二萬三千二百日圓，儲蓄為十三萬八千日圓，「單身貴族」引起關注
名神高速公路全線通車

66

早川電機工業（夏普）開始販售日本最早的家用電子微波爐
漫畫週刊雜誌《少年》銷售量突破一百萬本
日產Sunny、豐田Corolla上市。這一年被稱為「私家車元年」
彩色電視機、空調、私家車成為新「三種神奇」，進入「3C」時代
電視劇《太太是魔女》、《小頑皮Flipper》開播
電視節目《安迪・威廉姆斯秀》（*Andy Williams Show*）開播

67

彩色電視銷售突破一百萬台
豐田汽車月產量八萬台，其中Corona汽車占了三萬台
「IKA醬」小玩偶上市
模特兒崔姬（Twigee）來日，短裙大流行
起居室「Living Room」流行，住宅公團開始採用3 LDK

Familiar Sedan汽車
（馬自達提供）

IBM開發文字處理機「Word-」
最早迪斯可舞廳「Whisky A Go Go」在洛杉磯開業
披頭四樂團在紐約公演，獲得熱烈回響
奧斯丁汽車「Austain Mini」總生產台數達到一百萬台（英）
世界最早特製高級汽車「福特野馬」（Ford Mustang）問世
《解放軍報》發表社論「高舉毛澤東思想的偉大紅旗，積極參加社會主義文化大革命」（中）
五月革命（法）
蒙特利爾世博會開幕（加）

風靡一世的崔姬
（圖：朝日新聞社）

費　社　會

年	主題	日本	海外（沒有括弧為美國）
68（昭43）	昭和元祿；食品發展	公害對策基本法施行 大塚食品販售日本最早的真空包裝食品「BON咖哩」 明治食品開始販售玉米膨發食品「明治Curl」 地婦聯（全國地區婦人聯絡協議會）開始「一百日圓化妝品」運動。以「TIFURE」為商品名銷售產品 山本直純代言森永巧克力「Yell Choco」廣告，廣告語「越大越好！」十分流行 澀谷西武百貨公司開業	反戰雜誌《全球橄欖》（*The Whole Earth Catalog*）出版 懷特島（Wight）文化節吸引二十五萬觀眾
69	昭和元祿；新宿時代；食品發展	東京都板橋區高島平住宅區建設開始 日本最早郊外型SC玉川高島屋開店 小川Rosa（Rosa Ogawa）代言丸善石油（Cosmo）廣告，廣告語「喔，好猛」大流行	美國太空船阿波羅十一號登陸月球 胡士托音樂節（the Woodstock festival） 英法兩國共同開發協和號超音速客機「Concorde」，於一九七六年試飛
70	新宿時代；食品發展；餐飲業新發展	日本世博會開幕，以「人類的進步與和諧」為主題 肯德基首次在大阪世博會亮相。日本肯德基第一家店開於名古屋 家庭餐館加州風洋食館（Sky Lark）首家店開於府中市 《AN AN》創刊 甜甜圈品牌「Dunkin Doughnut」日本首家店開於東京銀座 全錄公司發表新標語「由猛烈向美麗轉變」 日本國鐵發布廣告語「探索日本」（Discover Japan） 日本首部特級高級汽車「豐田SERIKA」上市	
71	「An Non」族；餐飲業新發展	積水化學公司銷售日本最早的預製結構式住宅「SEKISUI HAIM」 日本麥當勞首家店開於東京銀座	羅伯特・穆格（Robert Moog）獲電子合成器專利

主題：昭和元祿／新宿時代／「An Non」族；食品發展／餐飲業新發展

銷量突破一千萬冊的《少年MAGAGINE》（1969年9月14日號，三浦藏）

ADO・MUSIUM東京收藏

進入以「地道味道」為標題的時代
（《朝日新聞》1971年7月21日）

第　二　消

74　73　72

生態保護

個人化

膨發食品（puffed food）

集英社出版時尚雜誌《non-no》
日清食品開始販售「杯麵」
明治乳業與美國Borden公司合作，販售高級冰淇淋「Lady Borden」
新住宅區「多摩新城」開始交屋
漢堡店「儂特利」（Lotteria）
第一家店於東京上野的松坂屋開張
日本最早的DIY店「DOITO」開幕
NHK彩色電視節目安裝人數達一一八〇萬，超越黑白電視節目
環境廳成立
淺間山莊事件
大榮的銷售額超過三越，是零售業銷售第一
三得利發表廣告語「週五去買紅酒」
日產汽車發布「Sky Line」汽車廣告「Ken和Merry」
澀谷PARCO開業，廣告語為「在澀谷公園大街擦肩而過的人真美麗」
第一次石油危機
井上陽水的作品《無傘》大受歡迎
從六〇年代起，為資生堂、可爾必思、豐田設計廣告的鬼才杉山登志自殺
麒麟子公司（KIRIN Sea Gram）販售威士忌「Robert Brown」
朝日文化中心於東京新宿成立

《NON・NO》創刊號（三浦展收藏）

《AN・AN》創刊號（三浦展收藏）

《成長的界限》發表於羅馬俱樂部，表達「如果人口增長與環境汙染持續，地球負荷在一百年內就會達到極限」
超市導入代碼標籤
經濟學家修馬克（E. F. Schumacher）出版《小即是美》（*Small is Beautiful*），提出如何從人類的破壞中拯救地球（英）

廣告開始強調夫婦的私生活（三得利提供）

消費社會

年	主題	日本
74	節能／低成長；個人化	冰淇淋連鎖店「三一冰淇淋」（Thirty One Icecream）第一家店於東京都目黑區開幕 便利商店「7-Eleven」第一家店於東京都江東區豐洲開幕 商品目錄雜誌《SAISON DE NONNO》出版 索尼銷售家用磁帶錄影機（VTR）「SL6300」 日本招聘中心（Recruit）出版《就業資訊》 西武美術館開業
75（昭50）	節能／低成長；個人化	光文社出版《JJ》 山崎納貝斯克（YAMAZAKI-NABISCO）食品販售日本最早洋芋片「Chips Star」 大和運輸開始黑貓宅急便（YAMATO） 連鎖便當店「熱騰騰亭」（HOKKA HOKKA）開始在琦玉縣草加市營業
76	生活方式探索；商品目錄文化	《消費者發生了變化》日本經濟社會新聞社創刊 PARCO廣告「不要看裸身，而是要變裸身」、「光靠臉蛋不可能成為模特兒」熱議 《美國商品型錄》、《an an特刊商品目錄集》、《SANKEI特刊Do CATALOG》出版 角川書店廣告：「女性們，請關閉電視機」 青山「BELL COMMONS」開店 平凡出版（雜誌屋）出版《POPAI》雜誌 本田技研開始販售女用小型摩托車「Load Pal」 東急Hands第一家店誕生於神奈川縣藤澤市 JICC出版局出版《全都市手冊》

海外（沒有括弧為美國）

以自立的女性為PARCO廣告（PARCO提供）

由石崗瑛子創作的角川書店廣告，成為新聞焦點話題（《朝日新聞》1976年1月27日，三浦收藏）

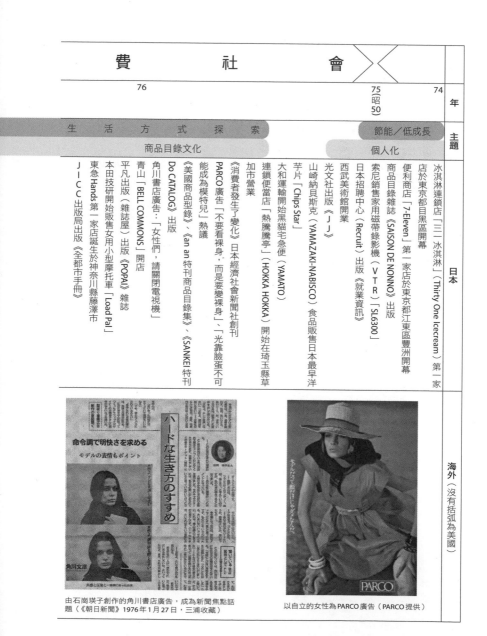

第三消

77

- 山葉公司販售「PASSORU」
- 七星香菸推出「Mild Seven」
- ASCII（相信明天）出版社成立
- 寶鹼公司（P&G）開始販售紙尿布「幫寶適」（Pampers）
- 《我是女人》、《Croissant》、《MORE》雜誌創刊

78

- 女性服飾專賣店「竹之子」於東京原宿開店
- 「森英惠大廈」（HANAE MORI Building）、「Laforle原宿」在東京原宿開店
- 「東急Hands」在東京澀谷開店
- 入侵者遊戲「Invader Game」大流行
- KTV大流行

79

- 室內裝潢雜誌《兩個人的房間》由主婦之友社出版
- 紀文公司開始販售「豆乳」
- NEC開始販售個人電腦「PC8001」，進入個人電腦時代
- 索尼開始販售隨身聽「Walk Man」

80

- 「澀谷109」開店
- 《廣告批評》創刊
- 精工（SEIKO）廣告語「手錶為什麼不能打扮」流行
- 運動飲料「寶礦力水得」上市
- 雜誌屋出版《布露圖》（*BRUTUS*）
- TOTO衛浴發表多功能馬桶坐墊「Washlet」
- 田中康夫著作《不知為何，就是水晶》獲文藝獎
- 《TORABAYU》、《COSMOPOLITAN》創刊

趨勢：女性新、中性化（77–78）；DIY、遊戲（79）；室內裝飾、澀谷時代（80）

《POPEYE》創刊號（三浦收藏）

《MORE》創刊號（三浦收藏）

皮耶・爾迪厄出版《區隔：品味判斷的社會批判》，指出不同階層人的消費水準和興趣的不同。一九九〇年在日本出版（法）

（三浦收藏）

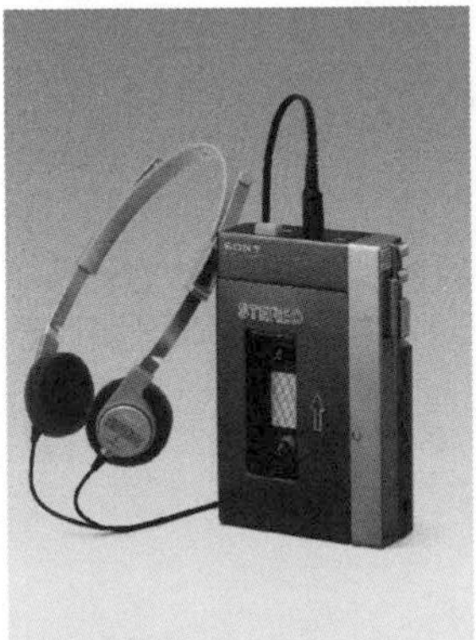
全世界熱銷的隨身聽WALKMAN。圖為第1號機（索尼提供）

費　社　會

年	主題	日本	海外（沒有括弧為美國）
81（昭56）	日本第一 高級化 女子大學生	第一家唱片出租店「黎紅堂」開店於東京三鷹市。隨後唱片出租店數量劇增 華麗型女性雜誌《25ans》創刊 汽車生產量世界第一 西武百貨公司發布廣告語「發現新自己」 無印良品上市 增氧健身舞「Aerobics」在日本首次亮相 本田技研販售節能汽車「City」（一二〇〇CC） 小學館出版《CanCam》雜誌，廣播節目「Miss DJ」開始，掀起女大學生熱 船橋「Raraport」購物中心開店 六本木「Axis」開店 明星牌高級速食麵「中華三味」上市 豐田發表第一代高級車「SOARA」，獲得「Car Of The Year」汽車獎	IBM開始銷售個人電腦
82	輕薄短小 女子大學生 郊外SC成立分店	日本領先世界各國，銷售CD播放機 《日經Business》刊登「輕薄短小」專刊 NEC販售十六位元個人電腦「PC-9801」 本田發表「Prelude」第二代汽車。駕駛座設置活動靠背椅把手，「Date Car」一詞誕生 多摩廣場（TAMA PLAZA）東急SC開店，大宮、立川站前成立車站大樓 西武百貨公司發表「美味的生活」廣告	華特迪士尼公司（Walt Disney Production）製作CG電影，電子世界爭霸戰「TORON」上映 銳跑（Reeboc）有氧運動專用鞋受到好評（英）
83	輕薄短小 郊外SC成立分店	任天堂公司販售電視遊戲機「家庭電腦」（Family Computer）	

被稱為高級車的「SOARA」
（ADO・MUSIUM東京收藏）

成立於日本東京狄斯奈樂園
（圖：朝日新聞社）

第三消

數字化

根明（性格爽朗）

大眾論、分眾論盛行

84

個人電腦突破一百萬台

富士電視台節目「富士之夜」（All Night Fuji）開播

西友百貨公司在東京青山設立無印良品專櫃

東京迪士尼樂園開業

麒麟子公司開始販售清爽口感的威士忌「NEWS」

淺田彰的著作《構造與力量》，暢銷十五萬冊

冰淇淋哈根達斯（Häagen-Dazs）日本第一家店於東京青山開張

85

掀起千金熱，《CLASSY》雜誌出版

山崎正和著作《柔弱的個人主義誕生》出版

藤岡和賀夫著作《再見，大眾》出版。提出「少眾」一詞

任天堂「家庭電腦」銷售三五〇萬台

八毫米攝影機登場

電玩「超級瑪莉兄弟」上市

七星香菸「Mild Seven Light」上市

博報堂生活綜合研究所出版《「分眾」之誕生》，日本長期信用銀行調查部的小澤雅子出版《新「階層」消費時代》等有關消費階層化的書籍相繼出版。

86

男女雇用機會均等法施行

豐田汽車銷售「SOARER」第二代汽車。五年銷售超過三十萬輛

小學館出版《DIME》雜誌

艾尼克斯（Enix）販售電玩「勇者鬥惡龍」（Dragon Quest）

中國「經濟特區」開始在上海等十四個沿海城市實行。這些特區可以免除關稅，可以雇用中國員工（一九七九年成立時只有四個特區）（中）

菲力普・強生（Philip Johnson）與約翰・伯格（John Burge）設計紐約市後現代派建築「AT&T Building」

蘋果公司販售「Mackintosh 128k」

麥可・傑克森（Michael Jackson）專輯《Thriller》銷售額七千五百萬美元

AT&A貝爾研究室成功利用單一光纖同時發送三十萬件資訊

人們開始關注臭氧層破洞（Ozone Hole）

前蘇聯書記戈巴契夫在藝術、媒體（特別是文學）實施「情報公開」政策，開放西方著作（蘇）

一秒運算十七・二千萬次的超級電腦「數值風洞模擬器」開始運行

八〇年代是西武百貨店時代

費　社　會

年：87（昭62）　88　89　90　91　92　93　94

主題：高級車Date Car　股價、地價上漲　冷戰崩潰　「花子」（Hanako）族

日本：

松下電器販售自動烤麵包機大受歡迎

澀谷Loft開店

《日經Trendy》創刊

上野千鶴子著作《<私>探索遊戲》出版

泡沫經濟時代年輕女子的打扮，是帶有雞冠的長髮。（圖：ACROSS編輯室，1987年）

東京大巨蛋棒球場啟用

日產「Cyma」汽車上市，年銷量三萬六千四百輛

日產「Sylvia」第五代汽車上市，歷代「Sylvia」銷售額最高

雜誌屋發行《花子》（*Hanako*）雜誌

西武百貨公司發布廣告語「我要我想要的東西」

任天堂販售可攜式遊戲機「Game Boy」，

東證股市股價最高

《櫻桃小丸子》大受歡迎

「朱莉安娜」（Juliuna）東京開業

以「討厭僅為了工作和結婚的生活」為主題創刊

土地從最高價下滑

日本足球隊「J聯盟」（J-League）成立

JR東海進行「Let's go to 京都」宣傳活動

東北地區最大購物中心「ION秋田」於秋田市開幕

泡泡拼接襪（Loose socks）大流行。「新潮女孩」（KOGYARU）一詞用來表示高中女生

掀起小室哲哉熱

海外（沒有括弧為美國）：

太陽能汽車展「Solar Mobile1989」開幕（西德）

戈巴契夫辭總書記，建言解散共產黨，自此結束七十年共黨集權

一九六一年築起的柏林圍牆倒塌（東德）

英國南極勘察隊發表聲明，南極上空三分之二臭氧層被破壞（英）

法國多型人類研究所製作涵蓋人類基因數九〇%資訊的地圖（法）

總人口十二億（中）

第　三　消

99　98　97　96　95

手機　環保年

失去的十年　自由市場、穿舊衣　新潮女孩

舊衣店在高圓寺一帶增多，深受歡迎
阪神淡路大地震
耐吉（NIKE）運動品高人氣
生產年齡（十五到六十四歲）人口開始減少
日本星巴克咖啡第一家店於銀座開張
任天堂從九六年二月開始販售的「口袋妖怪」在這一年達八百萬日圓
豐田販售「TOYOTA PURIUSU」汽車
索尼VAIO筆記本上市
「URA原宿Fashion」高人氣
自然房屋構造雜誌《TIN TIN人》出版
山一證券破產
北海道拓殖銀行破產
日本長期信用銀行經營破產，隔年經營團隊三人被捕
優衣庫在原宿開店
攜帶型電子寵物「電子雞」（TAMAGOCHI）大受歡迎
「早安少女組」登場
自由市場在井之頭公園盛行
橘木俊詔出版《日本經濟之差距》
行動數據服務i-mode開始運行
索尼機器狗「AIBO」上市
世界最早環境雜誌《SOTOKOTO》出版
據資訊服務公司Oricon調查，兒歌「團子三兄弟」專輯銷售二九一萬張

微軟Windows 95上市
蘋果iMac上市

以澀谷109店的「EGOIST」店員為特刊的期刊書《超凡魅力風格（*CHARISMA・STYLE*）》。（文化社，1999年刊，三浦收藏）

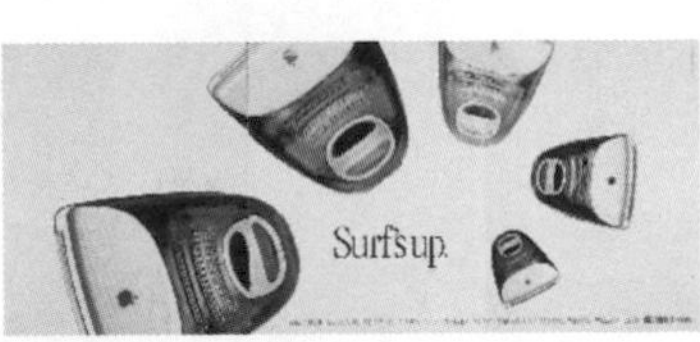

ADO・MUSIUM東京收藏

第三消費社會

主題：手機、失去的十年、網咖、大變革、樂活族

年	日本	海外（沒有括弧為美國）
2000（平12）	高中女生湧入澀谷109「Egoist」模仿店員打扮，開始染髮、短裙、厚底鞋打扮 辰巳渚出版《「拋棄！」技術》 佐藤俊樹出版《不平等社會日本》 本田發表ASIMO汽車 上網咖啡廳「PC Ban」在日本登場 掀起上網咖啡廳熱	
01	宮崎駿作品《神隱少女》上映，日本電影史上票房最高 《東京大變革》出版，引起建築整修熱	iPod上市
02	町田、大宮、柏等地方實行的本地特色郊外遊「JMTY」深受關注 J-phone推行照片「Mail」，客戶數為日本電話業第二位 遊戲機「Playstaion 2」出貨量突破四千萬台 六本木「Hills」開業	
03	西武百貨店與「SOGOU」公司合併成千禧零售集團 韓劇《冬季戀歌》大受歡迎 雜誌屋出版《KUWANERU》 地球丸出版《天然生活》 東京R不動產開業	iTune音樂商店開業
04	掀起「Ebi-Chan OL」熱 中野獨人著《電車男》單行本	臉書Face Book上市 聯想公司收買IBM的PC部門（中）
05（平17）	「Seven & I Holding」併入千禧零售集團	iPod nano上市

厚度高達10公分的厚底鞋大流行（攝影：大井夏代）

人氣的經典著作《Can Cam》（2006年5月號，三浦收藏）

《KU:NEL》創刊號，豐田PUTIUSU汽車廣告

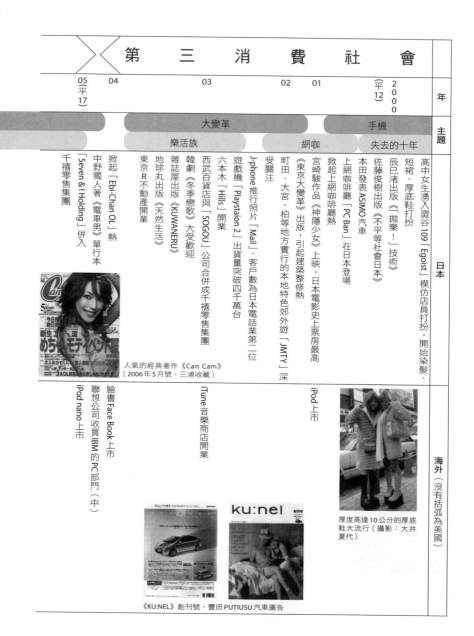

第四消費社會

06 07 08 09 10 11 12

階層化、差異化社會　購物中心Mall　快速時尚　斷捨離　共享時代

- 內閣推行「清涼商務」政策
- 《下流社會》暢銷
- 凌志汽車在日本上市
- 女子偶像團體AKB48登場
- 付費音樂下載市場規模超越CD唱片
- 任天堂、索尼開始販售攜帶型遊戲機「DS Lite」、「Play Station 3」
- 日本人口開始減少
- 瑞典「H&M」第一家店在銀座成立
- 購物中心「ION Lake Town」在琦玉縣越穀市開店，商業設施總面積二十四萬五二二三平方公尺（店鋪數七一〇），停車場可容納一萬四百輛車，是日本規模最大的購物中心
- 購物中心「Outlet Mall」開業高峰：三井Outlet Park入間店（四月）、那須Garden Outlet購物中心（七月）、三井Outlet Park仙台港店（九月）、仙台泉Premium Outlet購物中心（十月）
- 豐田「PURIUSU」汽車，五月銷售輛數第一
- 綿羊（HITUJI）不動產出版《東京共用生活》，「共用」房人氣劇增
- 東日本大地震
- 三越、伊勢丹合併
- 有樂町西武百貨公司成為「LUMINE」百貨公司
- 韓國流行音樂「K-pop」大受歡迎
- 松下、索尼、夏普出現營業赤字

- 社交網路「推特」上路
- iPhone上市
- 次貸問題擴大、雷曼衝擊，TATA NANO公司開始販售「NANO」（印）
- iPad上市

「携帯+PHS」1人1台超す

携帯電話・PHSの普及率がついに1人1台を超えた。総務省が21日発表した昨年末の契約者数は1億2986万台。全人口のうち契約者が占める割合を示す人口普及率は101・4%となり、初めて100%を突破した。スマートフォン（多機能携帯電話）の普及で、1人で複数台持つ人が増えているようだ。

契約数の内訳をみると、携帯電話が1億2555万台、PHSが431万台で、携帯電話だけの人口普及率は98・0%だった。

普及率は統計を取り始めた1988年度末には0・2%。95年にPHSが事業をスタート、00年度末には加入電話の契約者数を逆転し、2人に1台となる52・6%まで伸びた。ここ数年は年数%の伸びが続き、昨年はスマートフォン人気もあって契約が伸びた。

《朝日新聞》2012年2月22日

共享經濟如何讓人變幸福？：利他・分享・在地化，我們已進入第四消費時代 / 三浦展作；馬奈譯 . -- 二版 . -- 臺北市：時報文化，2020.10
面；　公分 -- (Next；280)
譯自：第四の消費：つながりを生み出す社会へ
ISBN 978-957-13-8380-4(平裝)
1. 消費社會
541.4　109014042

ISBN 978-957-13-8380-4
Printed in Taiwan.

NEXT 280
共享經濟如何讓人變幸福？：利他・分享・在地化，我們已進入第四消費時代

作者　三浦展｜**譯者**　馬奈｜**編輯**　張啟淵、謝翠鈺｜**校對**　陳萱宇｜**封面設計**　陳文德｜**董事長**　趙政岷｜**出版者**　時報文化出版企業股份有限公司　108019 台北市和平西路三段 240 號 7 樓　**發行專線**—(02)2306-6842　**讀者服務專線**—0800-231-705・(02)2304-7103　**讀者服務傳真**—(02)2304-6858　**郵撥**—19344724 時報文化出版公司　**信箱**—10899 台北華江橋郵局第九九信箱　**時報悅讀網**—http://www.readingtimes.com.tw｜**法律顧問**　理律法律事務所　陳長文律師、李念祖律師｜**印刷**　勁達印刷有限公司｜**二版一刷**　2020 年 10 月 8 日｜**定價**　新台幣 380 元｜缺頁或破損的書，請寄回更換

時報文化出版公司成立於 1975 年，並於 1999 年股票上櫃公開發行，
於 2008 年脫離中時集團非屬旺中，以「尊重智慧與創意的文化事業」為信念。